魏書

四部備要

史部

中華書局據武英殿本校刊

桐鄉 陸費逵總勘
杭縣 高時顯 吳汝霖輯校
杭縣 丁輔之監造

魏書卷六十七

齊　魏收　撰

列傳第五十五

崔光

崔光本名孝伯字長仁高祖賜名焉東清河鄃人也祖曠從慕容德南渡河居青州之時水慕容氏滅仕劉義隆爲樂陵太守父靈延劉駿龍驤將軍長廣太守與劉彧冀州刺史崔道固共拒國軍慕容白曜之平三齊光年十七隨父徙代家貧好學晝耕夜誦傭書以養父母太和六年拜中書博士轉著作郎與祕書丞李彪參撰國書遷中書侍郎給事黃門侍郎甚爲高祖所知待常曰孝伯之才浩浩如黃河東注固今日之文宗也以參贊遷都之謀賜爵朝陽子拜散騎常侍黃門著作如故又兼太子少傅尋以本官兼侍中使持節爲陝西大使巡方省察所經述敘古事因而賦詩三十八篇還仍兼侍中以謀謨之功進爵爲伯光少有大度喜怒不見於色有毀惡之者必善言以報之雖見誣謗終不

自申曲直皇與初有同郡二人並被掠爲奴婢後詣光求哀光乃以二口贖免高祖聞而嘉之雖處機近曾不留心文案唯從容論議參贊大政而已高祖每對羣臣曰以崔光之高才大量若無意外咎譴二十年後當作司空其見重如是又從駕破陳顯達世宗即位正除侍中初光與李彪共撰國書太和之末彪解著作專以史事任光彪尋以罪廢世宗居諒闇彪上表求成魏書詔許之彪遂以白衣於祕書省著述光雖領史官以彪意在專功表解侍中著作以讓彪世宗不許遷太常卿領齊州大中正正始元年夏有典事史元顯獻四足四翼雞詔散騎侍郎趙邕以問光光表答曰臣謹按漢書五行志宣帝黃龍元年未央殿路軨中雌雞化爲雄毛變而不鳴不將無距元帝初元中丞相府史家雌雞伏子漸化爲雄冠距鳴將永光中有獻雄雞生角劉向以爲雞者小畜主司時起居小臣執事爲政之象也言小臣將秉君之威以害政事指石顯也竟寧元年石顯伏辜此其效也靈帝光和元年南宮寺雌雞欲化爲雄一身毛皆似雄但頭冠尚未變詔以問議郎蔡邕邕對曰貌之不恭則有雞禍臣竊推之頭

爲元首人君之象也今雖一身已變未至於頭而上知之是將有其事而不遂成之象也若應之不精政無所改頭冠或成爲患滋大是後張角作亂稱黃巾賊遂破壞四方疲於賦役民多叛者上不改政遂至天下大亂今之雞狀雖與漢不同而其應頗相類矣向邕並博達之士考物驗事信而有證誠可畏也臣以邕言推之翅足衆多亦羣下相扇助之象雛而未大脚羽差小亦其勢尚微易制御也臣聞災異之見皆所以示吉凶明君覩之而懼乃能招福闇主視之彌慢所用致禍詩書春秋秦漢之事多矣此陛下所觀者也今或有自賤而貴關預政事殆亦前代君房之匹比者南境死亡千計白骨橫野存有酷恨之痛歿爲怨傷之魂義陽屯師盛夏未返荆蠻狡猾征人淹次東州轉輸往多無還百姓困窮絞縊以殞北方霜降蠶婦輟事羣生憔悴莫甚於今此亦賈誼哭歎谷永切諫之時司寇行戮君爲之不舉陛下爲民父母所宜矜恤國重戎戰用兵猶火內外怨斂易以亂離陛下縱欲忽天下豈不仰念太祖取之艱難先帝經營劬勞也誠願陛下留聰明之鑒警天地之意禮處左右節其貴越往者鄧

通董賢之畝愛之正所以害之又躬饗加罕宴宗或闕時應親蕭郊廟延敬諸
父檢訪四方務加休息爰發慈旨撫賑貧癈節費山池減撤聲飲晝存政道夜
以安身博采芻蕘進賢黜佞則兆庶幸甚妖弭慶進禎祥集矣世宗覽之大悅
後數日而茹皓等並以罪失伏法於是禮光愈重加撫軍將軍二年八月光表
曰去二十八日有物出於太極之西序勑以示臣臣按其形即莊子所謂蒸成
菌者也又云朝菌不終晦朔雍門周所稱磨蕭斧而伐朝菌皆指言蒸氣鬱長
非有根種柔脆之質凋殞速易不延旬月無擬斧斤又多生墟落穢濕之地罕
起殿堂高華之所今極宇崇麗牆築工密糞朽弗加沾濡不及而兹菌歘構厥
狀扶踈誠足異也夫野木生朝野鳥入廟古人以爲敗亡之象然懼災修德者
咸致休慶所謂家利而怪先國興而妖豫是故桑穀拱庭太戊以昌雊雉集鼎
武丁用熙自比鵾鶴巢於廟殿梟鵩鳴於宮寢菌生賓階軒坐之正準諸往記
信可爲誠且東南未靜兵革不息郊甸之內大旱跨時民勞物悴莫此之甚承
天子育者所宜矜恤伏願陛下追殷二宗感變之意側躬聳誠惟新聖道節夜

飲之忻彊朝御之膳養方富之年保金玉之性則魏祚可以永隆皇壽等於山
岳四年秋除中書令進號鎮東將軍永平元年秋將刑元愉妾李氏羣官無敢
言者勑光爲詔光逡巡不作奏曰伏聞當刑元愉妾李加之屠割妖惑扇亂誠
合此罪但外人竊云李今懷姙例待分產且臣尋諸舊典兼推近事戮至刳胎
謂之虐刑桀紂之主乃行斯事君舉必書義無隱昧酷而乖法何以示後陛下
春秋已長未有儲體皇子襁褓至有夭失臣之愚識知無不言乞停李獄以俟
育孕世宗納之延昌元年春遷中書監侍中如故二年世宗幸東宮召光與黃
門甄琛廣陽王淵等並賜坐詔光曰卿是朕西臺大臣今當爲太子師傅光起
拜固辭詔不許卽命肅宗出從者十餘人勑以光爲傅之意令肅宗拜光光又
拜辭不當受太子拜復不蒙許肅宗遂南面再拜詹事王顯啓請從太子拜於
是宮臣畢拜光北面立不敢答拜唯西面拜謝而出於是賜光繡綵一百匹琛
淵等各有差尋授太子少傅三年遷右光祿大夫侍中監如故四年正月世宗
夜崩光與侍中領軍將軍于忠迎肅宗於東宮安撫內外光有力焉帝崩後二

日廣平王懷扶疾入臨以母弟之親徑至太極西廡哀慟禁內呼侍中黃門領軍二衞云身欲上殿哭大行又須入見主上諸人皆愕然相視無敢抗對者光獨攘衰振杖引漢光武初崩太尉趙憙橫劍當階推下親王故事辭色甚厲聞者莫不稱善壯光理義有據懷聲淚俱止云侍中以古事裁我我不敢不服於是遂還頻遣左右致謝初永平四年以黃門郎孫惠蔚代光領著作惠蔚首尾五載無所厝意至是三月尚書令任城王澄表光宜還史任於是詔光還領著作四月遷特進五月以奉迎肅宗之功封光博平縣開國公食邑二千戶七月領國子祭酒八月詔光乘步挽於雲龍門出入尋遷車騎大將軍儀同三司靈太后臨朝之後光累表遜位于忠擅權光依附之及忠稍被疎黜光幷送章綬冠服茅土表至十餘上靈太后優答不許有司奏追于忠及光封邑熙平元年二月太師高陽王雍等奏舉光授肅宗經初光有德於靈太后語在于忠傳四月更封光平恩縣開國侯食邑一千戶以朝陽伯轉授第二子勗其月勅賜羊車一乘時靈太后臨朝每於後園親執弓矢光乃表上中古婦人文章因以致

諫曰孔子云士志於道據於德依於仁游於藝藝謂禮樂書數射御明前四業丈夫婦人所同修者若射御唯主男子事不及女古之賢妃烈媛母儀家國垂訓四海宣教九宗可秉道懷疑率遵仁禮是以漢后馬鄧術邁祖考羊嬪蔡氏具體伯喈伏惟皇太后含聖履仁臨朝闡化肅雍愷悌靖徽齊穆孝祀通於神明和風溢于區宇因時暇豫清暑林園遠藐姑射眷言矍相弦矢所發必中正鵠威靈遐暢義震上下文武懾心左右悅目吾王不遊吾何以休不窺重仞安見富美天情沖謙動容祗愧以爲舉非蠶織事存無功豈謂應乾順民裁成輔相者哉臣不勝慶幸謹上婦人文章錄一帙其集具在內伏願以時披覽仰裨未聞息鑾掖之勞納閑拱之泰頤精養壽棲神翰林是秋靈太后頻幸王公第宅光表諫曰禮記云諸侯非問疾弔喪而入諸臣之家是謂君臣爲謔不言王后夫人明無適臣家之義夫人父母在有時歸寧親沒使卿大夫聘春秋紀陳宋齊之女並爲周王后無適本國之事是制深於士大夫許嫁唁兄又義不得衛女思歸以禮自抑載馳竹竿所爲作也漢上官皇后將廢昌邑霍光外祖也

親爲宰輔后猶御武帷以接羣臣示男女之別國之大節伯姬待姆安就炎燎

樊姜俟命忍赴洪流傳皆綴集以垂來詠昨軒駕頻出幸馮翊君任城王第雖

漸中秋餘熱尙蒸衡蓋往還聖躬煩倦豐廚嘉醴罄竭時羞上壽弗限一觴方

丈甘踰百品旦及日斜接對不憩非謂順時而遊奉養有度縱雲輦崇涼御筵

安暢左右僕侍衆過千百扶衛跋涉袍鉀在身蒙曝塵日渙汗流離致時飢渴

餐飯不贍賃馬假乘交費錢帛昔人稱陛下甚樂臣等至苦或其事也伏惟皇

太后月靈炳曜坤儀挺茂誕育帝躬維興魏道德踰文母仁邁和憙親以天至

遠異莫間愛由眞固非俟虛隆紆屈鑾駕降臨閭里榮光帝京士女藻悅白首

之耋欣遇犧年靑衿之童慶屬唐日千載之所難一朝之爲易非至明超古忘

驕釋吝孰能若斯者哉魏元以來莫正斯美輿居出入自當坦然豈同往嫌曲

有矯避但帝族方衍勳貴增遷祇請遂多將成彝式陛下遵酌前王貽厥後矩

天下爲公億兆己任專薦郊廟止決大政輔養神和簡息遊幸以德爲車以樂

爲御考仁聖之風習治國之道則率土屬賴含生仰悅矣臣過荷恩榮所知必

盡嘿嘿唯唯愚竊未敢輕陳狂瞽分貽憲坐神龜元年夏光表曰詩稱蔽芾甘棠勿翦勿伐召伯所茇又云雖無老成人尙有典刑傳曰思其人猶愛其樹況用其道不恤其人是以書始稽古易本山火觀於天文以察時變觀於人文以化成天下孟子闕 實匡張訓說安世記篋於汾南伯山抱卷於河右元始孤論充漢帝之坐孟皇片字懸魏王之帳前哲之寶重墳籍珍愛分篆猶若此之至也矧迺聖典鴻經炳勒金石理爲國楷義成家範迹實世模事則人軌千載之格言百王之盛烈而令焚荒汙毀積榛棘而弗掃爲鼯鼬之所栖宿童豎之所登踞者哉誠可爲痛心疾首拊膺扼腕伏惟皇帝陛下孝敬日休自天縱睿垂心初學儒業方熙皇太后欽明慈淑臨制統化崇道重教留神翰林將披雲臺而問禮拂麟閣以招賢誠宜遠開闕里清彼孔堂而使近在城闉面接宮廟舊校爲墟子衿永替豈所謂建國君民教學爲先京邑翼翼四方是則也尋石經之作起自炎劉繼以曹氏典論初乃三百餘載計末向二十紀矣昔來雖屢經戎亂猶未大崩侵如聞往者刺史臨州多構圖寺道俗諸用稍有發掘基蹠泥

灰或出於此皇都始遷尚可補復軍國務殷遂不存檢官私顯隱漸加剝撤播麥納菽秋春相因闕生蒿杞時致火燎由是經石彌減文字增缺職忝胄教參掌經訓不能繕修頹墜與復生業倍深慙恥今求遺國子博士一人堪任幹事者專主周視驅禁田牧制其踐穢料閱碑牒所失次第量厥補綴詔曰此乃學者之根源不朽之永格垂範將來憲章之本便可一依公表光乃令國子博士李郁與助教韓神固劉燮等勘校石經其殘缺者計料石功并字多少欲補治之於後靈太后廢遂寢二年八月靈太后幸永寧寺躬登九層佛圖光表諫曰伏見親昇上級佇蹕表剎之下祇心圖搆誠爲福善聖躬玉趾非所踐陟臣庶恇惶竊謂未可按禮記爲人子者不登高不臨深古賢有言策畫失於廟堂大人甕於中野漢書上欲西馳下峻坂袁盎攬轡停輿曰臣聞千金之子不垂堂百金之子不倚衡如有車敗馬驚奈高廟太后何又云上酎祭廟出欲御樓船薛廣德免冠頓首曰宜從橋陛下不聽臣臣以血汙車輪樂正子春曾參弟子亦稱至孝固自謹慎堂基不過一尺猶有傷足之愧永寧累級閣道回隘以柔

懦之寶體乘至峻之重峭萬一差跌千悔何追禮將祭宗廟必散齋七日致齋
三日然後入祀神明可得而通今雖容像未建已爲神明之宅方加雕繢飾麗
丹青人心所祗銳觀滋甚登者既衆異懷若面縱一人之身恆盡誠潔豈左右
闕妾各竭虔仰不可獨昇必有扈侍懼或忘慎非飲酒茹葷而已昨風霾暴與
紅塵四塞白日晝昏特可驚畏春秋宋衞陳鄭同日而災伯姬待姆致焚如之
禍去皇興中青州七級亦號崇壯夜爲上火所焚雖梓慎裨竈之明尚不能逆
剋端兆變起倉卒預備不虞天道幽遠自昔深誠墟墓必哀廟社致敬望塋悽
慟入門聳慄適墓不登隴未有昇陟之事傳云公既視朔遂登觀臺其下無天
地先祖之神故可得而乘也內經寶塔高華堪室千萬唯盛言香花禮拜豈有
登上之義獨稱三寶階從上而下人天交接兩得相見超世奇絕莫可而擬恭
敬拜跽悉在下級遠存矚眺周見山河因其所眄增發嬉笑未能級級加虔步
步崇慎徒使京邑士女公私湊集上行下從理勢以然迄於無窮豈長世競慕
一登而可抑斷哉蓋心信爲本形敬乃末重實輕根靖寔躁君恭己正南面者

豈月乘峻極旬御層階今經始旣就子來自勸基構已與雕絢漸起紫山華臺
即其宮也伏願息躬親之勞廣風靡之化因立制防班之條限以遏囂汙永歸
清寂下竭肅穆之誠上展瞻仰之敬勿踐勿履顯固億齡融教闡悟不其博歟
九月靈太后幸嵩高光上表諫曰伏聞明后當親幸嵩高往還累宿鑾遊近旬
存省民物誠足爲善雖漸農隙所獲棲畝飢貧之家指爲珠玉遺秉滯穟莫不
寶惜步騎萬餘來去經踐駕輦雜遝競騖交馳縱加禁護猶有侵耗士女老幼
微足傷心秋末久旱塵壤委深風霾一起紅埃四塞轘關峭嶮山路危狹聖駕
清道當務萬安乘履澗壑蒙犯霜露出入半旬途越數百飄曝彌日仰虧和豫
七廟上靈容或未許億兆下心寔用悚慄且藏蟄節遠昆蟲布列蠉蠕之類盈
於川原車馬輾蹈必有類殺慈矜好生應垂未測誠恐悠悠之議將謂爲福與
罪廝役困於負擔爪牙窘於賃乘供頓候迎公私擾費廚兵幕士衣履敗穿晝
喧夜淒罔所覆藉監帥驅捶泣呼相望霜旱爲災所在不稔饑饉薦臻方成儉
敝爲民父母所宜存恤靖以撫之猶懼離散乃於收斂初辰致此行舉自近及

遠交興怨嗟伏願遠覽虞舜恭己無爲近遵老易不出戶牖罷勞形之遊息傷財之駕動循典防納諸軌儀委司責成寄之耳目人神幸甚朝野抃悅靈太后不從正光元年冬賜光几杖衣服二年春肅宗親釋奠國學光執經南面百寮陪列司徒京兆王繼頻上表以位讓光夏四月以光爲司徒侍中國子祭酒領著作如故光表固辭歷年終不肯受八月獲禿鶖鳥於宮內詔以示光光表曰蒙示十四日所得大鳥此即詩所謂有鶖在梁解云禿鶖也貪惡之鳥野澤所育不應入殿庭昔魏氏黃初中有鵜鶘集于靈芝池文帝下詔以曹恭公遠君子近小人博求賢俊太尉華歆由此遜位而讓管寧者也臣聞野物入舍古人以爲不善是以張臶惡鵂賈誼忌鵩鵜鶘暫集而去前王猶爲至誠況今親入宮禁爲人所獲方被畜養晏然不以爲懼準諸往義信有殊矣且饕餮之禽必資魚肉菽麥稻粱時或餐啄一食之費容過斤鎰今春夏陽旱穀糴稍貴窮窘之家時有菜色陛下爲民父母撫之如傷豈可棄人養鳥留意於醜形惡聲哉衛侯好鶴曹伯愛鴈身死國滅可爲寒心陛下學通春秋親覽前事何得口詠

其言行違其道誠願遠師殷宗近法魏祖修德延賢消災集慶放無用之物委之川澤取樂琴書頤養神性肅宗覽表大悅即棄之池澤詔召光與安豐王延明議定服章三年六月詔光乘步挽至東西上閤九月進位太保光又固辭光年耆多務疾病稍增而自彊不已常在著作疾篤不歸四年十月肅宗親臨省疾詔斷賓客中使相望爲止聲樂罷諸遊眺拜長子勵爲齊州刺史十一月疾甚勑子姪等曰諦聽吾言聞曾子有云人之將死其言也善啓予手啓予足而今而後吾知免夫吾荷先帝厚恩位至於此史功不成歿有遺恨汝等以吾之故並得名位勉之勉之以死報國修短命也夫復何言速可送我還宅氣力雖微神明不亂至第而薨年七十三肅宗聞而悲泣中使相尋詔給東園溫明祕器朝服一具衣一襲錢六十萬布一千匹蠟四百斤大鴻臚監護喪事車駕親臨撫屍慟哭御輦還宮流涕於路爲減常膳言則追傷每至光坐誦讀之處未嘗不改容悽悼五年正月贈太傅領尚書令驃騎大將軍開府冀州刺史侍中如故又勑加後部鼓吹班劍依太保廣陽王故事諡文宣公肅宗祖喪建春門

外望輛哀感儒者榮之初光太和中依宮商角徵羽本音而爲五韻詩以贈李彪彪爲十二次詩以報光光又爲百三郡國詩以答之國別爲卷爲百三卷焉光寬和慈善不逆於物進退沉浮自得而已常慕胡廣黃瓊之爲人故爲氣概者所不重始領軍于忠以光舊德甚信重焉每事籌決光亦傾身事之元叉於光亦深宗敬及郭祚裴植見殺清河王懌遇禍光隨時俛仰竟不匡救於是天下譏之自從貴達罕所申薦曾啓其女壻彭城劉敬徽云敬徽爲荊州五隴戍主女隨夫行常慮寇抄南北分張乞爲徐州長史兼別駕暫集京師肅宗許之時人比之張禹光初爲黃門則讓宋弁爲中書監讓汝南王悅爲太常讓劉芳爲少傅讓元暉穆紹甄琛爲國子祭酒讓清河王懌任城王澄爲車騎儀同讓江陽王繼又讓靈太后父胡國珍皆顧望時情議者以爲矯飾崇信佛法禮拜讀誦老而逾甚終日怡怡未曾恚忿曾於門下省晝坐讀經有鴿飛集膝前遂入於懷緣臂上肩久之乃去道俗贊詠詩頌者數十人每爲沙門朝貴請講維摩十地經聽者常數百人卽爲二經義疏三十餘卷識者知其疎略以貴重爲

後坐疑於講次凡所爲詩賦銘讚誄頌表啓數百篇五十餘卷別有集光十一

子勵勗勔勸劼勊勍劬勣勦勉

勵字彥德器學才行最有父風舉秀才中軍彭城王參軍祕書郎中以父光爲著作固辭不拜歷員外郎騎侍郎太尉記室散騎侍郎以繼母憂去職神龜中除司空從事中郎正光二年拜中書侍郎領軍將軍元乂爲明堂大將以勵爲長史與從兄鴻俱知名於世四年十月父光疾甚詔拜征虜將軍齊州刺史以父寢疾衣不解帶及光薨肅宗每加存慰五年春光葬於本鄉又詔遣主書張文伯宣弔焉孝昌元年十二月詔除太尉長史仍爲齊州大中正襲父爵建義初遇害河陰時年四十八贈侍中衞將軍儀同三司青州刺史

子挹襲武定末太尉屬齊受禪爵例降

挹弟損儀同開府主簿

勗武定末征虜將軍安州刺史朝陽伯齊受禪例降

勔字彥儒亦有父風司空記室通直散騎侍郎寧遠將軍清河太守帶槃陽鎮

將爲逆賊崔景安所害贈征虜將軍齊州刺史

子權太尉參軍事

劭武定中中書郎

光弟敬友本州治中頗有受納御史案之乃與守者俱逃後除梁郡太守會遭所生母憂不拜敬友精心佛道晝夜誦經免喪之後遂菜食終世恭寬接下修身厲節自景明已降頻歲不登飢寒請丐者皆取足而去又置逆旅於肅然山南大路之北設食以供行者延昌三年二月卒年五十九

子鴻字彥鸞少好讀書博綜經史太和二十年拜彭城王國左常侍景明三年遷員外郎兼尚書虞曹郎中勑撰起居注遷給事中兼祠部郎轉尚書都兵郎中詔太師彭城王勰以下公卿朝士儒學才明者三十人議定律令於尚書上省鴻與光俱在其中時論榮之永平初豫州城人白早生殺刺史司馬悅據懸瓠叛詔鎮南將軍邢巒討之以鴻爲行臺鎮南長史徙三公郎中加輕車將軍遷員外散騎常侍領郎中延昌二年將大考百寮鴻以考令於體例不通乃建

議曰竊惟王者爲官求才使人以器黜陟幽明揚清激濁故績效能官才必稱位者朝昇夕進年歲數遷豈拘一階半級閡以闕寮等位者哉二漢以降太和以前苟必官須此人人稱此職或超騰昇陟數歲而至公卿或長兼試守稱允而還進者披卷則人人而是擧目則朝貴皆然故能時收多士之譽國號豐賢之美竊見景明以來考格三年成一考一考轉一階貴賤內外萬有餘人自非犯罪不問賢愚莫不上中才與不肖比肩同轉雖有善政如黃龔儒學如王鄭史才如班馬文章如張蔡得一分一寸必爲常流所攀選曹亦抑爲一概不曾甄別琴瑟不調改而更張雖明旨已行猶宜消息世宗不從三年鴻以父憂解任甘露降其廬前樹十一月世宗以本官徵鴻四年復有甘露降其京兆宅之庭樹復加中堅將軍常侍領郞如故還中散大夫高陽王友仍領郞中其年爲司徒長史正光元年加前將軍修高祖世宗起居注光撰魏史徒有卷目初未考正闕略尤多每云此史會非我世所成但須記錄時事以待後人臨薨言鴻於肅宗五年正月詔鴻以本官修緝國史孝昌初拜給事黃門侍郞尋加散騎

常侍齊州大中正鴻在史甫爾未有所就尋卒贈鎮東將軍度支尚書青州刺史鴻弱冠便有著述之志見晉魏前史皆成一家無所措意以劉淵石勒慕容儁苻健慕容垂姚萇慕容德赫連屈孑張軌李雄呂光乞伏國仁禿髮烏孤李暠沮渠蒙遜馮跋等並因世故跨僭一方各有國書未有統一鴻乃撰為十六國春秋勒成百卷因其舊記時有增損褒貶焉鴻二世仕江左故不錄僭晉劉蕭之書又恐識者責之未敢出行於外世宗聞其撰錄遣散騎常侍趙邕詔鴻曰聞卿撰定諸史甚有條貫便可隨成者送呈朕當於機事之暇覽之鴻以其書有與國初相涉言多失體且既未訖迄不奏聞鴻後典起居乃妄載其表曰臣聞帝王之興也雖誕應圖籙然必有驅除蓋所以翦彼厭政成此樂推故戰國紛紜年過十紀而漢祖夷殄羣豪開四百之業歷文景之懷柔蠻夏世宗之奮揚威武始得涼朔同文牂越一軌於是談遷感漢德之盛痛諸史放絕乃鈐括舊書著成太史所謂緝茲人事光彼天時之義也昔晉惠不競華戎亂起三帝受制於姦臣二皇晏駕於非所五都蕭條鞠為煨燼趙燕既為長蛇遼海緬

成殊域窮兵銳進以力相雄中原無主八十餘年遺晉僻遠勢略孤微民殘兵

草靡所歸控皇魏龍潛幽代世篤公劉內修德政外抗諸僞幷冀之民懷寶之

士襁負而至者日月相尋雖邠岐之赴太王謳歌之歸西伯實可同年而語矣

太祖道武皇帝以神武之姿接金行之運應天順民龍飛受命太宗必世重光

業隆玄默世祖雄才叡略闡曜威靈農戰兼修掃清氛穢歲垂四紀而寰宇一

同儋耳文身之長卉服斷髮之酋莫不請朔率職重譯來庭隱愍鴻濟之澤三

樂擊壤之歌百姓始得陶然蘇息欣於堯舜之世自晉永寧以後雖所在稱兵

競自尊樹而能建邦命氏成爲戰國者十有六家善惡興滅之形用兵乖會之

勢亦足以垂之將來昭明勸戒但諸史殘缺體例不全編錄紛謬繁略失所宜

審正不同定爲一書伏惟高祖以大聖應期欽明御運合德乾坤同光日月建

格天之功創不世之法開鑿生民惟新大造陛下以青陽繼統叡武承天應符

屈己則道高三五頤神至境則洞彼玄宗剖判百家斟酌六籍遠邁石渠美深

白虎至如導禮革俗之風昭文變性之化固以感彼禽魚穆茲寒暑而況愚臣

沐浴太和懷音正始而可不勉彊難革之性砥礪木石之心哉誠知敏謝允南
才非承祚然國志史考之美竊亦輒所庶幾始自景明之初搜集諸國舊史屬
遷京甫爾率多分散求之公私驅馳數歲又臣家貧祿薄唯任孤力至於紙盡
書寫所資每不周接暨正始元年寫乃向備謹於吏按之暇草構此書區分時
事各繫本錄破彼異同凡爲一體約損煩文補其不足三豕五門之類一事異
年之流皆稽以長歷考諸舊志刪正差謬定爲實錄商校大略著春秋百篇至
三年之末草成九十五卷唯常璩所撰李雄父子據蜀時書尋訪不獲所以未
及繕成輟筆私求七載於今此書本江南撰錄恐中國所無非臣私力所能終
得其起兵僭號事之始末乃亦頗有但不得此書懼簡略不成久思陳奏乞敕
緣邊求採但愚賤無因不敢輕輒散騎常侍太常少卿荊州大中正臣趙邕忽
宣明旨敕臣送呈不悟九皐微志乃得上聞奉敕欣惶慶懼兼至今謹以所訖
者附臣邕呈奏臣又別作序例一卷年表一卷仰表皇朝統括大義俯明愚臣
著錄微體徒竊慕古人立言美意文致疎鄙無一可觀簡御之日伏深慙悸鴻

意如此然自正光以前不敢顯行其書自後以其伯光貴重當朝知時人未能
發明其事乃頗相傳讀亦以光故執事者遂不論之鴻經綜既廣多有違謬至
如太祖天興二年姚興改號鴻以爲改在元年太宗永興二年慕容超擒於廣
固鴻又以爲事在元年太常二年姚泓敗於長安而鴻亦以爲滅在元年如此
之失多不考正
子子元祕書郎後永安中乃奏其父書曰臣亡考故散騎常侍給事黃門侍郎
前將軍齊州大中正鴻不殞家風式纘世業古學克明在新必鏡多識前載博
極羣書史才富洽號稱籍甚年止壯立便斐然懷著述意正始之末任屬記言
撰緝餘暇乃刊著趙燕秦夏涼蜀等遺載爲之贊序襃貶評論先朝之日草構
悉了唯有李雄蜀書搜索未獲闕茲一國遲留未成去正光三年購訪始得討
論適訖而先臣棄世凡十六國名爲春秋一百二卷近代之事最爲備悉未曾
奏上弗敢宣流今繕寫一本敢以仰呈儻或淺陋不回睿賞乞藏祕閣以廣異
家子元後謀反事發逃竄會赦免尋爲其叔鶡所殺

光從祖弟長文字景翰少亦徙於代都聰敏有學識太和中除奉朝請遷洛拜司空參軍事營構華林園後兼員外散騎常侍爲宕昌使主還授給事中本國中正尚書庫部郎正始中大修器械爲諸州造仗都使齊州太原太守雍州撫軍府長史以廉慎稱還輔國將軍中散大夫轉太府少卿丞相高陽王雍諮議參軍太中大夫永安中以老拜征虜將軍平州刺史還家專讀佛經不關世事年七十九天平初卒贈使持節征東將軍齊州刺史諡曰貞

子慈懋字德林永熙初征虜將軍徐州征東府長史

長文從弟庠字文序有幹用初除侍御史員外散騎侍郎給事中頻使高麗轉步兵校尉又轉司空掾領左右直長出除相州長史還拜河陰洛陽令以彊直稱遷東郡太守元顥寇逼郡界庠拒不從命棄郡走還鄉里孝莊還宮賜爵平原伯拜潁川太守二年五月爲城民王早蘭寶等所害後贈驃騎將軍吏部尚書齊州刺史

子罕襲爵齊受禪例降

光族弟榮先字隆祖涉經史州辟主簿

子鐸有文才冠軍將軍中散大夫

鐸弟覲寧遠將軍羽林監

史臣曰崔光風素虛遠學業淵長高祖歸其才博許其大至明主固知臣也歷事三朝師訓少主不出宮省坐致台傅斯亦近世之所希有但顧懷大雅託迹中庸其於容身之譏斯乃胡廣所不免也鴻博綜古今立言為事亦才志之士乎

魏書卷六十七

魏書卷六十七考證

崔光傳鴻乃撰爲十六國春秋勒成百卷○臣人龍按唐史臣所作晉書載記大都出於此書

魏書卷六十七考證

珍倣宋版印

齊　魏收　撰

列傳第五十六

甄琛　高聰

甄琛字思伯中山毋極人漢太保甄邯後也父凝州主簿琛少敏悟閨門之內兄弟戲狎不以禮法自居頗學經史稱有刀筆而形貌短陋尠風儀舉秀才入都積歲頗以弈棊棄日至乃通夜不止手下蒼頭常令秉燭或時睡頓大加其杖如此非一奴後不勝楚痛乃白琛曰郎君辭父母仕宦京師若爲讀書執燭奴不敢辭罪乃以圍棋日夜不息豈是向京之意而賜加杖罰不亦非理琛惕然慚感遂從許叡李彪假書研習聞見益優太和初拜中書博士遷諫議大夫時有所陳亦爲高祖知賞轉通直散騎侍郎出爲本州征北府長史後爲本州陽平王頤衞軍府長史世宗踐祚以琛爲中散大夫兼御史中尉轉通直散騎常侍仍兼中尉琛表曰王者道同天壤施齊造化濟時拯物爲民父母故年穀

不登爲民祈祀乾坤所惠天子順之山川祕利天子通之苟益生民損躬無吝如或所聚唯爲賑恤是以月令稱山林藪澤有能取蔬食禽獸者皆野虞教導之其迭相侵奪者罪之無赦此明導民而弗禁通有無以相濟也周禮雖有川澤之禁正所以防其殘盡必令取之有時斯所謂障護雖在公更所以爲民守之耳且一家之長惠及子孫一運之君澤周天下皆所以厚其所養以爲國家之富未有尊居父母而醯醢是吝富有萬品而一物是規今者天爲黔首生鹽國與黔首障護假獲其利是猶富專口斷不及四體也且天下夫婦歲貢粟帛四海之有備奉一人軍國之資取給百姓天子亦何患乎貧而苟禁一池也古之王者世有其民或水火以濟其用或巢宇以誨其居或教農以去其飢或訓衣以除其敝故周詩稱教之誨之飲之食之皆所以撫覆導養爲之求利者也臣性昧知理識無遠尚每觀上古愛民之迹時讀中葉驟稅之書未嘗不歎彼遠大惜此近狹今僞弊相承仍崇關鄽之稅大魏恢博唯受穀帛之輸是使遠方聞者罔不歌德昔亶父以棄寶得民碩鼠以受財失衆君王之義宜其高矣

魏之簡稅惠實遠矣語稱出內之吝有司之福施惠之難人君之禍夫以府藏之物猶以不施而爲災況府外之利而可吝之於黔首且善藏者藏於民不善藏者藏於府藏於民者民欣而君富藏於府者國怨而民貧國怨則示化有虧民貧則君無所取願弛茲鹽禁使沛然遠及依周禮置川衡之法使之監導而已詔曰民利在斯深如所陳付八座議可否以聞司徒錄尚書彭城王勰兼尚書邢巒等奏琛之所列富乎有言首尾大備或無可貶但恐坐談則理高行之則事闕是用遲回未謂爲可竊惟古之善爲治者莫不昭其勝途悟其遠理及於救世升降稱時欲令豐無過溢儉不致敝役養消息備在厥中節約取足成其性命如不爾者焉用君爲若任其生產隨其啄食便是芻狗萬物不相有矣自大道既往恩惠生焉下奉上施卑高理睦然恩惠既交思拯之術廣恒恐財不賙國澤不厚民故多方以達其情立法以行其志至乃取貨山川輕在民之貢立稅關市裨十一之儲收此與彼非利己也回彼就此非爲身也所謂集天地之產惠天地之民藉造物之富賑造物之貧徹商賈給戎戰賦四民贍軍國

取乎用乎各有義已禁此淵池不專大官之御斂此匹帛豈爲後宮之資旣潤不在己彼我理一猶積而散之將焉所吝且稅之本意事有可求固以希濟生民非爲富賄藏貨不爾者昔之君子何爲然哉是以後來經圖未之或改故先朝商校小大以情降鑒之流疑與復鹽禁然自行以來典司多怠出入之間事不如法遂令細民怨嗟商販輕議此乃用之者無方非與之者有謬至使朝廷明識聽營其間今而罷之懼失前旨一行一改法若易棊參論理要宜依前式詔曰司鹽之稅乃自古通典然與制利民亦代或不同苟可以富氓益化唯理所在甄琛之表實所謂助政毗治者也可從其前計使公私並宜川利無擁尙書嚴爲禁豪彊之制也詔琛參八座議事尋正中尉常侍如故遷侍中領中尉琛俛眉畏避不能繩糾貴遊凡所劾治率多下吏於時趙修盛寵琛傾身事之琛父凝爲中散大夫弟僧林爲本州別駕皆託修申達至修姦詐事露明當收考今日乃舉其罪及監決修鞭猶相隱惻然告人曰趙修小人背如土牛殊耐鞭杖有識以此非之修死之明日琛與黃門郎李憑以朋黨被召詣尙書兼尙

書元英邢巒窮其阿附之狀琛曾拜官諸賓悉集巒乃晚至琛謂巒曰卿何處放蛆來今晚始顧雖以戲言巒變色銜忿及此大相推窮司徒公錄尙書北海王詳等奏曰臣聞黨人爲患自古所疾政之所忌雖寵必誅皆所以存天下之至公保靈基於永業者也伏惟陛下纂聖前暉淵鑒幽慝恩斷近習憲軌唯新大政蔚以增光鴻猷於焉永泰謹按侍中領御史中尉甄琛身居直法糾擿是司風邪響黷猶宜劾糾況趙修奢暴聲著內外侵公害私朝野切齒而琛嘗不陳奏方更往來綢繆結納以爲朋黨中外影響致其談譽令布衣之父超登正四之官七品之弟越陟三階之祿虧先皇之選典塵聖明之官人又與武衛將軍黃門郎李憑相爲表裏憑兄叨封知而不言及修釁彰方加彈奏生則附其形勢死則就地排之竊天之功以爲己力仰欺朝廷俯罔百司其爲鄙詐於茲甚矣不實不忠寔合貶黜謹依律科徒請以職除其父中散實爲叨越雖皇族帝孫未有此例既得不以倫請下收奪李憑朋附趙修是親是仗交遊之道不依恆度或晨昏從就或吉凶往來至乃身拜其親妻見其子每有家事必先請

託緇黜皇風塵鄙正化此而不糾將何以肅整阿諛獎厲忠概請免所居官以肅風軌奏可琛遂免歸本郡左右相連死黜者三十餘人始琛以父母年老常求解官扶侍故高祖授以本州長史及貴達不復請歸至是乃還供養數年遭母憂母鉅鹿曹氏有孝性夫氏去家路踰百里每得魚肉菜果珍美口實者必令僮僕走奉其母乃後食焉琛母服未闋復喪父琛於塋兆之内手種松柏隆冬之月負掘水土鄉老哀之咸助加力十餘年中墳成木茂與弟僧林誓以同居沒齒專事產業親躬農圃時以鷹犬馳逐自娛朝廷有大事猶上表陳情久之復除散騎常侍領給事黄門侍郎定州大中正大見親寵委以門下庶事出參尚書入廁帷幄琛高祖時兼主客郎迎送蕭賾使彭城劉纘琛欽其器貌常歎詠之纘子晰爲朐山戍主晰死家屬入洛有女年未二十琛已六十餘矣乃納晰女爲妻婚日詔給廚費琛深所好悅世宗時調戲之盧昶敗於朐山詔琛馳驛檢按還河南尹如平南將軍黄門中正如故琛表曰詩稱京邑翼翼四方是則者京邑是四方之本安危所在不可不清是以國家居代患多盜竊世祖

太武皇帝親自發憤廣置主司里宰皆以下代令長及五等散男有經略者乃得爲之又多置吏士爲其羽翼崇而重之始得禁止今還都已來天下轉廣四遠赴會事過代都五方雜沓難可備簡寇盜公行劫害不絕此由諸坊混雜釐比不精主司闇弱不堪檢察故也凡使人攻堅木者必爲之擇良器今河南郡是陛下天山之堅木盤根錯節亂植其中六部里尉卽攻堅之利器非貞剛精銳無以治之今擇尹既非南金里尉鉛刀而割欲望清肅都邑不可得也里正乃流外四品職輕任碎多是下才人懷苟且不能督察故使盜得容姦百賦失理邊外小縣所領不過百戶而令長皆以將軍居之京邑諸坊大者或千戶五百戶其中皆王公卿尹貴勢姻戚豪猾僕隸蔭養姦徒高門邃宇不可干問又有州郡俠客蔭結貴遊附黨連羣陰爲市劫比之邊縣難易不同今難彼易此實爲未愜王者立法隨時從宜改弦易調明主所急先朝立品不必卽定施而觀之不便則改今閑官靜任猶聽長兼況煩劇要務不得簡能下領請取武官中八品將軍已下幹用貞濟者以本官俸恤領里尉之任各食其祿高者領六

部尉中者領經途尉下者領里正不爾請少高里尉之品選下品中應遷之者進而爲之則督責有所聳轂可清詔曰里正可進至勳品經途從九品六部尉正九品諸職中簡取何必須武人也琛又奏以羽林爲遊軍於諸坊巷司察盜賊於是京邑清靜至今踵焉轉太子少保黃門如故大將軍高肇伐蜀以琛爲使持節假撫軍將軍領步騎四萬爲前驅都督琛次梁州獠亭會世宗崩班師高肇既死以琛肇之黨也不宜復參朝政出爲營州刺史加安北將軍歲餘以光祿大夫李思穆代之時年六十五矣遂停中山久之乃赴洛除鎮西將軍涼州刺史猶以琛高氏之昵也不欲處之於內尋徵拜太常卿仍以本將軍出爲徐州刺史及入辭肅宗琛辭以老詔除吏部尚書將軍如故未幾除征北將軍定州刺史衣錦晝遊大爲稱滿治體嚴細甚無聲譽崔光辭司徒之授也琛與光書外相抑揚內實附會也光亦揣其意復書褒美以悅之徵爲車騎將軍特進又拜侍中以其衰老詔賜御府杖朝直杖以出入正光五年冬卒詔給東園秘器朝服一具衣一襲錢十萬物七百段蠟三百斤贈司徒公尚書左僕射加

後部鼓吹太常議謚文穆吏部郎袁翻奏曰案禮謚者行之迹也號者功之表也車服者位之章也是以大行受大名細行受細名行生於己名生於人故闔棺然後定謚皆累其生時美惡所以爲將來勸戒身雖死使名常存也凡薨亡者屬所卽言大鴻臚移本郡大中正條其行迹功過承中正移言公府下太常部博士評議爲謚列上謚不應法者博士坐如選舉不以實論若行狀失實中正坐如博士自古帝王莫不殷勤重慎以爲襃貶之實也今之行狀皆出自其家任其臣子自言君父之行無復相是非之事臣子之欲光揚君父但苦迹之不高行之不美是以極辭肆意無復限量觀其狀也則周孔聯鑣伊顏接衽論其謚也雖窮文盡武罔或加焉然今之博士與古不同唯知依其行狀又先問其家人之意臣子所求便爲議上都不復斟酌與奪商量是非致號謚之加與汎階莫異專以極美爲稱無復貶降之名禮官之失一至於此案甄司徒行狀至德與聖人齊蹤鴻名共大賢比跡文穆之謚何足加焉但比來贈謚於例普重如甄琛之流無不復謚謂宜依謚法慈惠愛民曰孝宜謚曰孝穆公自今已

後明勒太常司徒有行狀如此言辭流宕無復節限者悉請裁量不聽爲受必準人立謚不得甚加優越復仍踵前來之失者付法司科罪從之琛祖載肅宗親送降車就輿弔服哭之遣舍人慰其諸子琛性輕簡好嘲謔故少風望然明解有幹具在官清白自高祖世宗咸相知待肅宗以師傅之義而加禮焉所著文章鄙碎無大體時有理詣磔四聲姓族廢興會通緇素三論及家誨二十篇篤學文一卷頗行於世

琛長子侃字道正郡功曹釋褐祕書郎性險薄多與盜劫交通隨琛在京以酒色夜宿洛水亭舍毆擊主人爲司州所劾淹在州獄琛大以慚慨廣平王懷爲牧與琛先不協欲具案窮推琛託左右以聞世宗遣白衣吳仲安敕懷寬放懷固執治之久乃特旨出之侃自此沉廢卒於家

侃弟楷字德方粗有文學頗習吏事太平中上高祖頌十二篇文多不載優詔報之琛啓除祕書郎世宗崩未葬楷與河南尹丞張普惠等飲戲免官任城王澄爲司徒引爲功曹參軍稍遷尚書儀曹郎有當官之稱肅宗末定州刺史廣

陽王淵被徵還朝時楷丁憂在鄉淵臨發召楷不兼長史委以州任尋值鮮于修禮毛普賢等率北鎮流民反於州西北之左人城屠村掠野引向州城州城之內先有燕恆雲三州避難之戶皆依傍市鄽草廬攢住修禮等聲云欲收此輩共為舉動既外寇將逼恐有內應楷見人情不安慮有變起乃收州人中麤豪者皆殺之以威外賊固城民之心及刺史元固大都督楊津等至楷乃還家後修禮等忿楷屠害北人遂掘其父墓載棺巡城示相報復孝莊時徵為中書侍郎尒朱榮之死帝以其堪率鄉義除試守常山太守賜絹二百疋出帝初除征東將軍金紫光祿大夫還衞將軍右光祿大夫齊文襄王取為儀同府諮議參軍天平四年卒年四十六贈驃騎將軍祕書監滄州刺史

楷弟寬字仁規自員外散騎侍郎本州別駕稍遷太尉從事中郎治書侍御史武定初謝病還鄉卒於家

僧林終於鄉里

琛從父弟密字叔雍清謹少嗜欲頗涉書史太和中奉朝請密疾世俗貪競乾

沒榮寵曾作風賦以見意後參中山王英軍事英鍾離敗退鄉人蘇𡧍沒於賊手密盡私財以贖之𡧍既歸傾資報密密一皆不受謂𡧍曰濟君之日本不求貨豈相贖之意也歷太尉鎧曹遷國子博士肅宗末通直散騎常侍冠軍將軍時賊帥葛榮侵擾河北裴衍源子邕敗沒人情不安詔密爲相州行臺援守鄴城莊帝以密全鄴之勳賞安市縣開國子食邑三百戶還平東將軍光祿大夫領廷尉少卿尋轉征東將軍金紫光祿大夫孝靜初車騎將軍廷尉卿在官有平直之譽出爲北徐州刺史將軍如故興和四年卒贈驃騎將軍儀同三司瀛州刺史謚曰靖

長子儉字元恭官至前將軍太中大夫卒

儉弟頤有才學亦早卒

琛同郡張纂字伯業祖珍字文表慕容寶度支尚書太祖平中山入國世祖時拜中書侍郎真君元年關右慰勞大使二年拜使持節鎮西將軍涼州刺史卒贈征東將軍燕州刺史謚曰穆纂頗涉經史雅有氣尚交結勝流太和中釋褐

奉朝請稍遷伏波將軍任城王澄鎮北府騎兵參軍帶魏昌縣令吏民安之後爲北中府司馬久之除樂陵太守在郡多所受納聞御史至棄郡逃走於是除名乃卒天平初贈使持節都督冀定二州諸軍事驃騎將軍定州刺史

纂叔感字崇仁有器業不應州郡之命

子宣軌少孤事母以孝聞歷郡功曹州主簿延昌中釋褐奉朝請冀州征東府長流參軍轉相州中軍府錄事參軍定州別駕後除鎮遠將軍員外散騎常侍出爲相州撫軍府司馬宣軌性通率輕財好施屬葛榮圍城與刺史李神有固守之効永安中以功賜爵中山公中興初坐事死於鄴

子子瑜

纂從弟元賓太和十六年出身奉朝請還員外郎給事中正光中除中堅將軍射聲校尉永安三年卒永熙中外生高敖曹貴達啓贈持節撫軍將軍瀛州刺史

子辨天平中司徒行參軍

高聰字僧智本渤海蓨人曾祖軌隨慕容德徙青州因居北海之劇縣父法昂劉駿車騎將軍王玄謨甥也少隨玄謨征伐以軍功至員外郎早卒聰生而喪母祖母王撫育之大軍攻剋東陽聰徙入平城與蔣少遊爲雲中兵戶窘困無所不至族祖允視之若孫大加賙給聰涉獵經史頗有文才允嘉之數稱其美言之朝廷云青州蔣少遊與從孫僧智雖爲孤弱然皆有文情由是與少遊同拜中書博士積十年轉侍郎以本官爲高陽王雍友稍爲高祖知賞太和十七年兼員外散騎常侍使於蕭昭業高祖定都洛陽追詔聰等曰比於河陽勑卿仍居瀍洛周視舊業依然有懷固欲先之營之後乃薄伐且以蹟喪甫爾使通在昔乘危幸凶君子弗取是用輟兹前圖遠期來會爰息六師三川是宅將底居成周永恢皇宇今更造璽書以代往詔比所勑授隨宜變之善勗皇華無替指意使還還通直散騎常侍兼太府少卿轉兼太子左率聰微習弓馬乃以將用自許高祖銳意南討專訪王肅以軍事聰託肅願以偏裨自效肅言之於高祖故假聰輔國將軍統兵二千與劉藻傅永成道益任莫問俱受肅節度同援

渦陽而聰躁怯少威重所經淫掠無禮及與賊交望風退敗與藻等同囚於懸瓠高祖恕死徙平州爲民行居瀛州屬刺史王質獲白兔將獻託聰爲表高祖見表顧爲王肅曰在下那得復有此才而令朕不知也肅曰比高聰北徙此文或其所製高祖悟曰必應然也何應更有此輩世宗初聰復竊還京師六輔之廢聰之謀也世宗親政除給事黃門侍郎加輔國將軍遷散騎常侍黃門如故世宗幸鄴還於河內懷界帝親射矢一里五十餘步侍中高顯等奏伏見親御弧矢臨原弋遠弦動羽馳矢鏃所逮三百五十餘步臣等伏惟陛下聖武自天神藝夙茂巧會騶虞之節妙盡矍圃之儀威稜攸疊戲兕懾氣才猛所振勍慭弭心足以肅截九區赫服八宇矣威事奇迹必宜表述請勒銘射宮永彰聖藝詔曰此乃弓弧小藝何足以示後葉而喉脣近侍苟以爲然亦豈容有異便可如請遂刊銘於射所聰爲之詞趙修嬖幸聰深朋附及詔追贈修父聰爲碑文出入同載觀視碑石聰每見修迎送盡禮聰又爲修作表陳當時便宜教其自安之術由是迭相親狎修死甄琛李憑皆被黜落聰亦深用危慮而聰先以疎

宗之情曲事高肇竟獲自免肇之力也修之任勢聰傾身事之及修之死言必毀惡茹皓之寵聰又媚附每相招命言笑播撫公私託仗無所不至每稱皓才識明敏非趙修之儔乃因皓啓請青州鎮下治中公廨以爲私宅又乞水田數十頃皆被遂許及皓見戮聰以爲死之晚也其薄於情義類皆如此侍中高顯出授護軍聰轉兼其處於時顯兄弟疑聰間搆而求之聰居兼十餘旬出入機要言即真無遠慮藉貴因權躭於聲色賄納之音聞於遐邇中尉崔亮知肇微恨遂面陳聰罪世宗乃出聰爲平北將軍幷州刺史聰善於去就知肇嫌之側身承奉肇遂待之如舊聰在幷州數歲多不率法又與太原太守王椿有隙再爲大使御史舉奏肇每以宗私相援事得寢緩世宗末拜散騎常侍平北將軍肅宗踐祚以其素附高肇出爲幽州刺史將軍如故尋以高肇之黨與王世義高綽李憲崔楷蘭氛之爲中尉元匡所彈靈太后並特原之聰遂停廢于家斷絶人事唯修營園果以聲色自娛久之拜光祿大夫加安北將軍聰心望中書令然後出作青州願竟不果正光元年夏卒年六十九靈太后聞其病遣主書

問之聰對使者歔欷慟泣及聞其亡嗟悼良久言朕既無福大臣殞喪且其與
朕父南征契濶戎旅特可感念賵布帛三百匹冰一車贈撫軍將軍青州刺史
諡曰獻聰有妓十餘人有子無子皆注籍爲妾以悅其情及病不欲他人得之
並令燒指吞炭出家爲尼聰所作文筆二十卷別有集

子長雲字彥鴻起家祕書郎太尉主簿稍遷輔國將軍中散大夫建義初於河
陰遇害贈安東將軍兗州刺史

長雲弟叔山字彥甫司徒行參軍稍遷寧朔將軍越騎校尉卒贈太常少卿

史臣曰甄琛以學尚刀筆早樹聲名受遇三朝終至崇重高聰才尚見知名位
顯著而異軌同奔咸經於危覆之轍惜乎

魏書卷六十八

珍倣宋版印

魏書卷六十八考證

甄琛傳遂從許叡李彪假書研習聞見益優○許叡李彪北史作許赤彪

僧林終於鄉里○臣照按僧林既不著爲甄琛何人又止終於鄉里四字亦成

一附傳史家荒率如此

魏書卷六十八考證

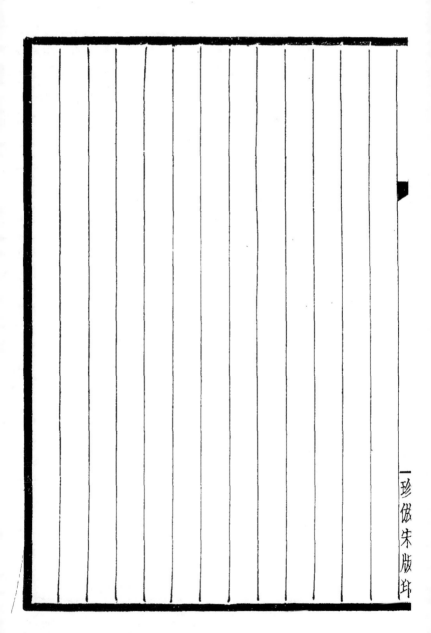

魏書卷六十九

齊　魏收　撰

列傳第五十七

崔休　裴延儁　袁翻

崔休字惠盛清河人御史中丞逞之玄孫也祖靈和仕劉義隆爲員外散騎侍郎父宗伯世宗初追贈清河太守休少孤貧矯然自立舉秀才入京師與中書郎宋弁通直郎邢巒雅相知友尚書王嶷欽其人望爲長子娉休姊贍以貨財由是少振高祖納休妹爲嬪以爲尚書主客郎轉通直正員郎兼給事黃門侍郎休好學涉歷書史公事軍旅之隙手不釋卷崇尚先達愛接後來常參高祖侍席禮遇次于宋郭之輩高祖南伐以北海王爲尚書僕射統留臺事以休爲尚書左丞高祖詔休曰北海年少未閑政績百揆之務便以相委轉長史兼給事黃門侍郎後從駕南行及車駕還幸彭城汎舟泗水詔在侍筵觀者榮之世祖初休以弟亡祖父未葬固求渤海於是除之性嚴明雅長治體下車先戮豪

猾數人廣布耳目所在姦盜莫不擒翦百姓畏之寇盜止息清身率下渤海大治時大儒張吾貴有盛名於山東西方學士咸相宗慕弟子自遠而至者恆千餘人生徒既衆所在多不見容休乃爲設俎豆招延禮接使肄業而還儒者稱爲口實入爲吏部郎中遷散騎常侍權兼選任休愛才好士多所拔擢廣平王懷數引談宴世宗責其與諸王交遊免官後除龍驤將軍洛州刺史在州數年以母老辭州許之尋行幽州事徵拜司徒右長史休聰明彊濟雅善斷決幙府多事辭訟盈几剖判若流殊無疑滯加之公平清潔甚得時談復除吏部郎中加征虜將軍冀州大中正遷光祿大夫行河南尹肅宗初即真加平東將軍尋除平北將軍幽州刺史進號安北將軍還安東將軍青州刺史青州九郡民單攦李伯徽劉通等一千人上書訟休德政靈太后善之休在幽青州五六年皆清白愛民甚著聲績二州懷其德澤百姓追思之徵爲安南將軍度支尚書尋進號撫軍將軍七兵尚書又轉殿中尚書休久在臺閣明習典禮每朝廷疑議咸取正焉諸公咸相謂曰崔尚書下意處我不能異也正光四年卒年五十二

賵帛五百匹贈車騎將軍尚書僕射冀州刺史諡文貞侯休少而謙退事母孝謹及爲尚書子仲文納丞相雍第二女女妻領軍元乂長庶子祕書郎稚舒挾恃二家志氣微改內有自得之心外則陵藉同列尚書令李崇左僕射蕭寶夤右僕射元欽皆以雍乂之故每憚下之始休母房氏欲以休女妻其外孫邢氏休不欲乃違其母情以妻乂子議者非之休有九子

長子悛字長儒武定中七兵尚書武城縣開國公

悛弟仲文散騎常侍

仲文弟叔仁性輕俠重衿期歷通直散騎侍郎司徒司馬散騎常侍出爲驃騎將軍潁州刺史以貪汙爲御史所劾與和中賜死於宅臨刑賦詩與諸弟訣別而不及其兄以其不甚營救故也

叔仁弟叔義孝莊時爲尚書庫部郎坐兄悛鑄錢事發合家逃逸數日叔義遂見執獲時城陽王徽爲司州牧臨淮王彧以非其身罪驟爲致言徽不從乃殺之

叔義弟子侃以竊級爲中書郎爲尚書左丞和子岳彈糾失官後兼通直常侍

使於蕭衍還路病卒

子侃弟子聿武定末東莞太守卒

子聿弟子約開府祭酒

休弟賁字敬禮太子舍人早卒贈樂安太守妻安樂王長樂女晉寧主也貞烈

有德行

子長謙好學修立少有令名仕歷給事中仍還鄉里久之刺史尉景取爲開府

諮議參軍事晚頗以酒爲損天平中被徵兼主客郎接蕭衍使張皐等後兼散

騎常侍使蕭衍還卒於宿豫時人歎惜之以死王事贈驃騎將軍南青州刺史

裴延儁字平子河東聞喜人魏冀州刺史徽之八世孫曾祖天明諮議參軍并

州別駕祖雙虎河東太守卒贈平遠將軍雍州刺史謚曰順父崧州主簿行平

陽郡事以平蜀賊丁蟲功贈東雍州刺史延儁少偏孤事後母以孝聞涉獵墳

史頗有才筆舉秀才射策高第除著作佐郎遷尚書儀曹郎轉殿中郎太子洗

馬又領本邑中正及太子友太子恂廢以宮官例免頃之除太尉掾兼太子中舍人世宗初爲散騎侍郎尋除雍州平西府長史加建威將軍入爲中書侍郎時世宗專心釋典不事墳籍延儁上疏諫曰臣聞有堯文思欽明稽古嬀舜體道愼典作聖漢光神叡軍中讀書魏武英規馬上翫籍先帝天縱多能克文克武營還謀伐手不釋卷良以經史義深補益處廣雖則劬勞不可暫輟斯乃前王之美實後王之水鏡善足以遵惡足以誡也陛下道悟自深淵鑒獨得昇法座於宸闈釋覺善於日宇凡在聽矚塵蔽俱開然五經治世之模六籍軌俗之本蓋以訓物有漸應時匪妙必須先麤後精乘近卽遠伏願經書互覽孔釋兼存則內外俱周眞俗斯暢後除司州別駕加鎭遠將軍及詔立明堂羣官博議延儁獨著一堂之論太傅清河王懌時典衆議讀而笑曰子故欲遠符僕射也兼太子中庶子尋卽正別駕如故加冠軍將軍肅宗初還散騎常侍監起居注加前將軍又加平西將軍除廷尉卿轉平北將軍幽州刺史范陽郡有舊督亢渠徑五十里漁陽燕郡有故戾陵諸堰廣袤三十里皆廢毀多時莫能修復時

水旱不調民多飢餒延儁謂疏通舊跡勢必可成乃表求營造遂躬自履行相

度水形隨力分督未幾而就溉田百萬餘畝爲利十倍百姓至今賴之又命主

簿酈惲修起學校禮教大行民歌謠之在州五年考績爲天下最延儁繼母隨

延儁在薊時遇重患延儁啓求侍母還京療治至都未幾拜太常卿時汾州山

胡恃險寇竊正平平陽二郡尤被其害以延儁兼尚書爲西北道行臺節度討

胡諸軍尋遇疾勑還三鵶羣蠻寇掠不已車駕欲親征之延儁乃於病中上疏

諫諍尋除七兵尚書安南將軍徙殿中尚書加中軍將軍轉散騎常侍中書令

御史中尉又以本官兼侍中吏部尚書延儁在臺閣守職而已不能有所裁斷

直繩也莊帝初於河陰遇害贈都督雍岐豳三州諸軍事儀同三司本將軍雍

州刺史

子元直尚書郎中

元直弟敬猷員外常侍兄弟並有學尚與父同時遇害元直贈光州刺史敬猷

妻丞相高陽王雍外孫超贈尚書僕射

延儁從叔桃弓亦見稱於鄉里

子夙字買興沉雅有器識儀望甚偉高祖見而異之自司空主簿轉尚書左主客郎中時吏部尚書任城王澄有知人鑒每歎美夙以遠大許之高祖南伐爲行臺吏部郎仍除征北大將軍穆亮從事中郎轉爲河北太守以忠恕接下百姓感之卒於郡年四十三

長子範字宗模早卒

範子凝字長儒卒於武平鎮將

範弟昇之鑒武定末昇之太尉掾鑒司徒右長史

延儁從祖弟良字元賓起家奉朝請轉北中府功曹參軍世宗初南絳縣令稍遷幷州安北府長史入爲中散大夫領尚書考功郎中時汾州吐京羣胡薛羽等作逆以良兼尚書左丞爲西北道行臺值别將李德龍爲羽所破良入汾州與刺史汝陰王景和及德龍率兵數千憑城自守賊併力攻逼詔遣行臺裴延儁大都督章武王融都督宗正珍孫等赴援時有五城郡山胡馮宜都賀悅回

成等以妖妄惑衆假稱帝號服素衣持白傘白幡率諸逆衆於雲臺郊抗拒王師融等與戰敗績賊乘勝圍城㝵率將士出戰大破之於陣斬回成復誘導諸胡令斬送宜都首又山胡劉蠡升自云聖術胡人信之咸相影附旬日之間逆徒還振德龍議欲拔城㝵不許德龍等乃止景和甍以㝵爲汾州刺史加輔國將軍行臺如故都督高防來援復敗於百里候先是官粟貸民未及收聚仍值寇亂至是城民大飢人相食賊知倉庫空虛攻圍日甚死者十三四㝵以飢窘因與城人奔赴西河汾州之治西河自㝵始也時南絳蜀陳雙熾等聚衆反自號建始王與大都督長孫雅宗正珍孫等相持不下詔㝵解州爲慰勞使轉太中大夫本部中正孝莊末除光祿大夫尒朱榮死榮從子天光擁衆關西乃詔㝵持節假安西將軍潼關都督又兼尚書爲河東恆農河北宜陽行臺以備之前廢帝時除征東將軍金紫光祿大夫尋轉衛將軍又加散騎常侍車騎將軍右光祿大夫轉驃騎將軍左光祿大夫出帝末除汲郡太守孝靜初衛大將軍太府卿天平二年秋卒時年六十一贈使持節都督雍華二州諸軍事吏部尚

書本將軍雍州刺史諡曰貞又重贈侍中驃騎大將軍尚書僕射餘如故
子叔祉武定末太子洗馬
良從父兄子慶孫字紹遠少孤性倜儻重然諾釋褐員外散騎侍郎正光末汾州吐京羣胡薛悉公馬牒騰並自立爲王聚黨作逆衆至數萬詔慶孫爲募人別將招率鄉豪得戰士數千人以討之胡賊屢來逆戰慶孫身先士卒每摧其鋒遂深入至雲臺郊諸賊更相連結大戰郊西自旦及夕慶孫身自突陳賊王闕郭康兒賊衆大潰勑徵赴都除直後於後賊復鳩集北連蠡升南通絳蜀凶徒轉感復以慶孫爲別將從軹關入討至齊子嶺東賊帥范多范安族等率衆來拒慶孫與戰復斬多首乃深入二百餘里至陽胡城朝廷以此地被山帶河衿要之所肅宗末遂立邵郡因以慶孫爲太守假節輔國將軍當郡都督民經賊亂之後率多逃竄慶孫務安緝之咸來歸業永安中還朝除太中大夫尒朱榮之死也世隆擁衆北渡詔慶孫爲大都督與行臺源子恭率衆追擊軍次太行而慶孫與世隆密通事泄追還河內而斬之時年三十六慶孫任俠有氣鄉

曲壯士及好事者多相依附撫養咸有恩紀在郡之日值歲饑凶四方遊客常有百餘慶孫自以家糧贍之性雖麤武愛好文流與諸才學之士咸相交結輕財重義座客常滿是以爲時所稱

子子瑩永安中太尉行參軍

延儁從祖弟仲規少好經史頗有志節起家奉朝請領侍御咸陽王禧爲司州牧辟爲主簿仍表行建興郡事車駕自代還洛次於郡境仲規備供帳朝於路側高祖詔仲規曰朕閑置神畿郡望闕字一重卿既首應司隸實舉復督我名邦何能自致也仲規對曰陛下窮神盡聖應天順民棄彼玄壤來宅紫縣臣方罄心力躍馬吳會冀功銘帝籍勳書王府豈一郡而已高祖笑曰冀卿必副此言車駕達河梁見咸陽王謂曰昨得汝主簿爲南道主人六軍豐贍元弟之寄殊副所望尋除司徒主簿仲規父在鄉疾病棄官奔赴以違制免久之中山王英征義陽引爲統軍奏復本資於陳戰歿時年四十八贈河東太守謚曰貞無子弟叔義以第二子伯茂爲之後伯茂在文苑傳

叔義亦有學行高祖末除兗州安東府外兵參軍累遷太山太守爲政清靜吏民安之遷司空從事中郎正光五年夏卒時年五十七贈征虜將軍東秦州刺史諡曰宣

子景融字孔明篤學好屬文正光初舉秀才射策高第除太學博士永安中祕書監李凱以景融才學啓除著作佐郎稍遷輔國將軍諫議大夫仍領著作出帝時議孝莊諡事遂施行時詔撰四部要略令景融專典竟無所成元象中儀同高岳以爲錄事參軍弟景顏被劾廷尉獄景融入選吏部擬郡爲御史中丞崔暹所彈云其貪昧苟進遂坐免官武定四年冬病卒年五十景融卑退廉謹無競於時雖才不稱學而緝綴無倦文詞汎濫理會處寡所作文章別有集錄又造鄴都晉都賦云

景顏頗有學尚起家汝南王開府行參軍孝莊初爲廣州防蠻別將行廣漢郡事元顥入洛與刺史鄭先護據州起義事寧賜爵保城子以軍功稍遷太尉從事中郎轉諮議參軍孝靜初徙司空長史在官貪穢武定二年爲中尉崔暹所

劾事下廷尉遇疾死於獄年四十五

仲規弟子伯珍歷襄威將軍員外散騎郎西河太守孝靜初爲平東將軍滎陽太守卒官時年三十二贈本將軍雍州刺史

延儁族子禮和解褐員外散騎侍郎遷謁者僕射身長九尺腰帶十圍於羣衆之中魁然有異出爲陳留太守卒於金紫光祿大夫

延儁族兄聿字外與以操尚貞立爲高祖所知自著作佐郎出爲北中府長史時高祖以聿與中書侍郎崔亮並清貧欲以幹祿優之乃以亮帶野王縣聿帶温縣時人榮之轉尚書郎遷太尉諮議參軍出爲平秦太守卒贈冠軍將軍洛州刺史

子子袖歿關西

延儁族人瑗字珍寶太和中析屬河北郡少孤貧而清苦自立太守司馬悅召爲中正悅爲別將軍征義陽引爲中兵參軍瑗夙夜恭勤爲悅所知軍還除奉朝請轉給事中汝南王悅郎中令悅散費無常每國俸初入一日之中分賜極

意瑗每隨例恆辭多受少伺悅虛竭還來奉貢悅雖性理不恆然亦相賞愛悅遷太尉請爲從事中郎轉驍騎將軍肅宗末出爲汝南太守不行轉太原太守屬肅宗崩尒朱榮初謀赴洛瑗預其事封五原縣開國子邑三百戶尋行幷州事轉平北將軍殷州刺史孝靜初除衞將軍東雍州刺史興和元年卒年七十三

子夷吾武定末徐州驃騎府長流參軍

袁飜字景翔陳郡項人也父宣有才筆爲劉彧青州刺史沈文秀府主簿皇興中東陽州平隨文秀入國而大將軍劉昶每提引之言是其外祖淑之近親令與其府諮議參軍袁濟爲宗宣時孤寒甚相依附及飜兄弟官顯與濟子洸演遂各凌競洸等乃經公府以相排斥飜少以才學擅美一時初爲奉朝請景明初李彪在東觀飜爲徐紇所薦彪引兼著作佐郎以參史事及紇被徙尋解後遷司徒祭酒揚烈將軍尚書殿中郎正始初詔尚書門下於金墉中書外省考論律令飜與門下錄事常景孫紹廷尉監張虎律博士侯堅固治書侍御史高

綽前軍將軍邢苗奉車都尉程靈虯羽林監王元龜尚書郎祖瑩宋世景員外郎李琰之太樂令公孫崇等並在議限又詔太師彭城王勰司州牧高陽王雍中書監京兆王愉前青州刺史劉芳左衞將軍元麗兼將作大匠李韶國子祭酒鄭道昭廷尉少卿王顯等入預其事後除豫州中正是時修明堂辟雍翻議曰謹案明堂之義古今諸儒論之備矣異端競構莫適所歸故不復遠引經傳傍採紀籍以爲之證且論意之所同以訓詔（闕字）耳蓋唐虞已上事難該悉夏殷已降校可知之謂典章之極莫如三代郁郁之盛從周斯美制禮作樂典刑在焉遺風餘烈垂之不朽案周官考工所記皆記其時事具論夏殷名制豈其紕繆是知明堂五室三代同焉配帝象行義則明矣及淮南呂氏與月令同文雖布政班時有堂个之別然推其體例則無九室之證既而世衰禮壞法度淆弛正義殘隱妄說斐然明堂九室著自戴禮探緒求源罔知所出而漢氏因之自欲爲一代之法故鄭玄云周人明堂五室是帝一室也合於五行之數周禮依數以爲之室德行疑於今雖有不同時說昞然本制著存而言無明文欲復何

責本制著存是周五室也於今不同是漢異周也漢爲九室略可知矣但就其此制猶竊有懵焉何者張衡東京賦云乃營三宮布教班常複廟重屋八達九房此乃明堂之文也而薛綜注云房室也謂堂後有九室堂後九室之制非巨異乎裴頠又云漢氏作四維之个不能令各據其辰就使其像可圖莫能通其居用之禮此爲設虛器也甚知漢世徒欲削滅周典捐棄舊章改物創制故不復拘於載籍且鄭玄之詁訓三禮及釋五經異義並盡思窮神故得之遠矣覽其明堂圖義皆有悟人意察察著明確乎難奪諒足以扶微闡幽不墜周公之舊法也伯喈損益漢制章句繁雜既違古背新又不能易玄之妙矣魏晉書紀亦有明堂祀五帝之文而不記其經始之制又無坦然可準觀夫今之基址猶或髣髴高卑廣狹頗與戴禮不同何得以意抑心便謂九室可明且三雍異所復乖盧蔡之義進退亡據何用經通晉朝亦以穿鑿難明故有一屋之論並非經典正義皆以意妄作茲爲不典學家常談不足以範時軌世皇代既乘乾統曆得一馭宸自宜稽古則天憲章文武追蹤周孔述而不作四彼三代使百世

可知豈容虛追子氏放篇之浮說徒損經紀雅誥之遺訓而欲以支離橫議指
畫妄圖儀刑宇宙而貽來葉者也又北京制置未皆允帖繕修草創以意良多
事移禮變所存者無幾理苟宜革何必仍舊且遷都之始日不遑給先朝規度
每事循古是以數年之中悛換非一良以永法爲難數改爲易何爲宮室府庫
多因故迹而明堂辟雍獨遵此制建立之辰復未可知矣既猥班訪逮輒輕率
瞽言明堂五室請同周制郊建三雍求依故所庶有會經誥無失典刑識偏學
疎退慙謬淺後議選邊戍事飜議曰臣聞兩漢警於西北魏晉備在東南是以
鎮邊守塞必寄威重伐叛柔服寔賴溫良故田叔魏尚聲高於沙漠當陽鉅平
績流於江漢紀籍用爲美談今古以爲盛德自皇上以叡明纂御風凝化遠威
厲秋霜惠霑春露故能使淮海輸誠華陽即序連城請面比屋歸仁懸車劍閣
豈伊曩載鼓譟金陵復在茲日然荊揚之牧宜盡一時才望梁郢之君尤須當
今秀異自比緣邊州郡官至便登壃埸統戍階當即用或值穢德凡人或遇貪
家惡子不識字民溫恤之方唯知重役殘忍之法廣開戍邏多置帥領或用其

左右姻親或受人財貨請屬皆無防寇禦賊之心唯有通商聚斂之意其勇力之兵驅令抄掠若值彊敵即爲奴虜如有執獲奪爲己富其羸弱老小之輩微解金鐵之工少閑草木之作無不搜營窮壘苦役百端自餘或伐木深山或耘草平陸販貿往還相望道路此等祿既不多資亦有限皆收其實絹給其虛粟窮其力薄其衣用其工節其食綿冬歷夏加之疾苦死於溝瀆者常十七八焉是以吳楚間伺審此虛實皆云糧匱兵疲易可乘擾故驅率犬羊屢犯壃埸頻年以來甲冑生蟣十萬在郊千金日費爲弊之深一至於此皆由邊任不得其人故延若斯之患賈生所以痛哭良有以也夫潔其流者清其源理其末者正其本既失之在始庸可止乎愚謂自今以後荊揚徐豫梁益諸蕃及所統郡縣府佐統軍至于戍主皆令朝臣王公已下各舉所知必選其才不拘階級若能統御有方清高獨著威足臨戎信能懷遠撫循將士得其忻心不營私潤專修公利者則就加爵賞使久於其任以時褒賚屬其忠款所舉之人亦垂優異獎其得士嘉其誠節若不能一心奉公才非捍禦貪惏日富經略無聞人不見德

兵厭其勞者卽加顯戮用彰其罪所舉之人隨事免降責其謬薦罰其僞薄如此則舉人不得挾其私受任不得孤其舉善惡旣審沮勸亦明庶邊患永消讖議攸息矣遭母憂去職熙平初除冠軍將軍廷尉少卿尋加征虜將軍後出爲平陽太守龢爲廷尉頗有不平之論及之郡甚不自得遂作思歸賦曰日色黯兮高山之岑月逢霞而未晈霞值月而成陰望他鄉之阡陌非舊國之池林山有木而蔽月川無梁而復深悵浮雲之弗限何此恨之難禁於是雜石爲峯諸烟共色秀出無窮煙起不極錯龢花而似繡網遊絲其如織蝶兩戲以相追燕雙飛而鼓翼怨驅馬之悠悠歎征夫之未息爾乃臨峻壑坐層阿北眺羊腸詰屈南望龍門嵯峨疊千重以聳翠横萬里而揚波遠獋鼯與麏麚走鰩鼉及黿鼉彼曖然兮鞏洛此邈矣兮關河心鬱鬱兮徒傷思搖搖兮空滿思故人兮不見神翻覆兮魂斷斷魂兮如亂憂來兮不散俯鏡兮白水水流兮漫漫異色兮縱横奇光兮爛爛下對兮碧沙上覩兮青岸岸上兮氤氳駮霞兮絳氛風搖枝而爲弄日照水以成文行復行兮川之畔望復望兮望夫君君之門兮九重門

余之別兮千里兮願一見兮導我意我不見兮君不聞魄惝怳兮知何語氣繚戾兮獨縈縕彼鳥馬之無知尚有情於南北雖吾人之固鄙豈忘懷於上國去上國之美人對下邦之鬼蜮形既同於魍魎心匪殊於螫賊欲修之而難化何不殘之云剋知進退之非可徒終朝以默默願生還於洛濱荷天地之厚德神龜末遷冠軍將軍涼州刺史時蠕蠕主阿那瓌後主婆羅門並以國亂來降朝廷問翻安置之所翻表曰謬以非才忝荷邊任偎垂訪逮安置蠕蠕主阿那瓌婆羅門等處所遠近利害之宜竊惟匈奴爲患其來久矣雖隆周盛漢莫能障服衰弱則降富彊則叛是以方叔召虎不遑自息衞青去病勤亦勞止或修文德以來之或與干戈以伐之而一得一失利害相侔故呼韓來朝左賢入侍史籍謂之盛事千載以爲美談至于皇代勃興威馭四海爰在北京仍梗疆埸自卜惟洛食定鼎伊瀍高車蠕蠕迭相吞噬始則蠕蠕衰微高車彊盛蠕蠕則自救靡暇高車則僻遠西北及蠕蠕復振反破高車王喪民離不絕如綫而高車今能終雪其恥復摧蠕蠕者正由種類繁多不可頓滅故也然鬪此兩敵卽卞

莊之算得使境上無塵數十年中者抑此之由也今蠕蠕爲高車所討滅外憑
大國之威靈兩主投身一期而至百姓歸誠萬里相屬進希朝廷哀矜克復宗
社退望庇身有道保其妻兒雖乃遠夷荒桀不識信順終無純固之節必有孤
負之心然與亡繼絕列聖同規撫降卹附綿經共軌若棄而不受則虧我大德
若納而禮待則損我資儲來者既多全徙內地非直其情不願迎送艱難然夷
不亂華殷鑒無遠覆車在於劉石毀轍固不可尋且蠕蠕尚存則高車猶有內
顧之憂未暇窺窬上國若蠕蠕全滅則高車跋扈之計豈易可知今蠕蠕雖主
奔於上民散於下而餘黨實繁部落猶衆處處碁布以望今主耳高車亦未能
一時并兼盡令率附又高車士馬雖衆主甚愚弱上不制下下不奉上唯以掠
盜爲資陵奪爲業河西捍禦彊敵唯涼州敦煌而已涼州士廣民希糧仗素闕
敦煌酒泉空虛尤甚若蠕蠕無復豎立令高車獨擅北垂則西顧之憂匪旦伊
夕愚謂蠕蠕二主皆宜存之居阿那瓌於東偏處婆羅門於西裔分其降民各
有攸屬那瓌住所非所經見其中事勢不敢輒陳其婆羅門請修西海故城以

安處之西海郡本屬涼州今在酒泉直抵張掖西北千二百里去高車所住金山一千餘里正是北虜往來之衝要漢家行軍之舊道土地沃衍大宜耕殖非但今處婆羅門於事爲便即可永爲重戍鎮防西北宜遣一良將加以配衣疑仍令監護婆羅門凡諸州鎮應徙之兵隨宜割配且田且戍雖外爲置蠕蠕之舉內實防高車之策一二年後足食足兵斯固安邊保塞之長計也若婆羅門能自克厲使餘燼歸心收離聚散復興其國者乃漸令北轉徙渡流沙即是我之外蕃高車勍敵西北之虞可無過慮如其姦回返覆孤恩背德者此不過爲逋逃之寇於我何損今不早圖戎心一啓脫先據西海奪我險要則酒泉張掖自然孤危長河以西終非國有不圖厥始而憂其終噬臍之恨悔將何及愚見如允乞遣大使往涼州燉煌及於西海躬行山谷要害之所親閱亭障遠近之宜商量士馬校練糧仗部分見定處置得所入春西海之間即令播種至秋收一年之食使不復勞轉輸之功也且西海北垂即是大磧野獸所聚千百爲羣正是蠕蠕射獵之處殖田以自供藉獸以自給彼此相資足以自固今之豫度

微似小損歲終大計其利實多高車豺狼之心何可專信假令稱臣致款正可
外加優納而復內備彌深所謂先人有奪人之心者也管窺所陳懼多孟浪時
朝議是之還拜吏部郎中加平南將軍光祿大夫以本將軍出爲齊州刺史無
多政績孝昌中除安南將軍中書令領給事黃門侍郎與徐紇俱在門下並掌
文翰翻既才學名重又善附會亦爲靈太后所信待是時蠻賊充斥六軍將親
討之翻乃上表諫止後蕭寶夤大敗於關西翻上表請爲西軍死亡將士舉哀
存而還者幷加賑賚後拜度支尚書尋轉都官翻表曰臣往忝門下翼侍帷幄
同時流輩皆以出離左右蒙數階之陟唯臣奉辭非但直去黃門今爲尚書後
更在中書令下於臣庸朽誠爲叨濫準之倫匹或有未盡竊惟安南之與金紫
雖是異品之隔實有半階之校加以尚書清要位遇通顯準秩論資似加少進
語望比官人不願易臣自揆自顧力極求此伏願天地成造有始有終矜臣疲
病乞臣骸骨願以安南尙書換一金紫時天下多事翻雖外請閑秩而內有求
進之心識者怪之於是加撫軍將軍肅宗靈太后曾燕於華林園舉觴謂羣臣

曰袁尚書朕之杜預欲以此杯敬屬元凱今爲盡之侍座者莫不羨仰翻名位俱重當時賢達咸推與之然獨善其身無所獎拔排抑後進懼其凌己論者鄙之建義初遇害於河陰年五十三所著文筆百餘篇行於世贈使持節侍中車騎將軍儀同三司青州刺史

嫡子寶首武定中司徒記室參軍

寶首兄叔德武定末太子中舍人翻弟躍語在文苑傳

躍弟颺本州治中別駕豫州冠軍府司馬而卒

颺弟昇太學博士司徒記室尚書儀曹郎中正員郎通直常侍颺死後昇通其妻翻慙恚爲之發病昇終不止時人鄙穢之亦於河陰見害贈左將軍齊州刺史

史臣曰崔休立身有本當官著聞朝之良也裴儁器業位望有可稱乎袁翻文高價重其當時之才秀歟

魏書卷六十九

魏書卷六十九考證

崔林傳時大儒張吾貴有威名於山東〇臣人龍按本書張吾貴傳吾貴辯能飾非好爲詭說由是業不見傳此則稱爲大儒有威名矛盾如此

魏書卷六十九考證

珍倣宋版印

魏書卷七十

齊　魏　收　撰

列傳第五十八

劉藻　傅永　傅豎眼　李神

劉藻字彥先廣平易陽人也六世祖遐從司馬叡南渡父宗之劉裕廬江太守藻涉獵羣籍美談笑善與人交飲酒至一石不亂永安中與姊夫李嶷俱來歸國賜爵易陽子擢拜南部主書號爲稱職時北地諸羌數萬家恃險作亂前後牧守不能制姦暴之徒並無名實朝廷患之以藻爲北地太守藻推誠布信諸羌咸來歸附藻書其名籍收其賦稅朝廷嘉之遷龍驤將軍雍城鎮將先是氐豪徐成楊黑等驅逐鎮將故以藻代之至鎮擒獲成黑等斬之以徇羣氐震慴雍州人王叔保等三百人表乞藻爲騃奴戍主詔曰選曹已用人藻有惠政自宜他敘在任八年遷離城鎮將太和中改鎮爲岐州以藻爲岐州刺史轉秦州刺史秦人恃嶮率多麤暴或拒課輸或害長吏自前守宰率皆依州遙領不入

郡縣藻開示恩信誅戮豪橫羌氐憚之守宰於是始得居其舊所遇車駕南伐
以藻爲東道都督秦人紛擾詔藻還州人情乃定仍與安南將軍元英征漢中
頻破賊軍長驅至南鄭垂平梁州奉詔還軍乃不果克後車駕南伐以藻爲征
虜將軍督統軍高聰等四軍爲東道別將辭於洛水之南高祖曰與卿石頭相
見藻對曰臣雖才非古人庶亦不留賊虜而遺陛下輒當釃曲阿之酒以待百
官高祖大笑曰今未至曲阿且以河東數石賜卿後與高聰等戰敗俱徙平州
景明初世宗追錄舊功以藻爲太尉司馬是年六月卒年六十七贈錢六萬
子紹珍無他才用善附會好飲酒結託劉騰騰啓爲其國郎中令襲子爵稍遷
本州別駕司空屬以事免官建義初詔復尋除太中大夫永安二年除安西將
軍河北太守還朝久之拜車騎將軍左光祿大夫出爲黎陽太守所在無政績
天平中坐子尙書郎洪業入於關中率衆侵擾伏法
傅永字脩期清河人也幼隨叔父洪仲與張幸自青州入國尋復南奔有氣幹
拳勇過人能手執鞍橋倒立馳騁年二十餘有友人與之書而不能答請於洪

仲洪仲深讓之而不爲報永乃發憤讀書涉獵經史兼有才筆自東陽禁防爲崔道固城局參軍與道固俱降入爲平齊民父母並老飢寒十數年賴其彊於人事戮力傭丐得以存立晚乃被召兼治禮郎詣長安拜文明太后父燕宣王廟令賜爵貝丘男加伏波將軍未幾除中書博士又改爲議郎轉尚書考功郎中爲大司馬從事中郎尋轉都督任城王澄長史兼尚書左丞王肅之爲豫州以永爲建武將軍平南長史咸陽王禧慮肅難信言於高祖高祖曰已選傅修期爲其長史雖威儀不足而文武有餘矣肅以永宿士禮之甚厚永亦以肅爲高祖眷遇盡心事之情義至穆蕭鸞遣將魯康祚趙公政衆號一萬侵豫州之太倉口肅令永勒甲士三千擊之時康祚等軍於淮南永舍淮北十有餘里永量吳楚之兵好以斫營爲事卽夜分兵二部出於營外又以賊若夜來必應於渡淮之所以火記其淺處永既設伏乃密令人以瓠盛火渡淮南岸當深處置之教之云若有火起卽亦然之其夜康祚公政等果親率領來斫永營東西二伏夾擊之康祚等奔趨淮水火既競起不能記其本濟遂望永所置之火而爭

渡焉水深溺死斬首者數千級生擒公政康祚人馬墜淮曉而獲其屍斬首并
公政送京師公政岐州刺史超宗之從兄也時裴叔業率王茂先李定等來侵
楚王戍永適還州肅復令大討之永將心腹一人馳詣楚王戍至卽令填塞外
塹夜伏戰士一千人於城外曉而叔業等至江於城東列陳將置長圍永所伏
兵於左道擊其後軍破之叔業乃令將佐守所列之陳自率精甲數千救之永
上門樓觀叔業南行五六里許更開門奮擊遂摧破之叔業進退失圖於是奔
走左右欲追之永曰弱卒不滿三千彼精甲猶盛非力屈而敗自墮吾計中耳
既不測我之虛實足喪其膽存此足矣何假逐之獲叔業傘扇鼓幕甲仗萬餘
兩月之中遂獻再捷高祖嘉之遣謁者就豫州策拜永安遠將軍鎮南府長史
汝南太守貝丘縣開國男食邑二百戶高祖每歎曰上馬能擊賊下馬作露布
唯傅修期耳裴叔業又圍渦陽時高祖在豫州遣永爲統軍與高聰劉藻成道
益任莫問等往救之軍將逼賊永曰先深溝固壘然後圖之聰等不從裁營輜
重便擊之一戰而敗聰等棄甲徑奔懸瓠永獨收散卒徐還賊追至又設伏擊

之挫其鋒銳四軍之兵多賴之以免丞至懸瓠高祖俱鎖之聽藻徙爲邊民丞免官爵而已不經旬日詔曰修期在後少有擒殺可揚武將軍汝陰鎮將帶汝陰太守景明初裴叔業將以壽春歸國密通於丞丞具表聞及將迎納詔丞爲統軍與楊大眼奚康生等諸軍俱入壽春同日而丞在後故康生大眼二人並賞列土丞唯清河男蕭寶卷將陳伯之侵逼壽春沿淮爲寇時司徒彭城王勰廣陵侯元衍同鎮壽春以九江初附人情未洽兼臺援不至深以爲憂詔遣丞爲統軍領汝陰之兵三千人先援之丞總勒士卒水陸俱下而淮水口伯之防之甚固丞去二十餘里牽船上汝南岸以水牛挽之直南趨淮下船便渡適上南岸賊軍亦及會時已夜丞乃潛進曉達壽春城下勰衍聞外有軍共上門樓觀望然不意丞至丞免冑乃信之遂引丞上勰謂丞曰北望以久恐洛陽難復可見不意卿能至也勰令丞引軍入城丞曰執兵被甲固敵是求若如教旨便共殿下同被圍守豈是救援之意遂孤軍城外與勰并勢以擊伯之頻有剋捷中山王英之征義陽丞爲寧朔將軍統軍當長圍遏其南門蕭衍將馬仙琕連

營稍進規解城圍羕謂英曰凶豎豖突意在決戰雅山形要宜早據之英沉吟未決羕曰機者如神難遇易失今日不往明朝必爲賊有雖悔無及英乃分兵通夜築城於山上遣統軍張懷等列陳於山下以防之至曉仙琕果至懷等戰敗築城者悉皆奔退仙琕乘勝直趨長圍義陽城人復出挑戰羕乃分兵付長史賈思祖令守營壘自將馬步千人南逆仙琕擐甲揮戈單騎先入唯有軍主蔡三虎副之餘人無有及者突陳橫過賊射羕洞其左股羕拔箭復入遂大破之斬仙琕子仙琕燒營席卷而遁英於陳謂羕曰公傷矣且還營羕曰昔漢祖捫足不欲人知下官雖微國家一帥奈何使虜有傷將之名遂與諸軍追之極夜而返時年七十餘矣三軍莫不壯之義陽既平英使司馬陸希道爲露板意謂不可令羕改之羕亦不增文彩直與之改陳列軍儀處置形要而已而英深賞之歎曰觀此經算雖有金城湯池亦不能守矣還京復封羕先有男爵至是以品不累加賜帛二千疋除太中大夫行秦梁二州事代邢巒鎮漢中後還京師於路除恆農太守非心所樂時英東征鍾離連表請羕求以爲將朝廷不聽

丞每言曰文淵充國竟何人哉吾獨白首見拘此郡深用扼腕然於治民非其所長故在任無多聲稱未幾解郡還爲太中大夫行南青州事還左將軍南兗州刺史猶能馳射盤馬奮矟時年踰八十常諱言老每自稱六十九還京拜平東將軍光祿大夫熙平元年卒年八十三贈安東將軍齊州刺史丞嘗登北邙於平坦處奮矟躍馬盤旋瞻望有終焉之志遠慕杜預近好李沖王肅欲葬附其墓遂買左右地數頃遺勅子叔偉曰此吾之永宅也丞妻賈氏留於本鄉丞至代都娶妾馮氏生叔偉及數女賈後歸平城無男唯一女馮恃子事賈無禮叔偉亦奉賈不順賈常忿之馮先丞亡及丞之卒叔偉稱父命欲葬北邙賈疑叔偉將以馮合葬賈遂求歸葬丞於所封貝丘縣事經司徒司徒胡國珍本與丞同經征役感其所慕許叔偉葬焉賈乃邀訴靈太后靈太后遂從賈意事經朝堂國珍理不能得乃葬於東清河又丞昔營宅兆葬父母於舊鄉賈於此壟從之與丞同處丞宗親不能抑葬已數十年矣棺爲桑棗根所遶束去地尺餘甚爲周固以斧斬斫出之於坎時人咸怪未三年而叔偉亡

叔偉九歲爲州主簿及長膂力過人彎弓三百斤左右馳射又能立馬上與人角騁見者以爲得永之武而不得永文也

正光中叔偉子豐生襲封

傅豎眼本清河人七世祖伷伷子遘石虎太常祖父融南徙渡河家于磐陽爲鄉閭所重性豪爽有三子靈慶靈根靈越並有才力融以此自負謂足爲一時之雄嘗謂人曰吾昨夜夢有一駿馬無堪乘者人曰何由得人乘之有一人對曰唯有傅靈慶堪乘此馬又有弓一張亦無人堪引人曰唯有傅靈根可以彎此弓又有數紙文書人皆讀不能解人曰唯傅靈越可解此文融意謂其三子文武才幹堪以駕馭當世常密謂鄉人曰汝聞之不鬲蟲之子有三靈此圖讖之文也好事者然之故豪勇之士多相歸附劉駿將蕭斌王玄謨寇碻磝時融始死玄謨彊引靈慶爲軍主將攻城攻車爲城內所燒靈慶懼軍法詐云傷重令左右輿之還營遂與壯士數十騎遁還斌玄謨命追之左右諫曰靈慶兄弟並有雄才兼其部曲多是壯勇如彭超尸生之徒皆一當數十人援不虛發不

可逼也不如緩之玄謨乃止靈慶至家遂與二弟匿於山澤之閒時靈慶從叔乾愛爲斌法曹參軍斌遣乾愛誘呼之以腰刀爲信密令壯健者隨之而乾愛不知斌之欲圖靈慶也旣至靈慶閒對坐未久斌所遣壯士執靈慶殺之靈慶將死與母崔訣言法曹殺人不可忘也靈根靈越奔河北靈越至京師高宗見而奇之靈越因說齊民慕化青州可平高宗大悅拜靈越鎭遠將軍青州刺史貝丘子鎭羊蘭城靈根爲臨齊副將鎭明潛壘靈越北入之後母崔氏遇赦免劉駿恐靈越在邊擾動三齊乃以靈越叔父琰爲冀州治中乾愛爲樂陵太守樂陵與羊蘭隔河相對命琰遣其門生與靈越婢詐爲夫婦投化以招之靈越與母分離思積遂與靈根相要南走靈越與羊蘭奮兵相擊乾愛遣船迎之得免靈根差期不得俱渡臨齊人覺知斲斬殺之乾愛出郡迎靈越問靈根愆期之狀而靈越殊不應答但言不知而已乾愛不以爲惡勑左右出匣中烏皮袴褶令靈越代所常服靈越言不須乾愛云汝豈可著體上衣服見垣公也時垣護之爲刺史靈越奮聲言垣公垣公著此當見南方國主豈垣公也竟不肯著

及至丹陽劉駿見而禮之拜員外郎兗州司馬帶魯郡而乾愛亦還青冀司馬帶魏郡後二人俱還建康靈越意恆欲爲兄復讐而乾愛初不疑防知乾愛嗜雜肉葵菜食乃爲作之下以毒藥乾愛飯還而卒後數年而靈越爲太原太守戍升城後舉兵同劉駿子子勛子勛以靈越爲前軍將軍子勛敗靈越軍衆散亡爲劉彧將王廣之軍人所擒厲聲曰我傅靈越也汝得賊何不即殺廣之生送詣彧輔國府司馬劉勔勔躬自慰勞詰其叛逆對曰九州唱義豈獨在我勔又問四方阻逆無戰不擒主上皆加以大恩即其才用卿何不早歸天闕乃逃命草閒乎靈越答曰薛公舉兵淮北威震天下不能專任智勇委付子姪致敗之由實在於此然事之始末備皆參預人生歸於一死實無面求活勔壯其意送詣建康劉彧欲加原宥靈越辭對如一終不回改乃殺之豎眼即靈越子也沉毅壯烈少有父風入國鎮南王肅見而異之且奇其父節傾心禮敬表爲參軍從肅征伐累有戰功稍遷給事中步兵校尉左中郎將常爲統軍東西征伐世宗時爲建武將軍討揚州賊破之仍鎮於合肥蕭衍民歸之者數千戶後武

與氐楊集義反叛推其兄子紹先爲主攻圍關城梁州刺史邢巒遣豎眼討之集義衆逆戰頻破走之乘勝追北仍剋武興還洛詔假節行南兖州事豎眼善於綏撫南人多歸之轉昭武將軍益州刺史以州初置境逼巴獠給羽林虎賁三百人進號冠軍將軍及高肇伐蜀假豎眼征虜將軍持節領步兵三萬先討北巴蕭衍聞大軍西伐遣其寧州刺史任太洪從陰平偷路入益州北境欲擾動氐蜀以絶運路乘國諱班師遂扇誘土民奄破東洛除口二戍因此詐言南軍繼至氐蜀信之翕然從逆太洪率氐蜀數千圍逼關城豎眼遣寧朔將軍成興孫討之軍次白護太洪遣其輔國將軍任碩北等率衆一千邀險拒戰在虎徑南山連置三營興孫分遣諸統隨便掩擊皆破之太洪又遣軍主邊昭等率氐蜀三千攻逼興孫柵興孫力戰爲流矢所中死豎眼又遣統軍姜喜季元度從東嶠潛入回出西崗邀賊之後表裏合擊大破之斬邊昭及太洪前部王隆護首於是太洪及關城五柵一時逃散豎眼性既清素不營產業衣食之外俸祿粟帛皆以饗賜夷首賑恤士卒撫蜀人以恩信爲本保境安民不以小利侵

竊有掠蜀民入境者皆移送還本土撿勒部下守宰肅然遠近雜夷相率款謁
仰其德化思爲魏民矣是以蜀民請軍者旬月相繼世宗甚嘉之肅宗初屢請
解州乃以元法僧代之益州民追隨戀泣者數百里至洛拜征虜將軍太中大
夫蕭衍遣將趙祖悅入屯硤石以逼壽春鎮南將軍崔亮討之以豎眼爲持節
鎮南軍司法僧既至大失民和蕭衍遣其信武將軍衡州刺史張齊因民心之
怨入寇晉壽頻陷葭萌小劍諸戍進圍州城朝廷以西南爲憂乃驛徵豎眼於
淮南既至以爲右將軍益州刺史尋加散騎常侍平西將軍假安西將軍西征
都督率步騎三千以討張齊給銅印千餘須有假職者聽六品以下板之豎眼
既出梁州衍冠軍將軍勾道侍梁州刺史王太洪等十餘將所在拒塞豎眼三
日之中轉戰二百餘里甲不去身頻致九捷士民統軍席廣度等處處邀擊斬
太洪及衍征虜將軍楊伏錫等首張齊引兵西退遂奔葭萌蜀民聞豎眼復爲
刺史人人喜悅迎於路者日有百數豎眼至州白水以東民皆寧業先是蕭衍
信義將軍都統白水諸軍事楊興起征虜將軍李光宗襲據白水舊城豎眼遣

虎威將軍強虬與陰平王楊太赤率衆千餘夜渡白水旦而交戰大敗賊軍斬與起首剋復舊城又遣統軍傅曇表等大破衍寧朔將軍王光昭於陰平張齊仍阻白水屯寇葭萌豎眼分遣諸將水陸討之齊遣其寧朔將軍費忻督步騎二千逆來拒戰軍主陳洪起力戰破之乘勝追奔遂臨夾谷三柵統軍胡小虎四面攻之三柵俱潰張齊親率驍勇二萬餘人與諸軍交戰豎眼命諸統帥同時奮擊軍主許暢斬衍雄信將軍牟興祖軍主孔領周射齊中足於是大破賊軍斬獲甚衆齊乃柵於虎頭山下賊帥任令崇屯據西郡豎眼復遣討之令崇棄衆夜遁乃進討齊破其二柵斬首萬餘齊被重創奔竄而退小劍大劍賊亦捐城西走益州平靈太后璽書慰勞賜驊騮馬一匹寶劍一口豎眼表求解州不許復轉安西將軍岐州刺史常侍如故仍轉梁州刺史常侍將軍如故梁州之人既得豎眼爲牧人咸自賀而豎眼至州遇患不堪綜理其子敬紹險暴不仁聚貨眈色甚爲民害遠近怨望焉尋假鎮軍將軍都督梁西益巴三州諸軍事蕭衍遣其北梁州長史錫休儒司馬魚和上庸太守姜平洛等十軍率衆三

萬人寇直城豎眼遣敬紹總衆赴之倍道而進至直城而賊襲據直口敬紹以賊斷歸路督兼統軍高徹吳和等與賊決戰大破之擒斬三千餘人休儒等走還魏與敬紹頗覽書傳微有膽力而奢淫倜儻輕爲殘害又見天下多事陰懷異圖欲杜絕四方擅據南鄭令其妾兄唐崐崙扇攪於外聚衆圍城敬紹謀爲內應賊圍既合其事泄露在城兵武執敬紹白豎眼而殺之豎眼恥恚發疾遂卒永安中贈征東將軍吏部尚書齊州刺史出帝初重贈散騎常侍車騎將軍司徒三公相州刺史開國如故

長子敬和敬和弟敬仲並好酒薄行傾側勢家敬和歷青州鎮遠長史孝莊時復爲益州刺史朝廷以其父有遺惠故也至州聚斂無已好酒嗜色遠近失望仍爲蕭衍將樊文熾攻圍敬和以城降送於江南後衍以齊獻武王威德日廣令敬和還國以申和通之意久之除北徐州刺史復以耽酒爲土賊掩襲棄城走徵詣廷尉遇恩免遂廢棄卒於家

乾愛子三寶與房法壽等同効𣪺盤陽賜爵貝丘子

三寶弟法獻高祖初南叛爲蕭鸞右中郎將直閤將軍從崔慧景至鄧城爲官軍所殺

琰曾孫文驥勇果有將領之才隨豎眼征伐累有軍功自彊弩將軍出爲琅邪戍主朐山內附徐州刺史盧昶遣文驥守朐山樵米既竭而昶軍不進文驥遂棄母妻以城降蕭衍後大以南貨賂光州刺史羅衡衡爲渡其母妻

李神恆農人父洪之秦益二州刺史神少有膽略以氣尚爲名早從征役其從兄崇深所知賞累遷威遠將軍新蔡太守領建安戍主轉寧遠將軍陳留太守領狄丘戍主頻有軍功封長樂縣開國男食邑二百戶還征虜將軍驍騎將軍直閤將軍蕭衍將趙祖悅率衆據硤石神爲別將率揚州水軍受刺史李崇節度與都督崔亮行臺僕射李平等攻硤石剋之進平北將軍太中大夫孝昌中行相州事尋正加撫軍將軍假鎮東將軍大都督建義初除衞將軍時葛榮充斥民多逃散先是州將元鑒反叛引賊後都督源子邕裴衍戰敗被害朝野憂惶人不自保而神志氣自若撫勞兵民小大用命既而葛榮盡銳攻之久不能

剋會尒朱榮擒葛榮於鄴西事平除車騎將軍以功進爵爲公增邑八百通前一千戶元顥入洛莊帝北巡以神爲侍中又除殿中尙書仍行相州事車駕還宮改封安康郡開國公加封五百戶普泰元年進驃騎大將軍儀同三司相州大中正永熙中蕚天平元年賜使持節侍中驃騎大將軍司徒公冀州刺史子士約襲齊受禪爵例降

史臣曰劉藻傅永豎眼文武器幹知名於時豎眼加以撫邊導俗風化尤美方之二子固以優乎抑又魏世之良牧李神據危城當大難其氣概亦足稱焉

魏書卷七十

魏書卷七十考證

傅豎眼傳在城兵武執敬紹○北史無武字

魏書卷七十考證

魏書卷七十一

齊 魏 收 撰

列傳第五十九

裴叔業 夏侯道遷 李元護 席法友 王世弼 江悅之 淳于誕

李苗

裴叔業河東聞喜人也魏冀州刺史徽之後也五代祖苞晉秦州刺史祖邕自河東居于襄陽父順宗兄叔寶仕蕭道成並有名位叔業少有氣幹頗以將略自許仕蕭賾歷右軍將軍東中郎將諮議參軍蕭鸞見叔業而奇之謂之曰卿有如是志相何慮不大富貴深宜勉之鸞爲豫州引爲司馬帶陳留太守鸞輔政叔業常伏壯士數百人於建業及鸞廢昭文叔業率衆赴之鸞之自立也以叔業爲給事黃門侍郎封武昌縣開國伯食邑五百戶高祖南巡車駕次鍾離鸞拜叔業持節冠軍將軍徐州刺史以水軍入淮去王師數十里高祖令尚書郎中裴聿往與之語叔業盛飾左右服翫以夸聿曰我在南富貴正如此豈若

卿彼之險陋也聿云伯父儀服誠爲美麗但恨不晝遊耳徙輔國將軍豫州刺
史屯壽陽鸞死子寶卷自立遷叔業本將軍南兗州刺史會陳顯達圍建鄴叔
業遣司馬李元護率軍赴寶卷其實應顯達也顯達敗而還叔業慮內難未已
不願爲南兗以其去建鄴近受制於人寶卷嬖人茹法珍王咺之等疑其有異
去來者並云叔業北入叔業兄子植颺粲等棄母奔壽陽法珍等以其旣在疆
埸急則引魏力不能制且欲羈縻之白寶卷遣中書舍人裴長穆慰誘之許不
復回換叔業雖云得停而憂懼不已遣親人馬文範以自安之計訪之於寶卷
雍州刺史蕭衍曰天下之事大勢可知恐無復自立理雍州若能堅據襄陽輒
當勠力自保若不爾回面向北不失作河南公衍遣文範報曰羣小用事豈能
及遠多遣人相代力所不辦少遣人又於事不足意計回惑自無所成唯應送
家還都以安慰之自然無患若意外相逼當勒馬步二萬直至橫江以斷其後
則天下之事一舉可定也若欲北向彼必遣人相代以河北一地相處河南公
寧復可得如此則南歸之望絕矣叔業沉疑未決遣信詣豫州刺史薛眞度具

訪入國可否之宜眞度答書盛陳朝廷風化惟新之美知卿非無款心自不能
早決捨南耳但恐臨迫而來便不獲多賞叔業遲遲數反眞度亦遣使與相報
復乃遣子芬之及兄女夫韋伯昕奉表內附景明元年正月世宗詔曰叔業明
敏秀發英款早悟馳表送誠忠高振古宜加褒授以彰覺先可使持節散騎常
侍都督豫雍兗徐司五州諸軍事征南將軍豫州刺史封蘭陵郡開國公食邑
三千戶又賜叔業璽書曰前後使返有敕想卿具一二寶卷昏狂日月滋甚虐
遍宰輔暴加戚屬淫刑旣逞朝無孑遺國有瓦解之形家無自安之計卿兼茲
智勇深懼禍萌翻然高舉去彼危亂朕與居在念深嘉乃勳前卽敕豫州緣邊
諸鎮兵馬行往赴援楊大眼奚康生鐵騎五千星言卽路彭城王勰尚書令肅
精卒十萬絡繹繼發將以長驅淮海電擊衡巫卿其幷心勠力同斯大舉殊勳
茂績職爾之由崇名厚秩非卿孰賞幷有敕與州佐吏及彼士人士其有微功
片效必加褒異軍未渡淮叔業病卒年六十三李元護席法友等推叔業兄子
植監州事乃贈開府儀同三司餘如故諡忠武公給東園溫明祕器朝服一襲

錢三十萬絹一千匹布五百匹蠟三百觔
子蒨之字文聰仕蕭鸞爲隨郡王左常侍先卒子譚紹封
譚麤險好殺所乘牛馬爲小驚逸手自殺之然孝事諸叔盡於子道國祿歲入
每以分贍世以此稱之世宗以譚及高皇后弟貞王肅子紹俱爲太子洗馬肅
宗踐祚轉員外常侍遷輔國將軍中散大夫卒贈平南將軍豫州刺史謚曰敬
子測字伯源襲歷通直散騎侍郎天平中走於關西
蒨之弟芬之字文馥長者好施篤愛諸弟仕蕭鸞歷位羽林監入國以父勳授
通直散騎常侍上蔡縣開國伯食邑七百戶除廣平內史固辭不拜轉輔國將
軍東秦州刺史在州有清靜之稱入爲征虜將軍太中大夫徙封山荏縣出爲
後將軍岐州刺史正光末元志西討隴賊軍敗退守岐州爲賊所圍城陷志與
芬之並爲賊擒送於上邽爲莫折念生所害贈平東將軍青州刺史
子涉字仲昇襲卒
子僑尼襲武定中員外羽林監齊受禪爵例降

芬之弟簡之英之並早卒
英之弟藹之字幼重性輕率好琴書其內弟柳諧善鼓琴藹之師諧而微不及
也歷通直散騎侍郎平東將軍安廣汝陽二郡太守卒
叔業長兄子彥先少有志尚叔業以壽春入國彥先景明二年逃遁歸魏朝廷
嘉之除通直散騎常侍封雍丘縣開國子食邑三百戶出爲趙郡太守爲政舉
大綱而已正始中轉渤海相屬元愉作逆徵兵郡縣彥先不從爲愉拘執踰獄
得免仍爲沙門潛行至洛愉平勑還郡延昌中卒時年六十一熙平中贈持節
左將軍南青州刺史諡曰惠恭
子約字元儉性頗剛鯁起家員外郎轉給事中永平中丹陽太守後襲爵冀州
大乘賊起勑爲別將行渤海郡事後州軍爲賊所敗遂圍郡城城陷見害年三
十六神龜中贈平原太守出帝時復贈前將軍揚州刺史
長子英起武定末洛州刺史
英起弟威起卒於齊王開府中兵參軍年三十二贈鴻臚少卿

彥先弟絢揚州治中時揚州霖雨水入州城刺史李崇居於城上繫船憑焉絢率城南民數千家汎舟南走避水高原謂崇還北遂與別駕鄭祖起等送子十四人於蕭衍自號豫州刺史衍將馬仙琕遣軍赴之崇聞絢反未測虛實乃遣國侍郎韓萬興單舸召之絢聞崇在悵然驚恨報崇曰比因大水顛䟦不免羣情所逼推爲盟首今大計已爾勢不可追恐民非公民吏非公吏願早行無犯將士崇遣從弟寧朔將軍神丹陽太守謝靈寶勒水軍討絢絢率衆逆戰神等大破之斬其將帥十餘人絢衆奔營神乘勝剋柵衆皆潰散絢匹馬單逃爲村民所獲至尉升湖絢曰吾爲人吏反而見擒有何面目得視公也投水而死并鄭祖起等皆斬之

植字文遠叔業兄叔寶子也少而好學覽綜經史尤長釋典善談理義仕蕭寶卷以軍勳至長水校尉隨叔業在壽春叔業卒寮佐同謀者多推司馬李元護監州一二日謀不決定唯席法友柳玄達楊令寶等數人慮元護非其鄉曲恐有異志共舉植監州祕叔業喪問教命處分皆出於植於是開門納國軍城庫

管籥悉付康生詔以植爲征虜將軍兗州刺史崇義縣開國侯食邑千戶尋進號平東將軍入爲大鴻臚卿後以長子昕南叛有司處之大辟詔曰植闔門歸款子昕愚昧爲人誘陷雖刑書有常理宜矜恤可特恕其罪以表勳誠尋除揚州大中正出爲安東將軍瀛州刺史罷州復除大鴻臚卿遷度支尙書加金紫光祿大夫植性非柱石所爲無恆兗州還也表請解官隱於嵩山世宗不許深以爲怪然公私集論自言人門不後王肅怏怏朝廷處之不高及爲尙書志意頗滿欲以政事爲己任謂人曰非我須尙書尙書亦須我辭氣激揚見於言色入參議論時對衆官面有譏毀又表毀征南將軍田益宗言華夷異類不應在百世衣冠之上率多侵侮皆此類也侍中于忠黃門元昭覽之切齒寢而不奏會韋伯昕告植欲謀廢黜尙書又奏羊祉告植姑子皇甫仲達云受植旨詐稱被詔率合部曲欲圖領軍于忠臣等窮治辭不伏引然衆證明昞案律在邊合率部衆不滿百人以下身猶尙斬況仲達公然在京稱詔聚衆諠惑都邑駭動人情量其本意不可測度按詐僞律詐稱制者死今依衆證處仲達入死金紫

光祿大夫尚書崇義縣開國侯裴植身居納言之任爲禁司大臣仲達又稱其姓名募集人衆雖名仲達切讓無忿懼之心衆證雖不見植皆言仲達爲植所使召仲達責問而不告列推論情狀不同之理不可分明不得同之常獄有所降減計同仲達處植死刑又植親率城衆附從王化依律上議唯恩裁處詔曰凶謀既爾罪不合恕雖有歸化之誠無容上議亦不須待秋分也時于忠專擅朝權既構成其禍又矯爲此詔朝野怨之臨終神志自若遺令子弟命盡之後翦落鬚髮被以法服以沙門禮葬于嵩高之陰年五十初植與僕射郭祚都水使者韋儁等同時見害於後祚儁事雪加贈而植追復封爵而已植故吏勃海刁沖上疏訟之於是贈植征南將軍尚書僕射揚州刺史乃改葬植母夏侯道遷之姊也性甚剛峻於諸子皆如嚴君長成之後非衣幍不見小有罪過必束帶伏閤經五三日乃引見之督以嚴訓唯少子衍得以常服見之旦夕溫清植在瀛州也其母年踰七十以身爲婢自施三寶布衣麻菲手執箕箒於沙門寺洒掃植弟瑜粲衍並亦奴僕之服泣涕而從有感道俗諸子各以布帛數百贖

免其母於是出家爲比丘尼入嵩高積歲乃還家植雖自州送祿奉母及贍諸弟而各別資財同居異爨一門數竈蓋亦染江南之俗也植母既老身又長嫡其臨州也妻子隨去分違數歲論者譏焉

子惔字道則襲爵

植弟颺壯果有謀略常隨叔業征伐以軍功爲寶卷驍騎將軍叔業之歸誠也遣颺率軍於外外以討蠻楚爲名內實備寶卷之衆景明初以颺爲輔國將軍南司州刺史擬戍義陽封義安縣開國伯邑千戶詔命未至爲賊所殺贈冠軍將軍進爵縣侯餘如故世宗以颺勳効未立而卒其子烱不得襲封肅宗初烱行貨於執事乃封城平縣開國伯食邑八百戶

烱字休光小字黃頭頗有文學善事權門領軍元乂納其金帛除鎮遠將軍散騎侍郎揚州大中正進伯爲侯改封高城縣增邑一千戶尋兼尚書右丞出爲東郡太守孝昌三年爲城民所害贈散騎常侍鎮東將軍青州刺史開國如故諡曰簡

子斌襲武定中廣州長流參軍齊受禪爵例降
颺弟瑜字文琬初拜通直散騎常侍封下密縣開國子食邑三百戶尋試守滎
陽郡坐虐暴殺人免官後徙封灌津子卒於渤海太守年四十五贈平南將軍
豫州刺史諡曰定
子堪字靈淵襲爵歷尚書郎與和中坐事死爵除
瑜弟粲字文亮景明初賜爵舒縣子沉重善風儀頗以驕豪爲失歷正平恆農
二郡太守高陽王雍曾以事屬粲粲不從雍甚爲恨後因九日馬射勑畿內太
守皆赴京師雍時爲州牧粲往脩謁雍含怒待之粲神情閑邁舉止抑揚雍目
之不覺解顏及坐定謂粲曰相愛舉動可更爲一行粲便下席爲行從容而出
坐事免官後世宗聞粲善自標置欲觀其風度忽令傳詔就家急召之須臾之
間使者相屬合家恇懼不測所以粲更恬然神色不變世宗歎異之時僕射高
肇以外戚之貴勢傾一時朝士見者咸望塵拜謁粲候肇惟長揖而已及還家
人尤責之粲曰何可自同凡俗也又曾詣清河王懌下車始進便屬暴雨粲容

步舒雅不以儒改節懌乃令人持蓋覆之歎謂左右曰何代無奇人性好釋學親升講座雖持義未精而風韻可重但不涉經史終爲知音所輕世宗末除前將軍太中大夫揚州大中正遷安南將軍中書令肅宗釋奠以爲侍講轉金紫光祿大夫後元顥入洛以粲爲西兗州刺史尋爲濮陽太守崔巨倫所逐棄州入嵩高山前廢帝初徵爲驃騎將軍左光祿大夫復爲中書令後正月晦帝出臨洛濱粲起於御前再拜曰今年還節美聖駕出遊臣幸參陪從豫奉醼樂不勝忻戴敢上壽酒帝曰昔歲北海入朝暫竊神器具聞爾日卿戒之以酒今欲使我飲何異於往情粲曰北海志在沉湎故諫其所失陛下齊聖溫克臣敢獻微誠帝曰實乃寡德甚愧來譽仍爲命酌出帝初出爲驃騎大將軍膠州刺史屬時亢旱士民勸令禱於海神粲憚違衆心乃爲祈請直據胡床舉杯而言曰僕白君左右云前後例皆拜謁粲曰五嶽視三公四瀆視諸侯安有方伯而致禮海神也卒不肯拜時青州叛賊耿翔受蕭衍假署寇亂三齊粲唯高談虛論不事防禦之術翔乘其無備掩襲州城左右白言賊至粲云豈有此理左右

又言已入州門粲乃徐云耿王可引上廳事自餘部衆且付城外其不達時變如此尋爲翔所害送首蕭衍時年六十五

子舍字文若員外散騎侍郎

粲弟衍字文舒學識優於諸兄才行亦過之事親以孝聞兼有將略仕蕭寶卷至陰平太守景明二年始得歸國授通直郎衍欲辭朝命請隱嵩高乃上表曰臣幸乘昌運得奉盛化沐籍炎風餐佩唐德於生於運已溢已榮但攝性乖和恆苦虛弱比風露增加精形侵耗小人愚懷有願閑養伏見嵩岑極天苞育名草脩生救疾多遊此岫臣質無靈分性乖山水非敢追踵輕舉髣髴高蹤誠希藥此沉痾全養稟氣耳若所療微痊庶偶影風雲永歌至德荷衣葛屨裁營已整搖策納屣便陟山途謹附陳聞乞垂昭許詔曰知欲養痾中岳練石嵩嶺栖素雲根餌芝清壑騰跡之操深用嘉焉但治缺古風有愧山客耳既志往難裁豈容有抑便從來請世宗之末衍稍以出山干祿執事蕭宗除散騎侍郎行河內郡事尋除建興太守轉河內太守加征虜將軍遭母憂解任衍歷二郡廉貞

寡欲善撫百姓民吏追思之孝昌初蕭衍遣將曹敬宗寇荆州山蠻應之大路斷絶都督崔暹率數萬之衆盤桓魯陽不能前討荆州危急朝廷憂之詔衍爲別將假前將軍與恆農太守王羆率軍一萬出武關以救荆州賊逆戰於淅陽衍大破之賊遂退走荆州圍解除使持節散騎常侍平東將軍假安東將軍北道都督鎭鄴西之武城封安陽縣開國子食邑三百戶時相州刺史安樂王鑒潛圖叛逆衍覺其有異密表陳之尋而鑒所部別將嵇宗馳驛告變乃詔衍與都督源子邕李神軌等討鑒平之除撫軍將軍相州刺史假鎭北將軍北道大都督進封臨汝縣開國公增邑千二百戶常侍如故仍詔衍與子邕北討葛榮軍次陽平之東北漳曲賊來拒戰衍軍敗見害朝野人情莫不駭惋贈使持節車騎大將軍司空相州刺史

子嵩襲武定中河內太守齊受禪爵例降又天水冀人尹挺仕蕭鸞以軍勳至陳郡太守遂與叔業參謀歸誠景明初除輔國將軍南司州刺史擬戍義陽亦封宋縣開國伯食邑八百戶轉冠軍將軍東郡太守未拜而卒賜布帛一百匹

贈本將軍涇州刺史

子循歷太原太守

循弟彖饒安令遼西太守兄弟皆有政事才時河東南解人柳玄達頗涉經史仕蕭鸞歷諸王參軍與叔業姻婭周旋叔業之鎮壽春委以管記及叔業之被猜疑將謀獻款玄達贊成其計前後表啓皆玄達之詞景明初除輔國將軍司徒諮議參軍封南頓縣開國子邑二百戶二年秋卒時年四十三後改封夏陽縣邑戶如先玄達曾著大夫論備陳叔業背逆歸順契闊危難之旨又著喪服論約而易尋文多不錄

子絺襲武定中東太原太守齊受禪爵例降

絺弟遠字季雲性麤疎無拘檢時人或謂之柳顛好彈琴耽酒時有文詠爲蕭宗挽郎出帝初除儀同開府參軍事放情琴酒之間每出返家人或問有何消息答云無所聞縱聞亦不解元象二年客遊項城遇患卒時年四十

玄達弟玄瑜景明初除正員郎轉鎮南大將軍開府從事中郎帶汝陰太守延

昌二年卒年五十五

子諧頗有文學善鼓琴以新聲手勢京師士子翕然從學除著作佐郎建義初於河陰遇害時年二十六又武都人楊令寶有膂力善射仕蕭鸞數爲小將征戰著效至譙郡太守遂參叔業歸誠之謀景明初除輔國將軍南兗州刺史擬戍淮陰封寧陵縣開國子食邑五百戶在淮南征戰累著勞捷徵拜冠軍將軍試守京兆內史卒追封邵陵縣開國子邑二百戶賜帛二百匹贈征虜將軍華州刺史

子彪襲爵永熙中征虜將軍中散大夫齊受禪例降

令寶弟令仁亦隨令寶立效前將軍汝南內史又京兆杜陵人韋伯昕學尙有壯氣自以才智優於裴植常輕之植疾之如讎卽彥先之妹壻也叔業以其有大志故遣送子芬之爲質景明初封雲陵縣開國男食邑二百戶拜南陽太守數歲坐事免久之拜員外散騎常侍加中壘將軍延昌末告尙書裴植謀爲廢黜植坐死後百餘日伯昕亦病卒臨亡見植爲祟口云裴尙書死不獨見由何

以見怒也其叔業爪牙心膂所寄者裴智淵左中郎將封浚儀縣王昊左軍將
軍封南汝陰縣趙革右中郎將封西宋縣並開國男食邑各二百戶李道真右
軍將軍封睢陽縣開國子食邑五百戶胡文盛右軍將軍封剛陽縣魏承祖右
軍將軍封平春縣並開國子食邑各三百戶
承祖廣陵寒人也依隨叔業爲趨走左右壯健善事人叔業待之甚厚及出爲
州以爲防閤善撫士卒兼有將用自景明以後常爲統軍南北征伐累有戰功
歷太原太守至光祿大夫安南將軍蕭衍遣將圍義陽士民應之三關既陷州
城時甚縣急以承祖持節行撫軍將軍率師討之大破賊衆解義陽之圍還復
三關遂爲名將終於幷州刺史衣冠之士預叔業勳者安定皇甫光北地梁祐
清河崔高客天水閻慶胤河東柳僧習等
光美鬚髯善言笑仕蕭鸞以軍勳至右軍將軍入國爲輔國將軍假南兗州刺
史卒於渤海太守
兄椿齡薛安都壻也隨安都於彭城內附歷位司徒諮議岐州刺史光末入朝

而椿齡先卒

椿齡子璋鄉郡相

璋弟瑒爲司徒胡國珍所拔自太尉記室超遷吏部郎性貪婪多所受納鬻賣吏官皆有定價後以丞相高陽王雍之壻超拜持節冠軍將軍豫州刺史爲政殘暴百姓患之罷州後仍遇風病久之除安南將軍光祿大夫太昌初卒年五十八贈衞大將軍尚書左僕射雍州刺史

子長卿司州主簿祕書郎中太尉司馬

祐叔業之從姑子也好學便弓馬隨叔業征伐身被五十餘創景明初拜右軍將軍賜爵山桑子出爲北地太守清身率下甚有治稱歷驍騎將軍太中大夫右將軍從容風雅好爲詩詠常與朝廷名賢汎舟洛水以詩酒自娛還光祿大夫加平北將軍端然養志不歷權門出爲平西將軍京兆內史當世歎其抑屈卒官贈本將軍涇州刺史

高容博學善文札美風流景明初拜散騎侍郎出爲揚州開府掾帶陳留太守

卒官

慶胤父汪參薛安都平北將軍事安都入國聽汪還南慶胤博識洽聞善於談論聽其言說不覺忘疲景明初爲李元談輔國府司馬卒於敷城太守

僧習善隸書敏於當世景明初爲裴植征虜府司馬稍遷北地太守爲政寬平氐羌悅愛肅宗時至太中大夫加前將軍出爲潁川太守卒官

夏侯道遷譙國人少有志操年十七父母爲結婚韋氏道遷云欲懷四方之志不願取婦家人咸謂戲言及至婚日求覓不知所在於後訪問乃云逃入益州仕蕭鸞以軍勳稍遷至前軍將軍輔國將軍隨裴叔業至壽春爲南譙太守兩家雖爲姻好而親情不協遂單騎歸國拜驍騎將軍隨王肅至壽春遣道遷守合肥蕭甍道遷棄戍南叛會蕭衍以莊丘黑爲征虜將軍梁秦二州刺史鎮南鄭黑請道遷爲長史帶漢中郡會黑死衍以王鎮國爲刺史未至而道遷陰圖歸順先是仇池鎮將楊靈珍阻兵反叛戰敗南奔衍以靈珍爲征虜將軍假武都王助戍漢中有部曲六百餘人道遷憚之衍時又遣其左右吳公之等十餘

人使南鄭道遷乃僞會使者請靈珍父子靈珍疑而不赴道遷乃殺使者五人馳擊靈珍斬其父子并送使者五首於京師江悅之等推道遷爲持節冠軍將軍梁秦二州刺史道遷表曰臣聞知機其神趨利如響臣雖不武敢忘機利伏惟陛下澤被區宇德濟蒼生八表同忻品物咸賴臣頃亡蟻賊匹馬歸闕自斯搏噬罄竭丹款但中於壽陽横爲韋纘所謗理之曲直並是楊集朗王秉所悉臣實愚短豈能自安便逃竄江吳苟存視息蕭衍梁州刺史莊丘黑與臣早舊申臣爲長史值黑亡歿專任天時素願機會在茲遇武興私署侍郎鄭洛生來此臣卽披露誠款與其共契機要報武興王楊紹先并其中叔集起等請其遣軍以爲腹背卽遣左天長由寒山路馳啓復會通直散騎常侍臣集朗還至武興臣聞其至知事必剋集朗果遣鄭右留使至臣閑密參機舉會有蕭衍使人吳公之至知臣懷誠將歸大化遂與府司馬嚴思臧恭典籤吳宗肅王勝等共楊靈珍父子密相構結期當取臣臣幸先覺悉得戮思恭等臣卽遣鄭猥馳告集朗急求軍援而武興軍未到之閒蕭衍白馬戍主尹天寶不識天命固執愚

迷乃率部曲驅掠民丁敢爲不逞臣即遣軍主江悅之率諸軍主席靈坦龐樹等領義勇應時討撲而樹銳氣難裁違悅之節度輕進失脫天寶因此直到南鄭重圍州城梁秦士庶僉云危棘以義逼臣勸爲刺史須籍此威鎮靖內外臣赤誠奉國苟取濟事輒捐小跡且從權宜假當州位重遣皇甫選由斜谷道以事啓聞臣即親率士卒四日三夜交鋒苦戰武興之軍乘虛躡後天寶兇徒因宵鳥散進既摧破退失巢穴潛捨軍衆依山傍險突入白馬集朗與二弟躬擐甲冑率其所領登即擒斬戍內戶口即放還民斯由皇威遐振罪人授首凶狡時殄公私慶快非但梁秦竭力實關集朗赴接之機臣前已遣軍主杜法先還洵陽構合徒黨誘結鄉落令晉壽土豪王僧承王文粲等還至西關共興大義當今庸蜀虛弱楚鄧懸危開拓九區掃清六合形要之利在於此時進趣之略願速處分臣以愚陋猥當推舉事定之後便即束身馳歸天闕但物情草創猶有參差蕭衍魏興太守范珣安康太守范泌共前巴西太守姜脩屯聚川東尚規舉斧登遣討襲具於別啓集朗兄弟並議曰臣往日歸誠誓盡心力超蒙榮

奬灰殞匪報但留臣權相綏奬須得撲滅珣等便即首路伏願聖慈特垂鑒照謹遣兼長史臣張天亮奉表略聞詔曰得表聞之將軍前識機運已投誠款而中逢猜間致有播越復翻然風返建茲殊效忠貫古烈義動遐邇漢鄭既開勢翦庸蜀混同之略方自斯始擒凶掃慝何快如之想餘黨悉平西南清謐經算淹朔當有劬勞所請軍宜別勑一二又賜道遷璽書曰得表具誠節之懷卿忠義夙挺期委自昔中有事因以致乖舛知能乘機豹變翻然改圖奬率同心萬里投順遠舉漢中爲開蜀之始洪規茂略深有嘉焉今授卿持節散騎常侍平南將軍豫州刺史豐縣開國侯食邑一千戸并同義諸人尋有別授王師數道絡繹電邁遣使持節散騎常侍都督征梁漢諸軍事鎭西將軍尙書邢巒指授節度卿其善建殊効稱朕意焉道遷表受平南常侍而辭豫州豐縣侯引裴叔業公爵爲例世宗不許道遷自南鄭來朝京師引見於太極東堂免冠徒跣謝曰比在壽春遭韋纘之酷申控無所致此猖狂是段之來希酬昔遇勳微恩重有靦心顏世宗曰卿建爲山之功一簣之玷何足謝也道遷以賞報爲微逡巡

不拜詔曰道遷至止既淹未恭州封可勑吏部速令召拜道遷拜日詔給百五十人供尋改封濮陽縣開國侯邑戶如先歲餘頻表解州世宗許之除南兗州大中正不拜道遷雖學不淵洽而歷覽書史閑習尺牘札翰往還甚有意理好言宴務口實京師珍羞罔不畢有於京城之西水次市地大起園池植列蔬果延致秀彥時往遊適妓妾十餘常自娛樂國秩歲入三千餘匹專供酒饌不營家產每誦孔融詩曰坐上客恆滿樽中酒不空餘非吾事也識者多之出爲散騎常侍平西將軍華州刺史轉安東將軍瀛州刺史常侍如故爲政清嚴善禁盜賊熙平年病卒年六十九贈撫軍將軍雍州刺史贈帛五百匹謚曰明侯初道遷以拔漢中歸誠本由王穎興之計求分邑戶五百封之世宗不許靈太后臨朝道遷重求分封太后大奇其意議欲更以三百戶封穎興會卒遂寢道遷不娉正室唯有庶子數人

長子夬字元廷歷位前軍將軍鎮遠將軍南兗州大中正夬性好酒居喪不戚醇醪肥鮮不離於口沽買飲噉多所費用父時田園貨賣略盡人間債負數猶

千餘匹穀食至常不足弟妹不免飢寒初道遷知夬好酒不欲傳授國封夬未亡前忽夢見征虜將軍房世寶來至其家直上廳事與其父坐屏人密言夬心驚懼謂人曰世寶至官聞必罄我也尋有人至云官呼郎隨召即去遣左右杖之二百不勝楚痛大叫良久乃寤流汗徹於寢具至明前涼城太守趙卓詣之見其衣濕謂夬曰卿昨夕當大飲溺衣如此夬乃具陳所夢先是旬餘祕書監鄭道昭暴病卒夬聞謂卓曰人生何常唯當縱飲耳於是昏酣遂甚夢後二日不能言針之乃得語而猶虛劣其從兄奐等並營視之皆言危而獲振俄而心悶旋轉而死爲洗浴者視其尸體大有杖處青赤隱起二百下許贈鉅鹿太守

初夬與南人辛諶庾道江文遙等終日遊聚酣飲之際恆相謂曰人生局促何殊朝露坐上相看先後之間耳脫有先亡者當於良辰美景靈前飲宴儻或有知庶其歆饗及夬亡後三月上巳諸人相率至夬靈前酌飲時日晚天陰室中微闇咸見夬在坐衣服形容不異平昔時執杯酒似若獻酬但無語耳時夬家客雍僧明心有畏恐披簾欲出便即僵仆狀若被毆夬從兄欣宗云今是節日

諸人憶弟疇昔之言故來共飲僧明何罪而被瞋責僧明便牊而欣宗鬼語如
夬平生幵怒家人皆得其罪又發擿陰私竊盜咸有次緒夬妻裴植女也與道
遷諸妾不穆訟鬩徹于公庭

子籍年十餘歲襲祖封已數年而夬弟眘等言其眇目癇疾不任承繼自以與
夬同庶已應紹襲尚書奏籍承封元象中平東將軍太中大夫齊受禪例降

奐道遷兄子也位至咸陽太守

李元護遼東襄平人八世祖胤晉司徒廣陸侯胤子順璠及孫沉志皆有名宦
沉孫根慕容寶中書監根子後智等隨慕容德南渡河居青州數世無名位三
齊豪門多輕之元護以國家平齊後隨父懷慶南奔身長八尺美鬚髯少有武
力仕蕭道成歷官馬頭太守後軍將軍龍驤將軍雖以將用自達然亦頗覽文
史習於簡牘高祖至鍾離元護時在城中爲蕭鸞徐州刺史蕭惠休奉使詣軍
高祖見而善之後爲裴叔業司馬帶汝陰太守叔業歸順元護贊同其謀及叔
業疾病外內阻貳元護督率上下以俟援軍壽春剋定元護頗有力焉景明初

以元護爲輔國將軍齊州刺史廣饒縣開國伯食邑一千戶便道述職其年入朝尋以州民柳世明圖爲不軌元護馳還歷城至即擒殄誅戮所加微爲濫酷值州內饑儉民人困敝志存隱恤表請賑貸蠲其賦役但多有部曲時爲侵擾城邑苦之故不得爲良刺史也三年夏卒年五十一病前月餘京師無故傳其凶問又城外送客亭柱有人書曰李齊州死綱佐餞別者見而拭之後復如此元護妾妓十餘聲色自縱情慾既甚支骨消削鬚長二尺一時落盡贈平東將軍青州刺史元護爲齊州經拜舊墓巡省故宅饗賜村老莫不欣暢及將亡謂左右曰吾嘗以方伯簿伍至青州士女屬目若喪過東陽不可不好設儀衞哭泣盡哀令觀者改容也家人遵其誡

子會襲正始中降爵爲子邑五百戶延昌中除宣威將軍給事中會頑騃好酒其妻南陽太守清河房伯玉女也甚有姿色會不答之房乃通於其弟機因會飲醉殺之

子景宣襲天平中除給事中齊受禪例降機與房遂如夫婦積十餘年房氏色

褒乃更婚娶
元護弟靜景明初以歸誠勳拜前將軍性甚貪忍兄亡未斂便剝脫諸妓服玩
及餘財物歷齊州內史天水太守
靜子鉉羽林監
元護從叔恤卒於東代郡太守
子曠之
席法友安定人也祖父南奔法友仕蕭鸞以膂力自効軍勳稍遷至安豐新蔡
二郡太守建安戍主蕭寶卷遣胡景略代之法友遂留壽春與叔業同謀歸國
景明初拜冠軍將軍豫州刺史苞信縣開國伯食邑千戶始叔業卒後法友與
裴植追成叔業志淮南剋定法友有力焉尋轉冠軍將軍華州刺史未拜改授
幷州刺史歲餘代還蕭衍遣將楊公則寇揚州假法友征虜將軍以討之法友
未至而公則敗走後假法友前將軍持節為別將出淮南欲解朐山之圍法友
始渡淮而朐山敗沒遂停散十年恬靜自處不競勢利世宗末以本將軍除濟

州刺史在州廉和著稱又徙封乘氏肅宗初拜光祿大夫熙平二年卒贈平西將軍秦州刺史贈帛三百匹謚襄侯

子景通襲善事元叉兼以貨賂叉父繼繼爲司空引景通爲掾後加右軍將軍鎮軍將軍卒官贈輔國將軍衞尉少卿

子鵾襲永安末尚書郎走關西

王世弼京兆霸城人也劉裕滅姚泓其祖父從裕南遷世弼身長七尺八寸魁岸有壯氣善草隸書好愛墳典仕蕭鸞以軍勳至游擊將軍爲軍主助戍壽春遂與叔業同謀歸誠景明初除冠軍將軍南徐州刺史擬戍鍾離懸封慎縣開國伯食邑七百戶後以本將軍除東徐州刺史治任於刑爲民所怨有受納之響歲餘爲御史中尉李平所彈會赦免久之拜太中大夫加征虜將軍尋以本將軍出爲河北太守治有清稱轉渤海相尋遷中山內史加平北將軍直閣元羅領軍叉弟也曾行過中山謂世弼曰二州刺史飜復爲郡亦當恨恨耳世弼曰儀同之號起自鄧隲平北爲郡始在下官正光元年卒官贈本將軍豫州刺

史諡曰康

長子會汝陽太守

次子由字茂道好學有文才尤善草隸性方厚有名士之風又工摹畫爲時人所服歷給事中尚書郎東萊太守罷郡後寓居潁川天平初元洪威搆逆大軍攻討爲亂兵所害時年四十三名流悼惜之

江悅之字彥和濟陽考城人也七世祖統晉散騎常侍劉淵石勒之亂南徙渡江祖興之父範之並爲劉裕所誅悅之少孤仕劉駿歷諸王參軍好兵書有將略善待士有部曲數百人蕭道成初以悅之爲荊州征西府中兵參軍領臺軍主遷屯騎校尉轉後軍將軍部曲稍衆千有餘人蕭賾遣戍漢中就還輔國將軍蕭衍初劉季連據蜀反叛悅之率部曲及梁秦之衆討滅之以功進號冠軍將軍武興氐破白馬進圖南鄭悅之率軍拒戰大破氐衆還復白馬衍秦梁二州刺史莊丘黑死夏侯道遷與悅之及寵樹軍主李忻榮張元亮士孫天與等謀以梁州內附旣殺蕭衍使者及楊靈珍衍華陽太守尹天寶率衆向州城悅

之與樹忻榮勒衆逆戰爲天寶所敗遂圍南鄭戰經四日衆心危沮咸懷離貳悅之盡以家財散賞士卒身當矢刃晝夜督戰會武興軍至天寶敗走道遷之克全勳款悅之實有力焉正始二年夏與道遷俱至洛陽尋卒年六十一贈輔國將軍梁州刺史追封安平縣開國子食邑三百戶諡曰莊悅之二子文遙文遠

文遙少有大度輕財好士士多歸之道遷之圖楊靈珍也文遙奮劍請行遂手斬靈珍正始二年除步兵校尉遭父憂解官永平初襲封拜前軍出爲咸陽太守勤於禮接終日坐聽事至者見之假以恩顏屏人密問於是民所疾苦大盜姓名姦猾吏長無不知悉郡中震肅姦劫息止治爲雍州諸郡之最徵拜驍騎將軍輔國將軍進號征虜將軍肅宗初拜平原太守在郡六年政理如在咸陽還後將軍安州刺史文遙善於綏納甚得物情時村洛周葛榮等相繼叛逆自幽燕以南悉皆淪陷唯文遙介在羣賊之外孤城獨守鳩集荒餘且耕且戰百姓皆樂爲用建義元年七月遘疾卒於州年五十五長史許思祖等以文遙遺

愛在民復推其子果行州事既攝州任乃遣使奉表莊帝嘉之除果通直散騎
侍郎假節龍驤將軍行安州事當州都督既而賊勢轉盛臺援不接果以阻隔
彊寇內徙無由乃攜諸弟幷率城民東奔高麗太平中詔高麗送果等元象中
乃得還朝
果弟昴武定三年襲爵齊受禪例降
文遠善騎射勇於攻戰以軍勳致效自給事中稍遷中散大夫龍驤將軍
龐樹南安人世宗追錄謀勳封其子景亮襄邑縣開國男食邑二百戶
李忻榮漢中人與樹俱擊天寶同時戰歿封其子建為清水縣開國子食邑二
百戶
張元亮漢中人便弓馬善戰鬬以勳封撫夷縣開國子食邑二百戶拜東萊太
守入為平遠將軍左中郎將遷中散大夫加龍驤將軍卒贈左將軍巴州刺史
土孫天與扶風人以勳封莫西縣開國男食邑二百戶拜武功太守又襄陽羅
道珍北海王安世潁川辛諶漢中姜永等皆參其勳末

道珍除齊州東平原相有治稱卒於鎮遠將軍屯騎校尉

安世苻堅丞相王猛之玄孫也歷涉書傳敏於人間自羽林監稍遷安西將軍

北華州刺史卒贈本將軍梁州刺史

諶魏衞尉辛毗之後有文學歷步兵校尉濮陽上黨二郡太守卒贈征虜將軍

梁州刺史

子儒之濟州司馬

永善彈琴有文學員外郎梁州別駕漢中太守

永弟漾亦善士性亦至孝爲漢中所歎服元羅之陷也永入於建鄴遂死焉時

有頴川庾導者亦與道遷俱入國雖不參謀亦爲奇士歷覽史傳善草隸書輕

財重義仕蕭衍右中郎將助戍漢中及至洛陽環堵敝廬多與儁秀交舊積二

十餘歲殊無宦情正光中乃除幽州左將軍府主簿饒安令罷縣後仍客遊齊

魯之間天平中卒於青州時有皇甫徽字子玄安定朝那人仕蕭衍歷諸王參

軍郡守及道遷之入國也徽亦因地內屬徽妻卽道遷之兄女道遷列上勳書

欲以徽爲元謀徽曰創謀之始本不關預雖貪榮賞內愧於心遂拒而不許後
刺史羊祉表授征虜府司馬卒官
子和武定末司空司馬
和弟亮儀曹郎中
淳于誕字靈遠其先太山博人後世居於蜀漢或家安國之桓陵縣父與宗蕭
蹟南安太守誕年十二隨父向揚州父於路爲羣盜所害誕雖童稚而哀感奮
發傾資結客旬朔之內遂得復讎由是州里歎異之蹟益州刺史劉悛召爲主
簿蕭衍除步兵校尉景明中自漢中歸國旣達京師陳伐蜀之計世宗嘉納之
延昌末王師大舉除驍騎將軍假冠軍將軍都督別部司馬領鄉導統軍誕不
願先受榮爵乃固讓實官止麥戎號及奉辭之日詔遣主書趙桃弓宣旨勞勉
若剋成都卽以益州許之師次晉壽蜀人大震屬世宗晏駕不果而還後以客
例起家除羽林監蕭衍遣將張齊攻圍益州詔誕爲統軍與刺史傅豎眼赴援
事寧還朝正光中秦隴反叛詔誕爲西南道軍司假冠軍將軍別將從子午南

出斜谷趣建安與行臺魏子建共參經略時衍益州刺史蕭淵猷遣將樊文熾蕭世澄等率衆數萬圍小劍戍益州刺史邴虬令子建拒之因轉營爲文熾所掩統軍胡小虎崔珍寶並見俘執子建遣誕助討之誕勒兵馳赴相對月餘未能摧殄文熾軍行之谷東峯名龍鬚山置柵其上以防歸路誕以賊衆難可角力乃密募壯士二百餘人令夜登山攻其柵及時火起煙焰漲天賊以還途不守連營震怖誕率諸軍鳴鼓攻擊文熾大敗俘斬萬計擒世澄等十一人文熾爲元帥先走獲免孝昌初子建以誕行華陽郡帶白馬戍二年復以誕行巴州刺史三年朝議以梁州安康郡阻帶江山要害之所分置東梁州仍以誕爲鎮遠將軍梁州刺史永安二年四月卒時年六十贈安西將軍益州刺史謚曰莊

長子亢

亢弟胤字闕館武定末梁州驃騎府司馬

李苗字子宣梓潼涪人父膺蕭衍尚書郎太僕卿苗出後叔父略略爲蕭衍寧州刺史大著威名王足伐蜀也衍命略拒足於涪許其益州及足還退衍遂改

授略怒將有異圖衍使人害之苗年十五有報雪之心延昌中遂歸闕仍陳圖蜀之計於是大將軍高肇西伐詔假苗龍驤將軍鄉導統軍師次晉壽世宗晏駕班師後以客例除員外散騎侍郎加襄威將軍苗有文武才幹以大功不就家耻未雪常懷慷慨乃上書曰昔晉室數否華戎鼎沸三燕兩秦咆勃中夏九服分崩五方圮裂皇祚承歷自北而南誅滅姦雄定鼎河洛唯獨荆揚尚阻聲教今令德廣被於江漢威風遠振於吳楚國富兵彊家給人足以九居八之形有兼弱攻昧之勢而欲逸豫遺疾子孫違高祖之本圖非社稷之深慮誠宜商度東西戍防輕重之要計量壃埸險易安危之理探測南人攻守窺覦之情籌算卒乘器械征討之備然後去我所短避彼所長釋其至難攻其甚易奪其險要割其膏壤數年之內荆揚可并若捨舟檝卽平原斂後踈前則江淮之所短棄車馬游飛浪乘流馳逐非中國之所長彼不敢入平陸而爭衡猶我不能越巨川而趣利若俱去其短各恃其長則東南未見可滅之機而淮沔方有相持之勢且夫滿昃相傾陰陽恆理盛衰遞襲五德常運今以至彊攻至弱必見吞

并之理如以至弱禦至彊焉有全濟之術故明王聖主皆欲及時立功爲萬世之業去高而就下百川以之常流取易而避難兵家以之恆勝今巴蜀孤懸去建鄴遼遠偏兵獨戍泝流十千牧守無良專行劫剝官由財進獄以貨成士民思化十室而九延頸北望日覬王師若命一偏將弔民伐罪風塵不接可傳檄而定守白帝之阨據上流之險循士治之迹蕩建鄴之逋然後偃武修文制禮作樂天下幸甚豈不盛哉於時肅宗幼沖無遠略之意竟不能納正光末二秦反叛侵及三輔時承平既久民不習戰苗以隴兵彊悍且羣聚無資乃上書曰臣聞食少兵精利於速戰糧多卒衆事宜持久今隴賊猖狂非有素蓄雖據兩城本無德義其勢在於疾攻日有降納遲則人情離阻坐受崩潰夫飈至風起逆者求萬一之功高壁深壘王師有全制之策但天下久泰人不曉兵奔利不相待逃難不相顧將無法令士非教習以憍將御惰卒不思長久之計務奇正之通必有莫敖輕敵之志恐無充國持重之規如令隴東不守汧軍敗散則二秦遂彊三輔危弱國之右臂於斯廢矣今且宜勒大將深溝高壘堅守勿戰別

命偏師精兵數千出麥積崖以襲其後則汧岐之下羣妖自散於是詔苗爲統
軍與別將淳于誕俱出梁益隸行臺魏子建子建以苗爲郎中仍領軍深見知
待孝昌中還朝鎮遠將軍步兵校尉俄兼尚書右丞爲西北道行臺與大都督
宗正珍孫討汾絳蜀賊平之還除司徒司馬轉太府少卿加龍驤將軍於時蕭
衍巴西民何難尉等豪姓相率請討巴蜀之間詔苗爲通直散騎常侍冠軍將
軍西南道慰勞大使未發會殺尒朱榮榮從弟世隆擁榮部曲屯據河橋還逼
都邑孝莊親幸大夏門集羣臣博議百寮恇懼計無所出苗獨奮衣而起曰今
小賊唐突如此朝廷有不測之危正是忠臣烈士效節之日臣雖不武竊所庶
幾請以一旅之衆爲陛下徑斷河梁城陽王徽中尉高道穆贊成其計莊帝壯
而許焉苗乃募人於馬渚上流以舟師夜下去橋數里便放火船河流既駛倏
忽而至賊於南岸望見火下相蹙爭橋俄然橋絕沒水死者甚衆苗身率士卒
百許人泊於小渚以待南援既而官軍不至賊乃涉水與苗死鬭衆寡不敵左
右死盡苗浮河而歿時年四十六帝聞苗死哀傷久之曰苗若不死當應更立

奇功贈使持節都督梁益巴東梁四州諸軍事車騎大將軍儀同三司梁州刺史河陽縣開國侯邑一千戶賵帛五百疋粟五百石諡忠烈侯苗少有節操志尚功名每讀蜀書見魏延請出長安諸葛不許常歎息謂亮無奇計及覽周瑜傳未曾不咨嗟絕倒太保城陽王徽司徒臨淮王彧重之二王頗或不穆苗每諫之及徽寵勢隆極猜忌彌甚苗謂人曰城陽蜂目先見豺聲今轉彰矣解鼓琴好文詠尺牘之敏當世罕及死之日朝野悲壯之及莊帝幽崩世隆入洛主者追苗贈封以白世隆世隆曰吾爾時羣議更一二日便欲大縱兵士焚燒都邑任其採掠賴苗京師獲全天下之善士也不宜追之

子曇襲爵武定末冀州儀同府刑獄參軍齊受禪爵例降

史臣曰壽春形勝南鄭要險乃建鄴之肩髀成都之喉嗌裴叔業夏侯道遷體運知機翻然鵲起舉地而來功誠兩茂其所以大啓茅賦兼列旄旗固其宜矣植不恆其德器小志大斯所以顛覆也衍才行將略不遂其終惜哉李席王江雖復因人成事亦為果決之士淳于誕好立功名有志者竟能遂也李苗以文

武幹局沉斷過人臨難慨然奮其大節蹈忠履義歿而後已仁必有勇其斯人之謂乎

魏書卷七十一

魏書卷七十一考證

裴叔業傳城庫管籥悉付康生○臣人龍按康生當是奚康生本書奚康生傳

裴叔業率衆圍渦陽高祖勅王肅遣康生馳往救援是也

淳于誕傳及時火赴○赴當作起

李苗傳梓橦涪人○橦應作潼

魏書卷七十一考證

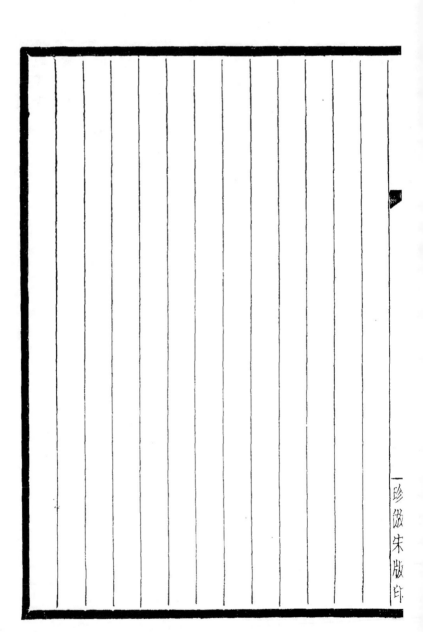

魏書卷七十二

齊　魏收　撰

列傳第六十

陽尼　賈思伯　李叔虎　路恃慶　房亮　曹世表　潘永基

朱元旭

陽尼字景文北平無終人少好學博通羣籍與上谷侯天護頓丘李彪同志齊名幽州刺史胡泥以尼學藝文雅乃表薦之徵拜祕書著作郎奏佛道宜在史錄後改中書學爲國子學時中書監高閭侍中李沖等以尼碩學博識舉爲國子祭酒高祖嘗親在苑堂講諸經典詔尼侍聽賜帛百匹尼後兼幽州中正出爲幽州平北府長史帶漁陽太守未拜坐爲中正時受鄉人財貨免官尼每自傷曰吾昔未仕不曾羨人今日失官與本何異然非吾宿志命也如何既而還鄉遂卒於冀州年六十一有書數千卷所造字釋數十篇未就而卒其從孫太學博士承慶遂撰爲字統二十卷行於世

子介字天佐奉朝請冀州默曹參軍早卒

尾從子鳴鵠

鳴鵠弟季智俱有名於時前後並爲幽州司馬

季智子璠通直散騎常侍

季智從弟荆范陽太守有吏能卒贈平西將軍東益州刺史

季智從子伯慶汝南太守

伯慶從父弟藻字景德少孤有雅志涉獵經史太和初舉秀才射策高第以母疾還徵拜中書博士詔兼禮官拜燕宣王廟於長安還授寧遠將軍賜爵魏昌男選爲廷尉正轉考功郎中除建德太守以清貧賜帛六十匹尋假寧遠將軍領統軍外防內撫甚得居邊之稱解任還家久之除兗州左將軍府長史又拜瀛州安東府長史加揚烈將軍藻以年老歸家闔門不關世事孝昌中在鄉爲賊帥杜洛周所囚發病卒永熙中贈征虜將軍幽州刺史

子貞字世幹早卒

貞弟瑒字世輔長於吏事本州別駕加輕車將軍屬洛周陷城瑒遂率宗親南渡河居於青州值邢杲起逆青州城民疑河北人爲杲內應遂害瑒時年四十八

子撝襲祖爵

瑒弟斐武定末尚書右丞

藻從弟令鮮京兆王愉郎中令坐同愉反逃竄免會赦除名

子世和武定末齊州驃騎司馬

藻從弟延興南豳州刺史

延興從弟固字敬安性俶儻不拘小節少任俠好劍客弗事生產年二十六始折節好學遂博覽篇籍有文才太和中從大將軍宋王劉昶征義陽板府法曹行參軍假陵江將軍昶嚴暴治軍甚急三軍戰慄無敢言者固啓諫并面陳事宜昶大怒欲斬之使監當攻道固在軍勇決志意閑雅了無懼色昶甚奇之軍還言之高祖年三十餘始辟大將軍府參軍事署城局仍從昶鎮彭城板兼長

史俄以憂去任裴叔業以淮南內附世宗詔平南將軍廣陵侯元衍與司徒彭城王勰同鎮壽春勑固爲行司馬還除太尉西閤祭酒兼廷尉評上改定律令議除給事中出爲試守平北太守甚有惠政久之以公事免後除給事中領侍御史轉治書劾奏廣平王懷汝南王悅南陽長公主及使懷荒鎮將萬貳望風逃走劾恆農太守裴粲免官時世宗廣訪得失固上讜言表曰臣聞爲治不在多方在於力行而已當今之務宜早正東儲立師傅以保護立官司以防衛以係蒼生之心攬權衡親宗室彊幹弱枝以立萬世之計舉賢良黜不肖使野無遺才朝無素餐孜孜萬幾躬勤庶務使民無謗讟之響省傜役薄賦歛修學官遵舊章貴農桑賤工賈絕談虛窮微之論簡桑門無用之費以存元元之民以救飢寒之苦上合昊天之心下悅億兆之望然後備器械修甲兵習水戰滅吳會撰封禪之禮襲軒唐之軌同彼七十二君之徽號協定鼎嵩河之心副高祖殷勤之寄上與三皇比隆下與五帝齊美豈不茂哉臣位卑識昧言不及義屬聖明廣訪敢獻瞽言伏願陛下留神少垂究察初世宗委任羣下不甚親覽好

桑門之法尚書令高肇以外戚權寵專決朝事又咸陽王禧等並有釁故宗室大臣相見疎薄而王畿民庶勞斂益甚固乃作南北二都賦稱恆代田漁聲樂侈靡之事節以中京禮儀之式因以諷諫辭多不載世宗末中尉王顯起宅既成集寮屬饗宴酒酣問固曰此宅何如固對曰晏嬰湫隘流稱于今豐屋生災著於周易此蓋同傳舍耳唯有德能卒願公勉之顯嘿然他日又謂固曰吾作太府卿庫藏充實卿以爲何如固對曰公收百官之祿四分之一州郡贓贖悉入京藏以此充府未足爲多且有聚斂之臣寧有盜臣豈不戒哉顯大不悅以此銜固又有人間固於顯顯因奏固剩請米麥免固官既無事役遂闔門自守著演賾賦以明幽微通塞之事其詞曰紹有周之遐軌兮初錫世於河陽建甸侯而列爵兮與王室而並昌遭季葉之紛亂兮仍矯迹於艮鄉棄衛侯之楨弼兮乃植根於幽方自祖考而輝烈兮逮余躬而翳微懼堂構之頹撓兮恐崩毀其洪基心惴惴而慄慄兮若臨深而履薄登喬木而長吟兮抗幽谷而靡託何身輕而任重兮懼顛墜於峻壑憑神明之扶助兮雖幽微而獲存賴先后之醇

德兮乃保護其遺孫伊日月之屢遷兮何四時之相逼知年命之有期兮慨翰
流之不息傷艱蹟之相承兮悲屯蹇而日臻心惻愴而不懌兮乃有懷於古人
或垂綸於渭濱兮有胥靡於傅巖旣應繇而赴兆兮作殷周之元鑒孔栖栖而
不息兮終見黜於庶邦墨馳騁而不已兮亦舉世而不容有鸞孤而爭國兮有
讓位而採薇有躍馬而赴會兮有棲遲以俟時曹納辛而袁亡兮袁戮田而曹
感鮑授州而得時兮韓棄牧而失性趙堯門而誕聖兮終天隱而不繁衛泯軀
於世難兮啓洪業於宣元釋臯繇之法憲兮見蓼六之先亡練疑枉於怨獄兮
寧于公之獨昌明禍福之同門兮知休咎之異塗尋倚伏之無源兮或先詘而
後舒賜憑軒而策駟兮撫清琴而自娛憲服敝於陋巷兮蘊六藝於蓬廬勃計
行而致位兮錯謀合而身傾蕭功成而福集兮韓勳立而禍并紛回平而綿結
兮亮未識其幽情有積毀而恩昵兮有積譽而寵衰或形乖而意合兮或身密
而志離情與貌而紛競兮體與識而交馳旦流言而見疑兮先緣謗而益信樂
食子而中疎兮巴放麑而日進或舉世而稱賢兮偶不合於主心或居鄉而三

黜兮獨爲時之所欽或負鼎而干主兮或杖策於幽林或望旗而色阻兮或臨危而撫琴道有大而由小兮義有顯而必微理貴在於得要兮事終成於會機每一日而三省兮亦有念而九思孰有是而可是兮孰有非而可非石育子而啓夏兮鳦遺卵而孕殷烏藉冰而存棄兮虎乳孩以字文發昇舟而魚躍兮季潛軀而覆雲或揮戈而爭帝兮或洗耳而辭君道曲成而不一兮神參差而異兆茲聖達之末明兮豈前修之克了迷白日之近遙兮方有闚於天表且臨海而觀瀾兮何津源之杳杳文遷繹而身徂兮景守節而災移湯改祝而革命兮靈投策而詬龜圉據胎而爲巨兮友發文而自相風吹鷁而襄墜兮神壓紐而平王彼嬴縮之由人兮信吉凶之在己或勤憂以減齡兮亦安樂而獲祉弟成師而害兄兮父純臣而烹子識同命於三君兮兆先見於番姒始樓桑而發輝兮終龍變於巴庸繞閶門而結慶兮孌蟬蛻於三江水浩浩而襄陵兮竊息壤而瘠之鮌殛死於羽山兮禹宣力而營之鑿龍門以通河兮疏九江而入海總九州以攸同兮甄五都之所在雖父子之同氣兮乃業行之丕改以患蹇爲福

兮痛比干之殘軀以佞諛爲獲安兮哂宰嚭之見屠以舉士而受賞兮悼史遷之腐刑以進爲無益兮見鄂秋之專城以仁義爲桎梏兮信揖讓之勞疲以放曠爲懸解兮傷六親之乖離哀越種之被戮兮嘉范蠡之脫羈欽四皓之高尙兮歎伊周之涉危望仗鉞而先鋒兮光安車而勿顧求封賞於寸心兮夢台袞於遠慮或忌賢而獨立兮或篡君以自樹旣思匿而名揚兮亦求清而反汙見衆兆之紛錯兮覩變化之無方心營營而擾擾兮乃探衷而準常儼端坐於敝筵兮始拂龜而整策冀靈鑒之祐余兮願告余以忠益龜發兆以施靈兮利去華而守約蓍布列而成卦兮保龍潛而勿躍踵嘉遯之玄蹤兮追考盤於巖壑登名山以恬澹兮辭朝市之紛若奉貞吉於占繇兮翻夕警而晨裝揖許公於箕嶺兮諮夷齊於首陽瞻嵩華之巘崿兮眺恆碣之硤碭陵江湖之駭浪兮昇醫閭以尙羊乘玄虬之奕奕兮鳴玉鑾之瑲瑲浮滄波而濯足兮入三山而解裳謁伯禹於塗山兮詰三苗於三危登蒼梧而遐眺兮訪二妃於有嬀追祝融於荆芊兮問洛宓於馮夷陵回飈而上驤兮窮深谷而下馳泝扶水而遠矚兮

見虞淵之威微乘閶風之峻岅兮覿王母於崦嵫昇瑤臺而奏歌兮坐瓊室而賦詩託赤水以寄命兮附光風以傳辭出琨岫之崢嶸兮入汜林之杳鬱採鍾山之玉瑛兮收珠澤之珂珬攜羽民而遠遊兮採長生之妙術騰雲霧而窈冥兮變域中之穢質望玄闕之寂寥兮過寒門而懷悲揖若士於霄際兮求霧塵於海湄憑帝臺而肆眺兮歷層冰而風馳越弱水之渟瀠兮躡不周之嶮巇屑瓊蘂以爲糧兮斟玉液以爲漿結秋蘭以爲珮兮攬白蜺以爲裳聳景雲而上征兮撫閶闔而啓扉肅百神而警策兮奏中皇於紫微聆鈞天而九變兮耽廣樂而忘歸忽心移而志駭兮戀舊京而依依握招搖以爲旆兮巡天漢而下遊建雲旗之逶迤兮御回風之瀏瀏策王良以斂轡兮命風伯以挾輈符屏翳以清路兮告河鼓以具舟聊右次於析木兮遹回駕於青丘訪古人以首陽兮亦問道於鶵鳩覩三韓之累累兮見冉服之悠悠瞻雒常之鬱鬱兮貢楛矢之啾啾心怊怊而惕惕兮志憫憫而綿綿伊五嶽之塠塠兮何四海之涓涓瞻九河其如帶兮觀三江其沉然夫五都之總總兮尙何足以遊盤彼八方之局促兮

殊無可以達觀方吞霞而棄粒兮亦屑玉而鍊丹漱醴泉以養氣兮吸沆瀣以當餐蔭建木之長柯兮援木禾之修莖咀玉髓而充渴兮嚼正陽以長生參松喬而撫翰兮侶浮丘而上征嗟域中之默默兮詎攄寫其深情情盤桓而猶豫兮志狐疑而未決久放蕩而不還兮心惆悵而不悅憶慈親於故鄉兮戀先君於丘墓回遊駕而改轅兮縱歸轡而緩御僕眷眷於短衢兮馬依依於跬步還故園而解羈兮入茅宇而返素耕東皐之沃壤兮釣北湖之深潭養慈顏於婦子兮競獻壽而薦甘朝樂酣於濁酒兮夕寄忻於素琴誦風雅以導志兮蘊六籍於胸襟敦儒墨之大教兮崇逸民之遠心播仁聲於終古兮流不朽之徽音進不求於聞達兮退不營於榮利泛若不繫之舟兮湛若不用之器不潔其身兮不屑於位不拘小節兮不求曲備資靈運以託己兮任性命之遭隨既聽天而委化兮無形志之兩疲除紛競而靖默兮守沖寂以無爲寄後賢以籍賞兮寧怨時之弗知亂曰稟元承命人最靈兮夭壽否泰本天成兮體源究道歸聖哲兮隨化委遇能達節兮顯親揚名德之上兮保家全身亦厚量兮趣世浮動

達性命兮鑒始究終同水鏡兮志願不合思遠遊兮陵虛騁志從所求兮周歷四極騰八表兮形勞志沮未叓道兮反我遊駕養慈親兮躬耕練藝齊至人兮固又作刺讒疾嬖幸詩二首曰巧巧佞佞讒言與兮營營習習似青蠅兮以白爲黑在汝口兮汝非蝮蠆毒何厚兮巧佞巧佞一何工矣司閒司忿言必從矣朋黨噂嗒自相同矣浸潤之譖傾人墉矣成人之美君子貴焉攻人之惡君子恥焉汝何人斯譖毀日繁予實無罪騁汝詭言番番緝緝讒言側入君子好讒如或弗及天疾讒說汝其至矣無妄之禍行將及矣泛泛遊鳧弗制弗拘行藏之徒或智或愚維予小人未明茲理毀與行俱言與釁起我其懲矣我其悔矣豈求人兮忠恕在己彼諂諛兮人之蠹兮刺促昔粟罔顧恥辱以求媚兮邪干側入如恐弗及以自容兮志行褊小好習不道朝挾其車夕承其輿或騎或徒載奔載趨或言或笑曲事親要正路不由邪徑是蹈不識大猷不知話言其朋其黨其徒實繁有詭其行有佞其音籧篨戚施邪媚是欽旣詭且姡以逞其心是信是任敗其以多不始不慎末如之何習習宰嚭營營無極梁丘寡智王鮒

淺識伊戾息夫異世同力江充趙高甘言似直豎刁上官擅生羽翼乃如之人
僭爽其德豈徒喪邦又亦覆國嗟爾中下其親其昵不謂其非不覺其失好之
有年寵之有日我思古人心焉若疾凡百君子宜其慎矣覆車之鑒近可信矣
言旣備矣事旣至矣反是不思維塵及矣肅宗卽位除尚書考功郎奏諸秀孝
中第者聽敘自固始大軍征硤石勑爲僕射李平行臺七兵郎中平奇固勇敢
軍中大事悉與謀之又命固節度水軍固設奇計先期乘賊獲其外城軍罷太
傅清河王懌舉固除步兵校尉領汝南王悅郎中令尋加寧遠將軍時悅年少
行多不法屑近小人固上疏切諫幷面陳往代諸王賢愚之分以感動悅悅甚
敬憚之懌大悅以爲舉得其人熙平二年除洛陽令將軍如故在縣甚有威風
丁母憂號慕毀病杖而能起練禫之後猶酒肉不進時固年踰五十而喪過於
哀鄉黨親族咸歎服焉神龜末清河王懌領太尉辟固從事中郎屬懌被害元
乂秉政朝野震悚懌諸子及門生吏寮莫不慮禍隱避不出素爲懌所厚者彌
不自安固以嘗被辟命遂獨詣喪所盡哀慟哭良久乃還僕射游肇聞而歎曰

雖欒布王脩何以尚也君子哉若人及汝南王悅爲太尉選舉多非其人又輕
肆撾撻固以前爲元卿雖離國猶上疏切諫事在悅傳悅辟固爲從事中郎不
就正光二年京兆王繼爲司徒高選官寮辟固從事中郎加鎮遠將軍府解除
前軍將軍鎮遠如故又典科揚州勳賞初硤石之役固有先登之功而朝賞未
及至是與尚書令李崇訟勳更表崇雖貴盛固據理不撓談者稱焉四年九月
卒時年五十七贈輔國將軍太常少卿諡曰文固剛直雅正不畏彊禦居官清
潔家無餘財終歿之日室徒四壁無以供喪親故爲其棺斂焉初固著緒制一
篇務從儉約臨終又勑諸子一遵先制固有三子
長休之武定末黃門郎
休之弟詮之字子衡少著才名辟司徒行參軍早爲門生所害時人悼惜之
賈思伯字士休齊郡益都人也世父元壽高祖時中書侍郎有學行見稱於時
思伯釋褐奉朝請太子步兵校尉中書舍人轉中書侍郎頗爲高祖所知常從
征伐及世宗卽位以侍從之勤轉輔國將軍任城王澄之圍鍾離也以思伯持

節爲其軍司及澄失利思伯爲後殿澄以思伯儒者謂之必死及至大喜曰仁者必有勇常謂虛談今於軍司見之矣思伯託以失道不伐其功時論稱其長者後爲河內太守不拜尋除鴻臚少卿以母憂免服闋徵爲滎陽太守有政績遷征虜將軍南青州刺史初思伯與弟思同師事北海陰鳳授業無資酬之鳳遂質其衣物及思伯之部送縑百匹遺鳳因具車馬迎之鳳慚不往時人稱歎焉尋以父憂免後除征虜將軍光祿少卿仍拜左將軍兗州刺史肅宗時徵爲給事黃門侍郎因請拜掃還鄉里未拜以風聞免尋除右將軍涼州刺史思伯以州邊遠不樂外出辭以男女未婚靈太后不許舍人徐紇言之得改授太尉長史又除安東將軍廷尉卿思伯自以儒素爲業不好法律希言事俄轉衞尉卿于時議建明堂多有同異思伯上議曰按周禮考工記云夏后氏世室殿重屋周明堂皆五室鄭注云此三者或舉宗廟或舉王寢或舉明堂互言之以明其制同也若然則殷夏之世已有明堂矣唐虞以前其事未聞戴德禮記云明堂凡九室十二堂蔡邕云明堂者天子太廟饗功養老教學選士皆於其中九

室十二堂按戴德撰記世所不行且九室十二堂其於規制恐難得厥衷周禮營國左祖右社明堂在國之陽則非天子太廟明矣然則禮記月令四堂及太室皆謂之廟者當以天子暫配享五帝故耳又王制云周人養國老於東膠鄭注云東膠卽辟雍在王宮之東又詩大雅云邕邕在宮肅肅在廟鄭注云宮謂辟雍宮也所以助王養老則尙和助祭則尙敬又不在明堂之驗矣按孟子云齊宣王謂孟子曰吾欲毀明堂若明堂是廟則不應有毀之問且蔡邕論明堂之制云堂方一百四十尺象坤之策屋圓徑二百一十六尺象乾之策方六丈徑九丈象陰陽九六之數九室以象九州屋高八十一尺象黃鍾九九之數二十八柱以象宿外廣二十四丈以象氣按此皆以天地陰陽氣數爲法而室獨象九州何也若立五室以象五行豈不快也如此蔡氏之論非爲通典九室之言或未可從竊尋考工記雖是補闕之書相承已久諸儒注述無言非者方之後作不亦優乎且孝經援神契五經要義舊禮圖皆作五室及徐劉之論同考工者多矣朝廷若獨絕今古自爲一代制作者則所願也若猶祖述舊章規摹

前事不應捨殷周成法襲近代妄作且損益之極極於三王後來疑議難可準
信鄭玄云周人明堂五室是帝各有一室也合於五行之數周禮依數以爲之
室施行于今雖有不同時說然耳尋鄭此論非爲無當按月令亦無九室之文
原其制置不乖五室其青陽右个卽明堂左个明堂右个卽總章左个總章右
个卽玄堂左个玄堂右个卽青陽左个如此則室猶是五而布政十二五室之
理謂爲可按其方圓高廣自依時量戴氏九室之言蔡子廟學之議子幹靈臺
之說裴逸一屋之論及諸家紛紜並無取焉學者善其議又遷太常卿兼度支
尙書轉正都官時太保崔光疾甚表薦思伯爲侍講中書舍人馮元興爲侍讀
思伯遂入授肅宗杜氏春秋思伯少雖明經從官廢業至是更延儒生夜講晝
授性謙和輕身禮士雖在街途停車下馬接誘恂恂曾無倦色客有謂思伯曰
公今貴重寧能不驕思伯曰衰至便驕何常之有當世以爲雅談爲元乂所寵
論者譏其趣勢孝昌元年卒贈鎮東將軍青州刺史又贈尙書右僕射謚曰文
貞

子彥始武定中淮陽太守

思伯弟思同字士明少厲志行雅好經史釋褐彭城王國侍郎五遷尚書考功郎青州別駕久之遷鎮遠將軍中散大夫試守滎陽太守尋卽真後除平南將軍襄州刺史雖無明察之譽百姓安之及元顥之亂也思同與廣州刺史鄭光護並不降莊帝還宮封營陵縣開國男邑二百戶除撫軍將軍給事黃門侍郎青州大中正又爲鎮東金紫光祿大夫仍兼黃門尋加車騎大將軍左光祿大夫遷鄴後除黃門侍郎兼侍中河南慰勞大使仍與國子祭酒韓子熙並爲侍講授靜帝杜氏春秋又加散騎常侍兼七兵尚書尋拜侍中興和二年卒贈使持節都督青徐光三州諸軍事驃騎大將軍尚書右僕射司徒公青州刺史諡曰文獻初思同之爲別駕也清河崔光韶先爲治中自恃資地恥居其下聞思同還鄉遂便去職州里人物爲思同恨之及光韶之亡遺誡子姪不聽求贈思同遂上表訟光韶操業登時蒙贈議論者歎尚焉思同之侍講也國子博士遼西衞冀隆爲服氏之學上書難杜氏春秋六十三事思同復駁冀隆乖錯者十

一條互相是非積成十卷詔下國學集諸儒考之事未竟而思同卒卒後魏郡姚文安樂陵秦道靜復述思同意冀隆亦尋物故浮陽劉休和又持冀隆說至今未能裁正焉

李叔虎渤海蓨人也從祖金世祖神䴥中與高允俱被徵位至征南從事中郎叔虎好學博聞有識度爲鄉閭所稱太和中拜中書博士與清河崔光河間邢巒並相親友轉議郎久之遷太尉從事中郎轉國子博士本國中正攝樂陵中正性清直甚有公平之稱後兼散騎侍郎太極都將事訖除高陽太守固辭不拜尋除顯武將軍太尉高陽王雍諮議參軍事雍以其器操重之尋除假節行華州事爲吏民所稱永平四年卒年五十四贈冠軍將軍南青州刺史謚曰穆

兄叔寶州舉秀才拜頓丘公國郎中令還太常丞延昌末叔寶爲弟臺戸及從弟歸伯同沙門法慶反陷破郡縣叔寶當坐遇病死於洛陽獄

子伯胄光祿大夫

叔寶從弟鳳歷尙書郎中國子博士坐弟同京兆王愉逆除名

鳳從子長仁字景安頗有學涉舉秀才射策高第拜中書博士轉中書侍郎累遷平南將軍沛郡太守仍爲彭城太守又從尉元討定南境賜爵延陵男徵拜員外散騎常侍使於劉準行還以疾除北海內史詔賜醫藥凡在三郡吏民安之尋卒武定中贈安南將軍七兵尚書冀州刺史男如故

長仁從弟述字道與有學識州舉秀才拜太常博士使詣長安冊祭燕宣王廟還除尚書儀曹郎賜爵蓨縣男稍遷建興太守卒

子象字孟則清簡有風概博涉羣書初襲爵爲徐州平東府功曹參軍還冀州治中有勤績久之拜散騎侍郎加寧朔將軍尋轉中書侍郎出爲青州太傅開府諮議參軍行北徐州事本將軍光祿大夫齊文襄王引爲開府諮議參軍加征東將軍興和二年兼散騎常侍使於蕭衍三年卒贈驃騎大將軍儀同三司冀州刺史諡曰文簡以子子貞預義之勤也

子貞歷司空長史武邑太守司徒右長史陽平太守入爲吏部郎中出爲驃騎將軍兗州刺史坐貪汙賜死

路特慶字伯瑞陽平清淵人也祖緯陽平太守特慶有幹用與廣平宋飜俱知名爲鄉閭所稱相州刺史李安世並表薦之太和中除奉朝請特慶以從兄文舉有才望因推讓之高祖遂並拜焉稍遷尚書儀曹郎轉左民郎行頼川郡出爲華州安定王征虜府長史尋以母憂去職仍轉定州河間王琛長史琛貪暴肆意特慶每進苦言年四十八卒贈左將軍安州刺史謚曰襄

子祖璧給事中

特慶弟仲信亦好學爲太尉參軍稍遷奉車都尉開府掾章武王融之討葛榮也仲信爲其都督府長史融敗歿仲信遂亦免棄

仲信弟思略字叔約有識尚冀州安東府騎軍參軍

子祖遺武定末太學博士

思略弟思令字季儁初爲廣陽王司空參軍轉司空城局參軍司徒記室威遠將軍尚書左民郎轉右民時天下多事思令乃上疏曰臣聞國之大事唯祀與戎戎之有功在於將帥三代不必別民取治不等五霸不必異兵各能剋定有

湯武之賢猶須伊望之佐堯舜之聖尚有稷契之輔得其人也六合唾掌可清失其人也三河方爲戰地何者動之甚易靖之至難竊以比年以來將帥多是寵貴子孫軍幢統領亦皆故義託附貴戚子弟未經戎役至於銜杯躍馬志逸氣浮軒眉攘腕便以攻戰自許及臨大敵怖懼交懷雄圖銳氣一朝頓盡乃令羸弱在前以當銳彊壯居後以安身兼復器械不精進止不集任羊質之將驅不練之兵當負險之衆敵數戰之虜欲令不敗豈有得哉是以兵知必敗始集而先逃將又怖敵遷延而不進國家便謂官號未滿重爵屢加復疑賞賚之輕金帛日賜帑藏空虛民財殫盡致使賊徒更增膽氣益盛生民損耗荼毒無聊主歎臣哀何心寢食臣雖位微竊不遑舍臣聞孝行出於忠貞節義率多果決德可感義夫恩可勸死士今若捨上所輕求下所重黜陟幽明賞罰善惡搜徒簡卒練兵習武甲密弩彊弓調矢勁謀夫既設辯士先陳曉以安危示其禍福如其不悛以我義順之師討茲悖逆之豎豈異厲蕭斧而伐朝菌鼓洪爐而燎毛髮雖愚者知其不旋踵矣敢以愚短昧死陳誠尋拜假節征虜將軍陽平太

守又割冀州之清河相州之陽平齊州之平原以爲南冀州仍以思令爲左將軍南冀州刺史假平東將軍都督時葛榮遣其清河太守據季虎高唐城以招叛民思令乃命麾下幷率鄉曲潛軍夜往出其不意遂大破之徐乃收衆南還又詔思令幷領冀州流民及葛榮滅還鎮平原後除征東將軍金紫光祿大夫轉衞將軍右光祿大夫天平三年三月卒時年五十一贈驃騎將軍定州刺史

恃慶從叔景略起家中書博士太和中尙書郎本郡中正出爲齊州魏郡平原二郡太守卒

景略弟雄字仲略容貌偉異以軍功爲給事中高祖曾對羣臣云路仲略好尙書郎才僕射李沖云其人宜爲武職遂停轉太尉咸陽王錄事參軍還伏波將軍奉車都尉卒贈頓丘太守

景略從祖弟法常幼而修立爲郡功曹早卒儀同李神儁與之有舊每云諸路前輩中有路法常足爲名士謂必遠至而竟無年天下事誠難知也

房亮字景高淸河人也父法延譙郡太守亮好學有節操太和中舉秀才爲奉

朝請拜祕書郎又兼員外散騎侍郎副中書侍郎宋弁使於蕭賾還除尙書二千石郎中濟州中正兼員外常侍使高麗高麗王託疾不拜以亮辱命坐白衣守郎中後除濟北太守轉平原太守以清嚴稱時冀州刺史京兆王愉據州反平原界在河北與愉接境愉乃遣人說亮啖以榮利亮卽斬其使人發兵防捍愉怒遣其大將張靈和率衆攻亮亮督厲兵民喻以逆順出城拒擊大破之尋遭憂解任服終除左將軍汲郡太守遷前將軍東荊州刺史亮留心撫納夷夏安之時邊州刺史例得一子出身亮不言其子而啓弟子超爲奉朝請議者稱之轉平東將軍滄州刺史入爲光祿大夫加安東將軍永安二年卒年七十一贈撫軍將軍齊州刺史

子東字元約卒於光祿大夫

亮弟詮字鳳舉尙書郎本州中正卒贈撫軍將軍齊州刺史

詮弟悅字季欣解褐廣平王懷國常侍轉青州平東府中兵參軍加宣威將軍遷高陽太守轉廣川太守加鎭遠將軍普泰中濟州刺史張瓊表所部置南清

河郡仍請悅爲太守朝廷從之凡歷三郡民吏安之還平東將軍太中大夫與和二年卒年七十贈征東將軍濟州刺史

長子超字伯穎武定末司徒錄事參軍濟州大中正

超弟昭淮州驃騎大將軍府長史

曹世表字景昇東魏郡魏人也魏大司馬休九世孫祖謨父慶並有學名世表少喪父舉止有禮度性雅正工尺牘涉獵羣書太和二十三年尚書僕射任城王澄奏世表爲國子助教頗失意後轉司徒記室與武威賈思伯范陽盧同隴西辛雄等並相友善侍中崔光鄉里貴達每稱美之遇患歸鄉永平中除兗州左將軍府司馬非其所願復以病解延昌中除清河太守治官省約百姓安之正光中拜前將軍通直散騎常侍大將軍京兆王繼西征以爲從事中郎攝中水兵事自當煩劇論者皆稱其能還都拜司空長史孝昌中青齊頻年反亂詔世表持節慰喻還都轉尚書右丞後加征虜將軍出行豫州刺史值蕭衍將湛僧珍昭東豫州州民劉獲鄭辯反於州界爲之內應朝廷以源子恭代世表爲

州以世表爲東南道行臺率元安平元顯伯皇甫鄧林等討之於時賊衆彊斷
小殷關驛使不通諸將以士馬單少皆敗散之餘不敢復戰咸欲保城自固世
表時患背腫乃輿病出外呼統軍是云寶謂之曰湛僧珍所以敢深入爲寇者
以獲辯皆州民之望爲之內應向有驛至知劉獲移軍欲迎僧珍去此八十里
今出其不意一戰可破獲破則僧珍自走東南清服卿之功也乃簡選兵馬付
寶討之促令發軍日暮出城比曉兵合賊不意官軍卒至一戰破獲諸賊悉平
湛僧珍退走唯鄭辯與子恭親舊亡匿子恭所世表召諸將吏衆責子恭收辯
斬之傳首京師勑遣中使宣旨慰喻賜馬二匹衣服被褥復以世表行豫州事
行臺如故還朝加左將軍兼尚書東道行臺泓河分立鎮戍以備葛榮行達青
州遇患卒時年五十四永熙中贈平東將軍齊州刺史
潘永基字紹業長樂廣宗人也父靈虬中書侍郎永基性通率輕財好施爲冀
州鎮東府法曹行參軍遷威烈將軍揚州曲陽戍主轉西硤石戍主治陳留南
梁二郡事頗有威惠轉揚州車騎府主簿累遷虎賁中郎將直寢前將軍出爲

持節平北將軍冀州防城都督長樂太守于時葛榮攻信都長圍遏水以灌州城永基與刺史元孚同心勠力晝夜防拒外無軍援內乏糧儲從春至冬力窮乃陷榮欲害孚永基請以身代孚死永安二年除潁川太守還鎮東將軍東徐州刺史時蕭衍將曹世宗馬洪武等率衆來寇永基出討破之永熙中爲征東將軍金紫光祿大夫還車騎將軍左光祿大夫尋加衛大將軍復除東徐州刺史前後在州爲吏民所樂代還京師元象初卒年五十六贈散騎常侍都督冀瀛滄三州諸軍事驃騎大將軍尚書右僕射司徒公冀州刺史

長子子禮州主簿

子禮弟子智武定中太尉士曹參軍

朱元旭字君昇本樂陵人也祖霸真君末南叛投劉義隆遂居青州之樂陵元旭頗涉子史開解几案起家清河王國常侍太學博士員外散騎侍郎頻使高麗除尚書度支郎中神龜末以郎選不精大加沙汰元旭與隴西辛雄范陽祖瑩泰山羊深西平源子恭並以才用見留尋加鎮遠將軍兼尚書右丞仍郎中

本州中正時關西都督蕭寶夤啓云所統十萬食唯一月於是肅宗大怒召問所由錄令以下皆推罪於元旭元旭入見於御座前屈指校計寶夤兵糧乃踰一年事乃得釋除通直散騎常侍永安初加平東將軍尚書左丞光祿大夫後轉司農少卿還衞將軍左光祿大夫天平中復拜尙書左丞旣無風操俛仰隨俗性多機數自容而已於時朝廷分汲郡河內二界挾河之地以立義州安置關西歸款之戶除元旭使持節驃騎將軍義州刺史武定三年夏卒於州年六十七贈本將軍幽州刺史

子敬道武定中司徒長流參軍

史臣曰陽尼學義之迹世不乏人固遠氣正情文學兼致賈思伯門有舊業經明行修唯兄及弟並摽儒素李路器尙所及俱可觀者象風采詞涉亦當年之俊民房亮曹世表潘永基朱元旭拔萃從宦咸享名器各有由也

魏書卷七十二

魏書卷七十二考證

陽尼傳兆先見於爾似○似應作似　臣人龍按左傳文十年楚范巫爾似注爾似人名范邑之巫也

朱元旭傳於時朝廷分汲郡河內二界挾河之地以立義州○　臣人龍按本書地形志義州興和二年置寄治汲郡陳城當即其事也挾河即夾河古字通北史作扶風誤

魏書卷七十二考證

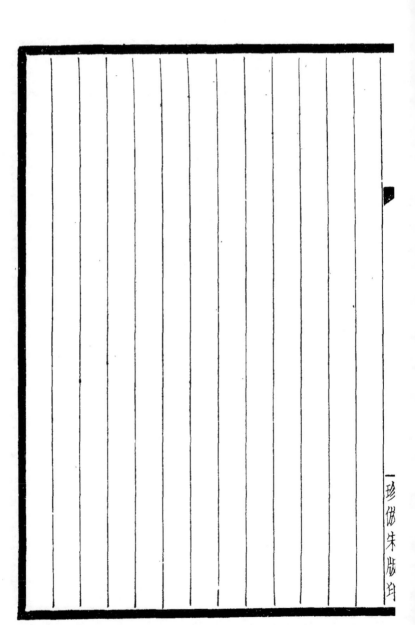

魏書卷七十三

齊　魏收　撰

列傳第六十一

奚康生　楊大眼　崔延伯

奚康生，河南洛陽人，其先代人也，世爲部落大人。祖直，平遠將軍、柔玄鎮將，入爲鎮北大將軍，內外三都大官，賜爵長進侯，卒，贈幽州刺史，諡曰簡。父普憐，不仕而卒。太和十一年，蠕蠕頻來寇邊，柔玄鎮都將李兜討擊之。康生性驍勇，有武藝，弓力十石，矢異常箭，爲當時所服，從兜爲前驅，軍主，頻戰陷陳，壯氣有聞，由是爲宗子隊主。從駕征鍾離，駕旋濟淮，五將未渡，蕭鸞遣將率衆據渚，邀斷津路。高祖勅曰：「能破中渚賊者，以爲直閤將軍。」康生時爲軍主，謂友人曰：「如其剋也，得暢名績；脫若不捷，命也。在天丈夫，今日何爲不決。」遂便應募，縛筏積柴，因風放火，燒其船艦，依煙直進，飛刀亂斫，投河溺死者甚衆。乃假康生直閤將軍。後以勳除中堅將軍、太子三校、西臺直後。吐京胡反，自號辛支王，康生爲軍主從章武王彬討之胡遣精騎一千邀路斷截康生率五百人拒戰破之追至石羊城斬首三十級彬甲卒七千與胡對戰分爲五軍四軍俱敗康生軍獨全還爲統軍率精騎一千追胡至車突谷詐爲墜馬胡皆謂死爭欲取之康生騰騎奮矛殺傷數十人胡遂奔北辛支輕騎退走去康生百餘步彎弓射之應弦而死因俘其牛羊駝馬以萬數蕭鸞置義陽闕一字招誘邊民康生復爲統軍從王肅討之進圍其城鸞將張伏護自昇城樓言辭不遜肅令康生射之以彊弓大箭望樓射窗扉開卽入應箭而斃彼民見箭皆云狂弩以殺伏護賞帛一千匹又頻戰再退其軍賞三階帛五百匹蕭寶卷將裴叔業率衆圍渦陽欲解義陽之急詔遣高聰等四軍往援之後遣都督廣陵侯元衍並皆敗退時刺史孟表頻啓告高祖勅肅遣康生馳往赴援一戰大破之賞二階帛一千匹及壽春來降也遣康生領羽林一千人給龍廄馬兩匹馳赴壽春既入其城命集城內舊老宣詔撫賚俄而蕭寶卷將桓和頓軍梁城陳伯之據硤石民心駭動頗有異謀康生乃防禦內外音信不通固城一月援軍乃至康生出擊桓和伯之等

二軍並破走之拔梁城合肥洛口三戍以功遷征虜將軍封安武縣開國男食邑二百戶出爲南青州刺史後蕭衍郁洲遣軍主徐濟寇邊康生率將出討破之生擒濟賞帛千匹時蕭衍聞康生能引彊弓力至十餘石故特作大弓兩張送與康生康生得弓便會集文武乃用平射猶有餘力其弓長八尺把中圍尺二寸箭麤殆如今之長笛觀者以爲希世絕倫弓卽表送置之武庫又蕭衍遣將宋黑率衆寇擾彭城時康生遭母憂詔起爲別將持節假平南將軍領南青州諸軍擊走之後衍復遣都督臨川王蕭宏副將張惠紹勒甲十萬規寇徐州又假宋黑徐州刺史領衆二萬水陸俱進逕圍高塚戍詔授康生武衞將軍持節假平南將軍爲別將領羽林三千人騎步甲士隨便割配康生一戰敗之還京召見宴會賞帛千匹賜驊騮御胡馬一匹出爲平西將軍華州刺史頗有聲績轉涇州刺史仍本將軍以輒用官炭瓦爲御史所劾削除官爵尋旨復之蕭衍直閤將軍徐玄明戍於郁州殺其刺史張稷以城內附詔遣康生迎接賜細御銀纏槊一張幷棗柰果面勅曰果者果如朕心棗者早遂朕意未發之間郁

州復叛時揚州別駕裴絢謀反除康生平東將軍爲別將領羽林四千討之會事平不行遭父憂起爲平西將軍西中郎將是歲大舉征蜀假康生安西將軍領步騎三萬邪趣綿竹至隴右世宗崩班師除衞尉卿出爲撫軍將軍相州刺史在州以天旱令人鞭石虎畫像復就西門豹祠祈雨不獲令吏取豹舌未幾二兒暴喪身亦遇疾巫以爲虎豹之祟徵拜光祿卿領右衞將軍與元义同謀廢靈太后遷撫軍大將軍河南尹仍右衞領左右與子難娶左衞將軍侯剛女卽元义妹夫也义以其通姻深相委託三人率多俱宿禁內時或迭出义以康生子難爲千牛備身康生性麤武言氣高下义稍憚之見于顏色康生亦微懼不安正光二年三月肅宗朝靈太后于西林園文武侍坐酒酣迭舞次至康生康生乃爲力士舞及於折旋每顧視太后舉手蹈足瞋目頷首爲殺縛之勢太后解其意而不敢言日暮太后欲攜肅宗宿宣光殿侯剛曰至尊已朝訖嬪御在南何勞留宿康生曰至尊陛下兒隨陛下將東西更復訪問誰羣臣莫敢應靈太后自起援肅宗臂下堂而去康生大呼唱萬歲於後近侍皆唱萬歲肅宗

引前入閤左右競相排閤不得閉康生奪其子難千牛刀斫直後元思輔乃得
定肅宗旣上殿康生時有酒勢將出處分遂爲乂所執鏁於門下至曉乂不出
令侍中黃門僕射尚書等十餘人就康生所訊其事處康生斬刑難處絞刑乂
與剛並在內矯詔決之康生如奏難恕死從流難哭拜辭父康生忻子免死又
亦慷慨了不悲泣語其子云我不及死汝何爲哭也有司驅逼奔走赴市時已
昏闇行刑人注刀數下不死於地刻截咸言稟乂意旨過至苦痛嘗食典御奚
混與康生同執刀入內亦就市絞刑康生久爲將及臨州尹多所殺戮而乃信
向佛道數捨其居宅以立寺塔凡歷四州皆有建置死時五十四
子難年十八以侯剛子壻得停百日竟徙安州後尚書盧同爲行臺乂令殺之
康生於南山立佛圖三層先死忽夢崩壞沙門有爲解云檀越當不吉利無人
供養佛圖故崩耳康生稱然竟及禍靈太后反政贈都督冀瀛滄三州諸軍事
驃騎大將軍司空公冀州刺史又追封壽張縣開國侯食邑一千戶
子剛襲武定中青州開府主簿齊受禪爵例降

剛弟定國襲康生安武縣開國男

楊大眼武都氏難當之孫也少有膽氣跳走如飛然側出不爲其宗親顧待頗有飢寒之切太和中起家奉朝請時高祖自代將南伐令尚書李沖典選征官大眼往求焉沖弗許大眼曰尚書不見知聽下官出一技便出長繩三丈許繫髻而走繩直如矢馬馳不及見者莫不驚歎沖曰自千載以來未有逸材若此者也遂用爲軍主大眼顧謂同寮曰吾之今日所謂蛟龍得水之秋自此一舉終不復與諸君齊列矣未幾遷爲統軍從高祖征宛葉穰鄧九江鍾離之間所經戰陳莫不勇冠六軍世宗初裴叔業以壽春內附大眼與奚康生等率衆先入以功封安成縣開國子食邑三百戶除直閤將軍尋加輔國將軍游擊將軍出爲征虜將軍東荊州刺史時蠻酋樊秀安等反詔大眼爲別將隸都督李崇討平之大眼妻潘氏善騎射自詣軍省大眼至於攻陳遊獵之際大眼令妻潘戎裝或齊鑣戰場或並驅林壑及至還營同坐幕下對諸寮佐言笑自得時指之謂人曰此潘將軍也蕭衍遣其前江州刺史王茂先率衆數萬次于樊雍招

誘蠻夏規立宛州又令其所署宛州刺史雷豹狼軍主曹仲宗等領衆二萬偷據河南城世宗以大眼爲武衞將軍假平南將軍持節都督統軍曹敬邴虬樊魯等諸軍討茂先等大破之斬衍輔國將軍王花龍驤將軍申天化俘馘七千有餘衍又遣其舅張惠紹總率衆軍竊據宿豫又假大眼平東將軍爲別將與都督邢巒討破之遂乘勝長驅與中山王英同圍鍾離大眼軍城東守淮橋東西二道屬水汎長大眼所綰統軍劉神符公孫祉兩軍夜中爭橋奔退大眼不能禁相尋而走坐徙爲營州兵永平中世宗追其前勳起爲試守中山內史時高肇征蜀世宗慮蕭衍侵軼徐揚乃徵大眼爲太尉長史持節假平南將軍東征別將隸都督元遙遏禦淮肥大眼至京師時人思其雄勇喜其更用臺省閭巷觀者如市大眼次譙南世宗崩時蕭衍遣將康絢於浮山遏淮規浸壽春詔加大眼光祿大夫率諸軍鎮荊山復其封邑後與蕭寶夤俱征淮堰不能剋遂於堰上流鑿渠決水而還加平東將軍大眼善騎乘裝束雄竦擐甲折旋見稱當世撫巡士卒呼爲兒子及見傷痍爲之流泣自爲將帥恆身先兵士衝突堅

陳出入不疑當其鋒者莫不摧拉南賊前後所遣督將軍未渡江預皆畏懾傳言淮泗荊沔之間有童兒啼者恐之云楊大眼至無不即止王肅弟子秉之初歸國也謂大眼曰在南聞君之名以為眼如車輪及見乃不異人大眼曰旗鼓相望瞋眸奮發足使君目不能視何必大如車輪當世推其驍果皆以為關張弗之過也然征淮堰之役喜怒無常捶撻過度軍士頗憾焉識者以為性移所致又以本將軍出為荊州刺史常縛蒿為人衣以青布而射之召諸蠻渠指示之曰卿等若作賊吾政如此相殺也又北淯郡嘗有虎害大眼搏而獲之斬其頭懸於穰市自是荊蠻相謂曰楊公惡人常作我蠻形以射之又深山之虎尚所不免遂不敢復為寇盜在州二年而卒大眼雖不學恆遣人讀書坐而聽之悉皆記識令作露布皆口授之而竟不多識字也有三子長甑生次領軍次征南皆潘氏所生氣幹咸有父風初大眼徙營州潘在洛陽頗有失行及為中山大眼側生女夫趙延寶言之於大眼大眼怒幽潘而殺之後娶繼室元氏大眼之死也甑生等問印綬所在時元始懷孕自指其腹謂甑生等曰開國當我兒

襲之汝等婢子勿有所望甑生深以爲恨及大眼喪將還京出城東七里營車而宿夜二更甑生等開大眼棺延寶怪而問之征南射殺之元怖走入水征南又彎弓射之甑生曰天下豈有害母之人乃止遂取大眼屍令人馬上抱之左右扶挾以叛荆人畏甑生等驍勇不敢苦追奔於襄陽遂歸蕭衍

崔延伯博陵人也祖壽於彭城陷入江南延伯有氣力少以勇壯聞仕蕭賾爲緣淮遊軍帶濠口戍主太和中入國高祖深嘉之常爲統帥膽氣絶人兼有謀略所在征討咸立戰功積勞稍進除征虜將軍荆州刺史賜爵定陵男荆州土險蠻左爲寇每有聚結延伯輒自討之莫不摧殄由是穰土怗然無敢爲患永平中轉後將軍幽州刺史蕭衍遣其左遊擊將軍趙祖悅率衆偷據峽石詔延伯爲別將與都督崔亮討之亮令延伯守下蔡延伯與別將伊瓫生挾淮爲營延伯遂取車輪去輞削銳其輻兩兩接對揉竹爲絙貫連相屬並十餘道橫水爲橋兩頭施大轆轤出沒任情不可燒斫既斷祖悅等走路又令舟舸不通由是衍軍不能赴救祖悅合軍咸見俘虜於軍拜平南將軍光祿大夫延伯與楊

大眼等至自淮陽靈太后幸西林園引見延伯等太后曰卿等志尚雄猛皆國之名將比平峽石公私慶快此乃卿等之功也但淮堰仍在宜須豫謀故引卿等親共量算各出一圖以爲後計大眼對曰臣輒謂水陸二道一時俱下往無不尅延伯曰臣今輒難大眼既對聖顏答旨宜實水南水北各有溝瀆陸地之計如何可前愚臣短見願聖心愍水兵之勤苦給復一年專習水戰脫有不虞召便可用往無不獲靈太后曰卿之所言深是宜要當勅如請二年除安北將軍幷州刺史在州貪污聞於遠近還爲金紫光祿大夫出爲鎮南將軍行岐州刺史假征西將軍賜驊騮馬一匹正光五年秋以往在揚州建淮橋之勳封當利縣開國男食邑二百戶尋增邑一百戶改封新豐進爵爲子時莫折念生兄天生下隴東寇征西將軍元志爲天生所擒賊衆甚盛進屯黑水詔延伯爲使持節征西將軍西道都督與行臺蕭寶夤討之寶夤與延伯結壘馬嵬南北相去百餘步寶夤日集督將論討賊方略延伯每云賊新制勝難與爭鋒寶夤正色責之曰君荷國寵靈總戎出討便是安危所繫每云賊不可討以示怯懦損

威挫氣乃君之罪延伯明晨詣寶夤自謝仍云今當仰爲明公參賊勇怯延伯選精兵數千下渡黑水列陳西進以向賊營寶夤率衆於水東尋原西北以示後繼於時賊衆大盛水西一里營營連接延伯徑至賊壘揚威𢜣之徐而還退賊以延伯衆少開營競追衆過十倍臨水逼蹙寶夤親觀之懼有虧損延伯不與其戰身自殿後抽衆東渡轉運如神須臾濟盡徐乃自渡賊徒奪氣相率還營寶夤大悅謂官屬曰崔公古之關張也今年何患不制賊延伯馳見寶夤曰此賊非老奴敵公但坐看後日延伯勒衆而出寶夤爲後拒天生悉衆來戰延伯申令將士身先士卒陷其前鋒於是勇銳競進大破之俘斬十餘萬追奔及於小隴秦賊勁彊諸將所憚朝廷初議遣將咸云非延伯無以定之果能剋敵授右衞將軍於時万俟醜奴宿勤明達等寇掠涇州先是盧祖遷伊瓮生數將等皆以元志前行之始同時發雍從六陌道將取高平志敗仍停涇部延伯旣破秦賊乃與寶夤率衆會於安定甲卒十二萬鐵馬八千匹軍威甚盛醜奴置營涇州西北七十里當原城時或輕騎暫來挑戰大兵未交便示奔北延伯矜

功負勝遂唱議先驅伐木別造大排內爲鏁柱教習彊兵負而趨走號爲排城戰士在外輜重居中自涇州緣原北上衆軍將出討賊未戰之間有賊數百騎詐持文書云是降簿乞且緩師寶夤延伯謂其事實逡巡未閱俄而宿勤明達率衆自東北而至乞降之賊從西競下諸軍前後受敵延伯上馬突陳賊勢摧挫便爾逐北徑造其營賊本輕騎延伯軍兼步卒兵力疲怠賊乃乘間得入排城延伯軍遂大敗死傷者將有二萬寶夤斂軍退保涇州延伯修繕器械購募驍勇復從涇州西進去賊彭阬谷柵七里結營延伯恥前挫辱不報寶夤獨出襲賊大破之俄頃閒平其數柵賊皆逃遁見兵人採掠散亂不整還來衝突遂大奔敗延伯中流矢爲賊所害士卒死者萬餘人延伯善將撫能得衆心與康生大眼爲諸將之冠延伯末路功名尤重時大寇未平而延伯死朝野歎懼焉贈使持節車騎大將軍儀同三司定州刺史謚曰武烈又有王足者驍果多策略隸邢巒伐蜀所在剋捷詔行益州刺史遂圍涪城蜀人大震世宗復以羊祉爲益州足聞而引退後遂奔蕭衍次有王神念足之流也後自頴川太守奔江

南又冀州李叔仁叔仁弟龍瓌以勇壯爲將統叔仁位至車騎大將軍儀同三司陳郡開國公後爲梁州刺史歿於關西龍瓌正光中北征戰死白道其平州刺史王買奴南秦州刺史曹敬南兗州刺史樊魯益州刺史邴虬玄州刺史邢豹及屈祖嚴思達呂叵崔襲柴慶宗宗正珍孫盧祖遷高智方俱爲將帥並有攻討之名而事迹不存無以編錄然未若康生大眼延伯尤著也

史臣曰人主聞鞞鼓之響則思將帥之臣何則夷難平暴折衝禦侮爲國之所繫也康生等俱以熊虎之姿奮征伐之氣亦一時之驍猛壯士之功名也

魏書卷七十三

珍倣宋版

魏書卷七十三考證

崔延伯傳賊徒奪氣相率還營○奪監本譌作奮今改正

魏書卷七十三考證

魏書卷七十四

齊 魏收 撰

列傳第六十二

尒朱榮

尒朱榮字天寶北秀容人也其先居於尒朱川因爲氏焉常領部落世爲酋帥高祖羽健登國初爲領民酋長率契胡武士千七百人從駕平晉陽定中山論功拜散騎常侍以居秀容川詔割方三百里封之長爲世業太祖初以南秀容川原沃衍欲令居之羽健曰臣家世奉國給侍左右北秀容既在剗內差近京師豈以沃塉更遷遠地太祖許之所居之處曾有狗舐地因而穿之得甘泉焉至今名狗舐泉羽健世祖時卒曾祖鬱德祖代勤繼爲領民酋長代勤世祖敬哀皇后之舅以外親兼數征伐有功給復百年除立義將軍曾圍山而獵部民射獸誤中其髀代勤仍令拔箭竟不推問曰此既過誤何忍加罪部內聞之咸感其意高宗末假寧南將軍除肆州刺史高祖賜爵梁郡公以老致仕歲賜帛

百匹以爲常年九十一卒賜帛五百匹布二百匹贈鎮南將軍幷州刺史諡曰莊孝莊初榮有翼戴之勳追贈太師司徒公錄尚書事父新興太和中繼爲酋長家世豪擅財貨豐贏曾行馬羣見一白蛇頭有兩角遊於馬前新興異之謂曰爾若有神令我畜牧蕃息自是之後日覺滋盛牛羊駝馬色別爲羣谷量而已朝廷每有征討輒獻私馬兼備資糧助裨軍用高祖嘉之除右將軍光祿大夫及還洛後特聽冬朝京師夏歸部落每入朝諸王公朝貴競以珍翫遺之新興亦報以名馬轉散騎常侍平北將軍秀容第一領民酋長新興每春秋二時恆與妻子閱畜牧於川澤射獵自娛肅宗世以年老啓求傳爵於榮朝廷許之正光中卒年七十四贈散騎常侍平北將軍恆州刺史諡曰簡孝莊初贈假黃鉞侍中太師相國西河郡王榮絜白美容貌幼而神機明決及長好射獵每設圍誓衆便爲軍陳之法號令嚴肅衆莫敢犯秀容界有池三所在高山之上清深不測相傳曰祁連池魏言天池也父新興曾與榮遊池上忽聞簫鼓之音新興謂榮曰古老相傳凡聞此聲皆至公輔吾今年已衰暮當爲汝耳汝其勉之

榮襲爵後除直寢游擊將軍正光中四方兵起遂散畜牧招合義勇給其衣馬蠕蠕主阿那瓌寇掠北鄙詔假榮節冠軍將軍別將隸都督李崇北征榮率其新部四千人追擊度磧不及而還秀容內附胡民乞扶莫于破郡殺太守南秀容牧子萬子乞真反叛殺太僕卿陸延幷州牧子素和婆崘嶮作逆榮並前後討平之遷直閤將軍冠軍將軍仍別將內附叛胡乞步落堅胡劉阿如等作亂爪肆勑勒北列步若反於沃陽榮並滅之以功封安平縣開國侯食邑一千戶尋加通直散騎常侍勑勒斛律洛陽作逆桑乾西與費也頭牧子迭相掎角榮率騎破洛陽於深井逐牧子於河西進號平北將軍光祿大夫假安北將軍爲北道都督尋除武衞將軍俄加使持節安北將軍都督恆朔討虜諸軍假撫軍將軍進封博陵郡公增邑五百戶其粱郡前爵聽賜第二子時榮率衆至肆州刺史尉慶賓畏惡之閉城不納榮怒攻拔之乃署其從叔羽生爲刺史執慶賓於秀容自是榮兵威漸盛朝廷亦不能罪責也尋除鎮北將軍鮮于修禮之反也榮表東討復進號征東將軍右衞將軍假車騎將軍都督幷肆汾廣恆雲六

州諸軍事進爲大都督加金紫光祿大夫時杜洛周陷中山於時車駕聲將北討以榮爲左軍不行及葛榮吞洛周凶勢轉盛榮恐其南逼鄴城表求遣騎三千東援相州肅宗不許又遷車騎將軍右光祿大夫尋進位儀同三司榮以山東賊盛慮其西逸乃遣兵固守滏口以防之復上書曰臣前以二州頻反大軍喪敗河北無援實慮南侵故令精騎三千出援相州京師影響斷其南望賊聞此衆當亦息圖使還奉勑云念生梟翦寶夤受擒醜奴明達並送誠款三輔告謐關隴載寧費穆虎旅大翦妖蠻兩絳狂蜀漸已稽顙又承北海王顥率衆二萬出鎮相州北海皇孫名位崇重鎮撫鄴城實副羣望惟願廣其配衣及機早遣今關西雖平兵未可役山南隣賊理無發召王師雖衆頻被摧北人情危怯實謂難用若不更思方略無以萬全如臣愚量蠕蠕主阿那瓌荷國厚恩未應忘報求乞一使慰喻那瓌即遣發兵東引直趣下口揚威振武以躡其背北海之軍鎮撫相部嚴加警備以當其前臣麾下雖少輒盡力命自井陘以北隘口以西分防險要攻其肘腋葛榮雖并洛周威恩未著人類差異形勢可分於是

榮遂嚴勒部曲廣召義勇北捍馬邑東塞井陘尋屬肅宗崩事出倉卒榮聞之大怒謂鄭儼徐紇爲之與元天穆等密議稱兵入匡朝廷討定之乃抗表曰伏承大行皇帝背棄萬方奉諱號踴五內摧剝仰尋詔旨實用驚惋今海內草草異口一言皆云大行皇帝鴆毒致禍臣等外聽訟言內自追測去月二十五日聖體康念至於二十六日奄忽昇遐卽事觀望實有所惑且天子寢疾侍臣不離左右親貴名醫瞻仰患狀面奉音旨親承顧託豈容不豫初不召醫崩棄曾無親奉欲使天下不爲惟愕四海不爲喪氣豈可得乎復皇后女生稱爲儲兩疑惑朝野虛行慶宥宗廟之靈見欺兆民之望已失使七百危於累卵社稷墜於一朝方選君嬰孩之中寄治乳抱之日使姦豎專朝賊臣亂紀惟欲指影以行權假形而弄詔此則掩眼捕雀塞耳盜鍾今秦隴塵飛趙魏霧合寶貪醜奴勢逼豳雍葛榮就德憑陵河海楚兵吳卒密邇在郊古人有言邦之不臧隣之福也一旦聞此誰不闚闟竊惟大行皇帝聖德馭宇繼體正君猶邊烽迭擧妖寇不滅況今從佞臣之計隨親戚之談舉潘嬪之女以誑百姓奉未言之兒而

臨四海欲使海內安乂愚臣所未聞也伏願留聖善之慈回須臾之慮照臣忠誠錄臣至款聽臣赴闕預參大議問侍臣帝崩之由訪禁旅不知之狀以徐鄭之徒付之司敗雪同天之恥謝遠近之怨然後更召宗親推其年德聲副遐邇改承寶祚則四海更蘇百姓幸甚於是遂勒所統將赴京師靈太后甚懼詔以李神軌爲大都督將於大行杜防榮抗表之始遣從子天光親信奚毅及倉頭王相入洛與從弟世隆密議廢立天光乃見莊帝具論榮心帝許之天光等還北榮發晉陽猶疑所立乃以銅鑄高祖及咸陽王禧等六王子孫像成者當奉爲主惟莊帝獨就師次河內重遣王相密來奉迎帝與兄彭城王劭弟始平王子正於高渚潛渡以赴之榮軍將士咸稱萬歲於時武泰元年四月九日也十一日榮奉帝爲主詔以榮爲使持節侍中都督中外諸軍事大將軍開府兼尚書令領軍將軍領左右太原王食邑二萬戶十二日百官皆朝於行宮十三日榮惑武衛將軍費穆之說乃引迎駕百官於行宮西北云欲祭天朝士既集列騎圍遶責天下喪亂明帝卒崩之由云皆緣此等貪虐不相匡弼所致因縱兵

亂害王公卿士皆斂手就戮死者千三百餘人皇弟皇兄並亦見害靈太后少主其日暴崩榮遂有大志令御史趙元則造禪文遣數十人遷帝於河橋至夜四更中復奉帝南還營幕帝憂憤無計乃令人喻旨於榮曰帝王迭襲盛衰無常既屬屯運四方瓦解將軍仗義而起前無橫陳此乃天意非人力也我本相投規存性命帝王重位豈敢妄希直是將軍見逼權順所請耳今璽運已移天命有在宜時即尊號將軍必若推而不居存魏社稷亦任更擇親賢共相輔戴榮既有異圖遂鑄金爲己像數四不成時幽州人劉靈助善卜占爲榮所信言天時人事必不可爾榮亦精神恍惚不自支持久而方悟遂便愧悔於是獻武王榮外兵參軍司馬子如等切諫陳不可之理榮曰愆誤若是惟當以死謝朝廷今日安危之機計將何出獻武王等曰未若還奉長樂以安天下於是還奉莊帝十四日輿駕入宮于時或云榮欲遷都晉陽或云欲肆兵大掠迭相驚恐人情駭震京邑士子不一存率皆逃竄無敢出者直衛空虛官守廢曠榮聞之上書曰臣世荷蕃寄征討累年奉忠王室志存效死直以太后淫亂孝明暴崩

遂率義兵扶立社稷陛下登祚之始人情未安大兵交際難可齊一諸王朝貴橫死者衆臣今粉軀不足塞往責以謝亡者然追榮褒德謂之不朽乞降天慈微申私責無上王請追尊帝號諸王刺史乞贈三司其位班三品請贈令僕五品之官各贈方伯六品已下及白民贈以鎮郡諸死者無後聽繼卽授封爵均其高下節級別科使恩洽存亡有慰生死詔曰覽表不勝鯁塞朕德行無感致茲酷濫尋繹往事實切於懷可如所表自茲已後贈終叨濫庸人賤品動至大官爲識者所不貴武定中齊文襄王始革其失追褒有典焉榮啓帝遣使循城勞問於是人情遂安朝士逃亡者亦稍來歸闕榮又奏請番直朔望之日引見三公令僕尚書九卿及司州牧河南尹洛陽河陰執事之官參論國治經綸王道以爲常式五月榮還晉陽七月詔曰乾坤統物星象贊其功皇王御運股肱匡其業是以周道中缺齊晉立濟世之忠殷祚或虧彭韋振救時之節自前朝失御厄運荐臻太原王榮爰戴朕躬推臨萬國勳踰伊霍功格二儀王室不壞伊人是賴可柱國大將軍兼錄尚書事餘如故時葛榮將向京師衆號百萬相

州刺史李神軌閉門自守賊鋒已過汲郡所在村塢悉被殘略榮啓求討之九月乃率精騎七千馬皆有副倍道兼行東出滏口葛榮爲賊既久橫行河北時衆寡非敵議者謂無制賊之理葛榮聞之喜見於色乃令其衆曰此易與耳諸人俱辦長繩至便縛取葛榮自鄴以北列陳數十里箕張而進榮潛軍山谷爲奇兵分督將已上三人爲一處處有數百騎令所在揚塵鼓譟使賊不測多少又以人馬逼戰刀不如棒密勒軍士馬上各齎神棒一枚置於馬側至於戰時不聽斬級以棒棒之而已慮廢騰逐也乃分命壯勇所當衝突號令嚴明戰士同奮榮身自陷陳出於賊後表裏合擊大破之於陳擒葛榮餘衆悉降榮以賊徒既衆若卽分割恐其疑懼或更結聚乃普告勒各從所樂親屬相隨任所居止於是羣情喜悅登卽四散數十萬衆一朝散盡待出百里之外乃始分道押領隨便安置咸得其宜擢其渠帥量才授用新附者咸安時人服其處分機速乃檻車送葛榮赴闕詔曰功格天地錫命之位必崇道濟生民褒賞之名宜大是以有莘贊亳不次之號爰歸渭叟翼周殊世之班載集況導源積石襲構崐

山門踵英猷弼成鴻業抗高天之摧柱振厚地之絶維德冠五侯勳高九伯者哉太原王榮代荷蕃寵世載忠烈入匡頽運出勦元兇使積年之霧倏焉滌蕩數載之塵一朝清謐燕恆既泰趙魏還蘇比績況功古今莫二若不式稽舊典增是禮數將何以昭德報功遠明國範可大丞相都督河北畿外諸軍事增邑一萬戸通前三萬餘官悉如故初榮之將討葛榮也軍次襄垣遂令軍士列圍大獵有雙兎起於馬前榮乃躍馬彎弓而誓之曰中之則擒葛榮不中則否既而並應弦而殪三軍咸悅及破賊之後卽命立碑於其所號雙兎碑榮將戰之夜夢一人從葛榮索千牛刀而葛榮初不肯與此人自稱我是道武皇帝汝何敢違葛榮乃奉刀此人手持授榮旣寤而喜自知必勝又詔曰我皇魏道契神元德光靈範源先二象化穆三才三曆與日月惟休金鼎共乾坤俱永而正光之末皇運時屯百揆咸亂九宮失敘朝野撫膺士女嗟怨遂使四海土崩九區瓦解逆賊杜周虔劉燕代妖寇葛榮假噬魏趙常山易水戎鼓夜驚冰井叢臺胡塵晝合朔南久已丘墟河北殆成灰燼宗廟懷匪安之慮社稷急不測之憂

大丞相太原王榮道鏡域中德光區外神昭藏往思實知來義踵先勳忠資曩烈遂能大建義謀收集忠勇熊羆競逐虎豹爭先軒翥南溟搏風北極氣震林原勢動山岳弔民伐罪殲此鯨鯢戮卒多於長平積器高於熊耳秦晉聞聲而喪膽齊莒側聽而讋息中興之業是乎再隆太平之基茲焉更始雖復伊霍宣翼之功桓文崇贊之道何足以髣髴鴻蹤比勳盛烈道格普天仁沾率土振古以來未有其比若不廣錫山河大開土宇何以表大義之崇高標盛德之廣遠可以冀州之長樂相州之南趙定州之博陵滄州之浮陽平州之遼西燕州之上谷幽州之漁陽等七郡各萬戶通前滿十萬戶爲太原國邑又進位太師餘如故建義初北海王元顥南奔蕭衍衍乃立爲魏主資以兵將時邢杲寇亂三齊與顥應接朝廷以顥孤弱不以爲慮永安三年春詔大將軍元穆先平齊地然後回師征顥顥以大軍未還乘虛徑進既陷梁國鼓行而西滎陽虎牢並皆不守五月車駕出幸河北事出不虞天下改望榮聞之即時馳傳朝行宮於上黨之長子行其部分輿駕於是南轅榮爲前驅旬日之間兵馬大集資糧器仗

繼踵而至天穆既平邢杲亦渡河以會車駕顥都督宗正珍孫河內太守元襲固守不降榮攻而剋之斬珍孫元襲以徇帝幸河內城榮與顥相持於河上顥令都督安豐王延明緣河據守榮既未有舟船不得卽渡議欲還北更圖後舉黃門郎楊侃高道穆等並謂大軍若還失天下之望固執以爲不可語在侃等傳屬馬渚諸楊云有小船數艘求爲鄉導榮乃令都督介朱兆等率精騎夜濟登岸奮擊顥子領軍將軍冠受率馬步五千拒戰兆大破之臨陳擒冠受延明聞冠受見擒遂自逃散顥便率麾下南奔事在其傳車駕渡河入居華林園詔曰周武奉時藉十亂以纂曆漢祖先天資三傑以除暴理民濟治斯道未爽使持節柱國大將軍大丞相太原王榮蘊伏風煙抱含日月總奇正以成術兼文武而爲資昔處亂朝韜光戢翼秣馬冀北厲兵晉陽佇龍顏而振腕想日角以歎息忠勇奮發虎士如林義功始立所向風靡故能芟夷羣惡振此頽綱俾朕寡昧獲承鴻緒雖大位克正而衆盜未息葛榮跋扈仍亂中原建旗伐罪授首殲馘元顥凶頑構成巨釁阻弄吳楚虧汙宗社朕徙御北徂劬勞鞍甲王聞難

星奔一舉大定下洽民和上匡王室鴻勳巨績書契所未紀㱃至策勳事絶於
比況非常之功必有非常之賞可天柱大將軍此官雖訪古無聞今員未有太
祖已前增置此號式遵典故用錫殊禮又宜開土宇可增封十萬通前二十萬
加前後部羽葆鼓吹餘如故榮尋還晉陽先是葛榮枝黨韓婁仍據幽平二州
榮遣都督侯淵討斬之時賊帥万俟醜奴蕭寶夤擁衆豳涇兇勢日盛榮遣其
從子天光爲雍州刺史令率都督賀拔岳侯莫陳悅等總衆入關討之天光既
至雍州以衆少不敵逡巡未集榮大怒遣其騎兵參軍劉貴馳驛詣軍加天光
杖罰天光等大懼乃進討連破之擒醜奴寶夤並檻車送闕天光又擒王慶雲
万俟道樂關西悉平於是天下大難便以盡矣榮性好獵不舍寒暑至於列圍
而進必須齊一雖遇阻險不得回避虎豹逸圍者坐死其下甚苦之太宰元天
穆從容謂榮曰大王勳濟天下四方無事惟宜調政養民順時蒐狩何必盛夏
馳逐傷犯和氣榮便攘肘謂天穆曰太后女主不能自正推奉天子者此是人
臣常節葛榮之徒本是奴才乘時作亂妄自署假譬如奴走擒獲便休頃來受

國大寵未能開拓境土混一海內何宜今日便言勳也如聞朝士猶自寬縱今秋欲共兄戒勒士馬校獵嵩原令貪污朝貴入圍搏虎仍出魯陽歷三荊悉擁生蠻北填六鎮回軍之際因平汾胡明年簡練精騎分出江淮蕭衍若降乞萬戶侯如其不降徑渡數千騎便往縛取待六合寧一八表無塵然後共兄奉天子巡四方觀風俗布政教如此乃可稱勳耳今若止獵兵士懈怠安可復用也榮身雖居外恆遙制朝廷廣布親戚列爲左右伺察動靜大小必知或有僥倖求官者皆詣榮承候得其啓請無不遂之曾關補定州曲陽縣令吏部尚書李神儁以階懸不奉別更擬人榮聞大怒卽遣其所補者往奪其任榮使入京雖復微蔑朝貴見之莫不傾靡及至闕下未得通奏恃榮威勢至乃忿怒榮曾啓北人爲河南諸州莊帝未許天穆入見面啓曰天柱旣有大功若請普代天下官屬恐陛下亦不得違之如何啓數人爲州便停不用帝正色曰天柱若不爲人臣朕亦須代如其猶存臣節無代天下百官理此事復何足論榮聞所啓不允大爲恚恨曰天子由誰得立今乃不用我語莊帝外迫於榮恆怏怏不悅兼

懲榮河陰之事恐終難保又城陽王徽侍中李彧等欲擅威權懼榮害之復相閒構日月滋甚於是莊帝密有圖榮之意三年九月榮啓將入朝朝士慮其有變莊帝又畏惡之榮從弟世隆與榮書勸其不來榮妻北鄉郡長公主亦勸不行榮並不從帝既圖榮榮至入見即欲害之以天穆在并恐為後患故隱忍未發榮之入洛有人告榮云帝欲圖之榮即具奏帝曰外人告云亦言王欲害我我豈信之於是榮不自疑每入謁帝從人不過數十又皆挺身不持兵仗及天穆至帝伏兵於明光殿東廊引榮及榮長子菩提天穆等俱入坐定光祿少卿魯安典御李侃晞等抽刀而至榮窘迫起投御坐帝先橫刀膝下遂手刃之安等亂斫榮與天穆菩提同時俱死榮時年三十八於是內外喜叫聲滿京城既而大赦前廢帝初世隆等得志乃詔曰故使持節侍中都督河北諸軍事天柱大將軍大丞相太師領左右兼錄尚書北道大行臺太原王榮功濟區夏誠貫幽明天不慭遺奄從物化追終褒績列代通謨紀德銘勳前王令範可贈假黃鉞相國錄尚書事司州牧使持節侍中將軍王如故又詔曰故假黃鉞持節侍

中相國錄尚書都督中外諸軍事天柱大將軍司州牧太原王榮惟岳降靈應
期作輔功侔伊霍德契桓文方籍棟梁永康國命道長運短震悼兼深前已褒
贈用彰厥美然禮數弗窮文物有闕遠近之望猶或未盡宜循舊典更加殊錫
可追號爲晉王加九錫給九旒鑾輅虎賁班劒三百人轀輬車準晉太宰安平
獻王故事諡曰武詔曰武泰之末乾樞中圮丕基寶命有若綴旒晉王榮固天
所縱世秉忠誠一匡邦國再造區夏俾我頹綱於斯復振雖勳銘王府德被管
絃而從祀之禮於兹尚闕非所以酬懋賞於當時騰殊績於不朽宜遵舊典配
享高祖廟庭
菩提肅宗末拜羽林監尋轉直閤將軍孝莊初以榮翼戴之勳超授散騎常侍
平北將軍中書令轉太常卿遷驃騎大將軍開府儀同三司加侍中特進死時
年十四前廢帝初贈侍中驃騎大將軍司徒公冀州刺史諡曰惠
菩提弟义羅孝莊初除散騎常侍武衛將軍初襲爵梁郡公又進爵爲王尋卒
贈侍中車騎將軍司空公雍州刺史

乂羅弟文殊建義初封平昌郡開國公進爵爲王孝靜初轉襲榮爵太原王薨於晉陽時年九歲

文殊弟文暢初封昌樂郡開國公食邑二千戶以榮破葛賊之勳進爵爲王增邑千戶超授散騎常侍撫軍將軍後除肆州刺史仍本將軍加開府儀同三司武定三年春坐與前東郡太守任曹等謀反伏誅時年十八

文暢弟文略襲爵梁郡王武定末撫軍將軍光祿大夫

史臣曰太祖撫運乘時奄開王業世祖以武功一海內高祖以文德革天下世宗之後政道頗虧及明皇幼沖女主南面始則于忠專恣繼以元乂權重握賞罰之柄擅生殺之威榮悴在親疏貴賤由離合附會者結之以子女進趨者要之以金帛且佞諛用事功勤不賞居官肆其聚斂乘勢極其陵暴於是四海囂然已有羣飛之漸矣逮於靈后反政宣淫於朝鄭儼手運天機口吐王制李軌徐紇刺促以求先元略元徽喔咿以競入私利畢舉公道盡亡遐邇怨憤天下鼎沸傾覆之徵於此至矣尒朱榮緣將帥之列藉部衆之用屬肅宗暴崩民怨

神怒遂有匡頹拯敝之志援主逐惡之圖蓋天啓之也於是上下離心文武解體咸企忠義之聲俱聽桓文之舉勞不汗馬朝野靡然扶翼懿親宗祏有主祀魏配天不殞舊物及夫擒葛榮誅元顥戮邢杲翦韓婁醜奴寶夤咸梟馬市此諸魁者或據象魏或僭號令人謂秉皇符身各謀帝業非徒鼠竊狗盜一城一聚而已苟非榮之致力剋夷大難則不知幾人稱帝幾人稱王也然則榮之功烈亦已茂乎而始則希覬非望睥睨宸極終乃靈后少帝沉流不反河陰之下衣冠塗地此其所以得罪人神而終於夷戮也向使榮無姦忍之失修德義之風則彭韋伊霍夫何足數至於末迹見猜地逼貽斃斯則蒯通致說於韓王也

魏書卷七十四

魏書卷七十四考證

尒朱榮傳三曆與日月惟休金鼎共乾坤俱永〇三應作玉干寶搜神記虞舜耕于歷山得玉歷于河際之巖舜知天命在己體道不倦

魏書卷七十四考證

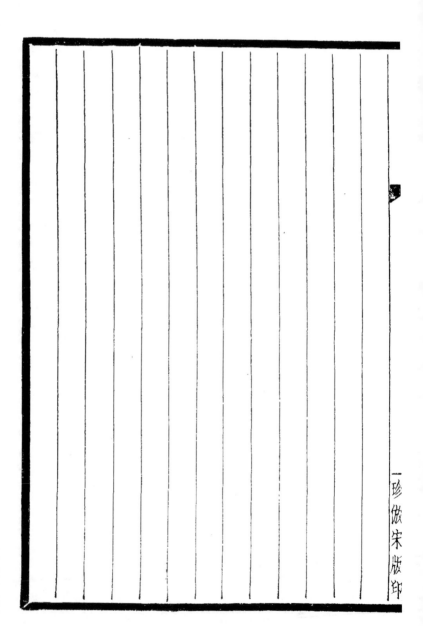

魏書卷七十五

齊　魏　收　撰

列傳第六十三

尒朱兆　尒朱彥伯　尒朱度律　尒朱天光

尒朱兆，字萬仁，榮從子也。少驍猛，善騎射，手格猛獸，蹻捷過人。數從榮遊獵，至於窮巖絕澗人所不能升降者，兆先之。榮以此特加賞愛，任爲爪牙。榮曾送臺使，見二鹿，乃命兆前，止授二箭，曰：「可取此鹿，供今食也。」遂停馬構火以待之。俄然兆獲其一。榮欲矜夸使人，責兆曰：「何不盡取？」杖之五十。後以軍功除平遠將軍、步兵校尉。榮之入洛，兆兼前鋒都督。及孝莊卽阼，特除中軍將軍、金紫光祿大夫，又假驍騎將軍，建興太守。尋除使持節、車騎將軍、武衛將軍、左光祿大夫、都督，潁川郡開國公，食邑千二百戶。後從上黨王天穆討平邢杲，及元顥之屯於河橋，榮遣兆與賀拔勝等自馬渚西夜渡數百騎，襲擊顥子冠受，擒之。又進破安豐王延明，顥於是退走。莊帝還宮，論功除散騎常侍、車騎大將軍、儀同三司增邑八百戶爲汾州刺史復增邑一千戶尋加侍中驃騎大將軍又增邑五百戶及尒朱榮死也兆自汾州率騎據晉陽元曄立授兆大將軍爵爲王兆與世隆等定謀攻洛兆遂率衆南出進達太行大都督源子恭下都督史仵龍開壘降兆子恭退走兆輕兵倍道從河梁西涉渡掩襲京邑先是河邊人夢神謂己曰尒朱家欲渡河用爾作灅波津令爲之縮水脈月餘夢者死及兆至有行人自言知水淺處以草往往表插而導道焉忽失其所在兆遂策馬涉渡是日暴風鼓怒黃塵漲天騎叩宮門宿衛乃覺彎弓欲射袍撥弦矢不得發一時散走帝步出雲龍門外爲兆騎所縶幽於永寧佛寺兆撲殺皇子汙辱妃嬪縱兵虜掠停洛旬餘先令衞送莊帝於晉陽兆後於河梁監閱財貨遂害帝於五級寺初兆將向洛也遣使招齊獻武王欲與同舉王時爲晉州刺史謂長史孫騰曰臣而伐君其逆已甚我今不往彼必致恨卿可往申吾意但云山蜀未平今方攻討不可委之而去致有後憂定蜀之日當隔河爲掎角之勢如此報之以觀其趣騰乃詣兆及之於并州大谷具申王言兆殊不悅且曰還白高兄弟有

吉夢今段之行必有克獲騰問王夢如何兆答曰吾比夢吾亡父登一高堆堆旁之地悉皆耕熟唯有馬藺草株往往猶在吾父問言何故不拔左右云堅不可去吾父顧我令下拔之吾手所至無不盡出以此而言往必有利騰還具報王曰兆等猖狂舉兵犯上吾今不同猜忌成矣勢不可反事尒朱今也南行天子列兵河上兆進不能渡退不得還吾乘山東下出其不意此徒可以一舉而擒俄而兆克京師孝莊幽縶都督尉景從兆南行以書報王王得書大驚召騰示之曰卿可馳驛詣兆示以謁賀密觀天子今在何處爲隨兆軍府爲別送晉陽脫其送并卿宜馳報吾當於路邀迎唱大義於天下騰晨夜驅馳已遇帝於中路王時率騎東轉聞帝已渡於是西還仍與兆書陳其禍福不宜害天子受惡名兆怒不納帝遂暴崩初榮既死莊帝詔河西人紇豆陵步蕃等令襲秀容兆入洛後步蕃兵勢甚盛南逼晉陽兆所以不暇留洛回師禦之兆雖驍果本無策略頻爲步蕃所敗於是部勒士馬謀出山東令人頻徵獻武王於晉州乃分三州六鎮之人令王統領既分兵別營乃引兵南出以避步蕃之銳步蕃至

於樂平郡王與兆還討破之斬步蕃於秀容之石鼓山其衆退走兆將數十騎詣王通夜宴飲後還營招王王知兆難信未能顯示將欲詣之臨上馬長史孫騰牽衣而止兆乃隔水責罵騰等於是各去王還自襄垣東出兆歸晉陽及前廢帝立授兆使持節侍中都督中外諸軍事柱國大將軍領軍將軍領左右并州刺史兼錄尚書事大行臺又以兆爲天柱大將軍兆謂人曰此是叔父終官我何敢受遂固辭不拜尋加都督十州諸軍事世襲并州刺史齊獻武王之剋殷州也兆與仲遠度律約共討之仲遠度律次於陽平北出井陘屯於廣阿衆號十萬王廣縱反閒或云世隆兄弟謀欲害兆復言兆與王同圖仲遠等於是兩不相信各致猜疑徘徊不進仲遠等頻使斛斯椿賀拔勝往喻之兆輕騎三百來就仲遠同坐幕下兆性麤獷意色不平手舞馬鞭長嘯凝望深疑仲遠等有變遂趨出馳還仲遠遣椿勝等追而曉譬兆遂拘縛將還經日放遣仲遠等於是奔退王乃進擊兆兆軍大敗兆與仲遠度律遂相疑阻久而不和世隆請前廢帝納兆女爲后兆乃大喜世隆厚禮喻兆赴洛深示卑下隨其所爲無敢

違者兆與天光度律更自信約然後大會於韓陵山戰敗復奔晉陽遂大掠并州城內獻武王自鄴進討之兆遂走於秀容王又追擊度赤洪嶺破之衆並降散兆竄於窮山殺所乘馬自縊於樹王收而葬之兆果於戰鬭每有征伐常居鋒首當時諸將伏其材力而麤獷少智無將領之能榮雖奇其膽決然每云兆不過將三千騎多則亂矣

兆弟智虎前廢帝封爲安定王驃騎大將軍肆州刺史開府儀同三司與兆俱走獻武王擒之於梁郡岢嵐南山赦之後死於晉陽

尒朱彥伯榮從弟也祖侯真高祖時并安二州刺史始昌侯父買珍世宗時武衞將軍出爲華州刺史彥伯性和厚釋褐奉朝請累遷奉車都尉爲榮府長史元曄立以爲侍中前廢帝潛默龍花佛寺彥伯敦喻往來尤有勤款廢帝既立尒朱兆以己不預謀大爲忿恚將攻世隆詔令華山王鷙兼尚書僕射北道大使慰喻兆兆猶不釋世隆復遣彥伯自往喻之兆乃止及還帝讌彥伯於顯陽殿時侍中源子恭黃門郎竇瑗並侍坐彥伯曰源侍中比爲都督與臣相持於

河內當爾之時旗鼓相望眇如天隔寧期同事陛下今日之歡也子恭曰蒯通有言犬吠非其主他日之事永安猶今日之事陛下耳帝曰源侍中可謂有射鉤之心也遂令二人極醉而罷尋除使持節驃騎大將軍右光祿大夫馬埸大都督封博陵郡開國公後進爵為王又遷司徒于時炎旱有勸彥伯解司徒者乃上表遜位詔許之俄除儀同三司侍中彥伯於兄弟之中差無過患天光等敗於韓陵彥伯欲領兵屯河橋以為聲勢世隆不從及張歡等掩襲世隆彥伯時在禁直從長孫稚等於神虎門啓陳齊獻武王義功既振將除尒朱廢帝令舍人郭崇報彥伯知彥伯狼狽出走為人所執尋與世隆同斬於閶闔門外懸首於斛斯椿門樹傳首於齊獻武王先是洛中謠曰三月末四月初揚灰簸土覓真珠又曰頭去項脚根齊驅上樹不須梯至是並驗

彥伯弟仲遠頗知書計肅宗末年尒朱榮兵威稍盛諸有啓謁率多見從而仲遠摹寫榮書又刻榮印與尚書令史通為姦詐造榮啓表請人為官大得財貨以資酒色落魄無行及孝莊即阼除直寢寧遠將軍步兵校尉尋特除平北將

軍建興太守頓丘縣開國侯邑五百戶後加散騎常侍及改郡立州遷使持節車騎將軍建州刺史加侍中進爵爲公增邑五百戶尋改封淸河郡又加車騎大將軍左光祿大夫轉使持節本將軍徐州刺史兼尚書左僕射三徐州大行臺尋進督三徐州諸軍事餘如故仲遠上言曰將統參佐人數不足事須在道更僕以充其員竊見比來行臺採募者皆得權立中正在軍定第斟酌授官今求兼置權濟軍要詔從之於是隨情補授肆意聚斂介朱榮死仲遠勒衆來向京師攻陷西兗州將逼東郡莊帝詔諸督將絡繹進討並爲仲遠所敗又詔都督鄭先護及右衞將軍賀拔勝共討之勝戰不利仍降仲遠尋介朱兆入洛先護衆散而走前廢帝立除使持節侍中都督三徐二兗諸軍事驃騎大將軍開府儀同三司徐州刺史東道大都督大行臺進爵彭城王尋加大將軍又兼尚書令竟不之州遂鎮於大梁仲遠遣使請準朝式在軍鳴騶帝覽啓笑而許之其肆情如此復進督東道諸軍本將軍兗州刺史餘如故仲遠天性貪暴大宗富族誣之以反殁其家口簿籍財物皆以入己丈夫死者投之河流如此者不

可勝數諸將婦有美色者莫不被其淫亂自滎陽以東輸稅悉入其軍不送京師時天光控關右仲遠在大梁兆據并州世隆居京邑各自專恣權彊莫比焉所在並以貪虐爲事於是四方解體又加太宰解大行臺仲遠專恣尤劇方之彥伯世隆最爲無禮東南牧守下至民俗比之豺狼特爲患苦後移屯東郡率衆與度律等拒齊獻武王尒朱兆領騎數千自晉陽來會軍次陽平王縱以間說仲遠等迭相猜疑狼狽遁走後與天光等於韓陵戰敗南走東郡仍奔蕭衍死於江南

仲遠弟世隆字榮宗肅宗末爲直齋轉直寢後兼直閤加前將軍尒朱榮表請入朝靈太后惡之令世隆詣晉陽慰喻榮榮因欲留之世隆曰朝廷疑兄故令世隆來今若遂住便有內備非計之善者榮乃遣之榮舉兵南出世隆遂遁走會榮於上黨建義初除給事黃門侍郎莊帝即位乃特除侍中領軍將軍左衛將軍領左右肆州大中正封樂平郡開國公食邑一千二百戶又除車騎將軍兼領軍俄授左光祿大夫兼尚書右僕射尋即真元顥逼大梁詔假儀同三司

前軍都督鎮虎牢世隆不關世事無將帥之略顥既剋滎陽擒行臺陽回世隆懼而遁還莊帝倉卒北巡世隆之罪也駕在河內假驃騎大將軍行臺右僕射都督相州諸軍事相州刺史當州都督及車駕還宮除驃騎大將軍尚書左僕射攝選左右廂出入又以停年格取士頗爲猥滯所稱又請解侍中詔加散騎常侍莊帝之將圖尒朱榮也或有牓世隆門以陳其狀者世隆封以呈榮勸其不入榮自恃威彊不以爲意遂手毀密書唾地曰世隆無膽誰敢生心及榮死世隆奉榮妻燒西陽門率衆夜走北攻河橋殺武衛將軍奚毅率衆還戰大夏門外朝野震懼憂在不測莊帝遣前華陽太守段育慰喻世隆斬之以徇會李苗燒絕河梁世隆乃北遁建州刺史陸希質閉城拒守世隆攻剋之盡殺城人以肆其忿及至長子與度律等共推長廣王曄爲主曄以世隆爲開府儀同三司尚書令樂平郡王加太傅行司州牧增邑五千戶先赴京師會兆於河陽兆既平京邑自以爲功讓世隆曰叔父在朝多時耳目應廣如何不知不聞令天柱受禍按劍瞋目聲色甚厲世隆遜辭拜謝然後得已世隆深恨之時仲遠亦

自滑臺入京世隆與兄弟密謀以元曄疎遠欲推立前廢帝而尒朱度律意在寶炬乃曰廣陵不言何以主天下世隆兄彥伯密相敦喻乃與度律同往龍花佛寺觀之後知能語遂行廢立初世隆之爲僕射自憂不了乃取尚書文簿在家省閱性聰解積十餘日然後視事又畏尒朱榮威深自克勉留心几案傍接賓客遂有解了之名榮死之後無所顧憚及爲尚書令常使尚書郎宋遊道邢昕在其宅聽視事東西別坐受納訴訟稱命施行其專恣如此既總朝政生殺自由公行淫佚無復畏避信任羣小隨其與奪又欲收軍人之意加汎除授皆以將軍而兼散職督將兵吏無虛號者自此五等大夫遂致猥濫又無員限天下賤之武定中齊文襄奏皆罷於是始革其弊世隆兄弟羣從各擁彊兵割剝四海極其暴虐姦謟蛆酷多見信用溫良名士罕預腹心於是天下之人莫不厭毒世隆尋讓太傅改授太保又固辭前廢帝特置儀同三師之官次上公之下以世隆爲之贈其父買珍使持節侍中相國錄尚書事都督定相青齊濟五州諸軍事大司馬定州刺史及齊獻武王起義兵仲遠度律等愚戇恃彊不以

爲慮而世隆獨深憂恐及天光戰敗世隆請出收兵前廢帝不許世隆令其外兵參軍陽叔淵單騎馳赴北中簡閱敗衆以次內之而斛斯椿未得入城詭說叔淵曰天光部下皆是西人聞其欲掠京邑遷都長安宜先內我以爲其備叔淵信而內之椿既至橋盡殺世隆黨附令行臺長孫稚詣闕奏狀別使都督賈智張勸率騎掩執世隆與兄彥伯俱斬之時年三十三初世隆曾與吏部尚書元世儁握槊忽聞局上欻然有聲一局之子盡皆倒立世隆甚惡之世隆又曾晝寢其妻奚氏忽見有一人持世隆首去奚氏驚怖就視而世隆寢如故也既覺謂妻曰向夢人斷我頭去意殊不適又此年正月晦日令僕並不上省西門不開忽有河內太守田怗家奴告省門亭長云今且爲令王借車牛一乘終日於洛濱遊觀至晚王還省將軍出東掖門始覺車上無褥請爲記識時世隆封王故呼爲令王亭長以令僕不上西門不開無車入省兼無車跡此奴固陳不已公文列訴尚書都令史謝遠疑謂妄有假借白世隆付曹推檢時都官郎穆子容窮究之奴言初來時至司空府西欲向省令王嫌遲遣二防閤捉儀刀催

車車入到省西門王嫌牛小繫於闕下槐樹更將一青牛駕車令王著白紗高頂帽短黑色儐從皆裙襦袴褶握板不似常時章服遂遣一吏將奴送入省中廳事東閣內東廂第一屋中其屋先常閉籥子容以西門不開忽言從入此屋常閉奴言在中詰其虛罔奴云此屋若閉求得開看屋中有一板牀牀上無席大有塵土兼有一甕米奴拂牀而坐兼畫地戲弄甕中之米亦握看之定其閉者應無事驗子容與謝遠自入看之戶閉極久全無開跡及入拂牀畫地蹤緒歷然米亦符同方知不謬具以此對世隆悵然意以爲惡未幾見誅

世隆弟世承莊帝初爲寧朔將軍步兵校尉欒城縣開國伯又特除撫軍將軍金紫光祿大夫左衞將軍尋加侍中領御史中尉世承人才猥劣備員而已及元顥內逼詔世承守轘轅世隆棄虎牢不暇追告尋爲元顥所擒臠殺之莊帝還宮贈使持節都督冀州諸軍事驃騎大將軍司徒冀州刺史追封趙郡公

世承弟弼字輔伯前廢帝初爲散騎常侍左衞將軍封朝陽縣開國伯又除車騎將軍左光祿大夫領左右改封河間郡公尋爲驃騎大將軍開府儀同三司

青州刺史天光等之赴韓陵也世隆以其府長史房謨兼尚書爲齊州行臺召募士馬以趣四瀆䴉弼總東陽之衆亦赴亂城揚聲北渡以爲掎角之勢及天光等敗弼乃還州世隆既擒弼欲奔蕭衍數與左右割臂爲約弼帳下都督馮紹隆爲弼信待乃說弼曰今方同契闊須更約盟宜可當心瀝血示衆以信弼乃從之遂大集部下弼乃踞胡牀令紹隆持刀披心紹隆因推刃殺之傳首京師

尒朱度律榮從父弟也鄙朴少言爲統軍從榮征伐莊帝初除安西將軍光祿大夫封樂鄉縣開國伯尋轉安北將軍朔州刺史復除軍州刺史後加散騎常侍右衞將軍又除衞將軍左光祿大夫兼京畿大都督榮死與世隆赴晉陽元曄之立以度律爲太尉公四面大都督封常山王與尒朱兆入洛兆還晉陽留度律鎭京師前廢帝時爲使持節侍中大將軍太尉兼尚書令東北道大行臺與仲遠出拒義旗齊獻武王間之與尒朱兆遂相疑貳自敗而還度律雖在軍戎聚斂無厭所至之處爲百姓患毒其母山氏聞度律敗遂恚憤而發病及度

律至毋責之曰汝旣荷國恩無狀反叛我何忍見他屠戮汝也言終而卒時人怪異之後解大行臺總隸長孫稚戰於韓陵敗還斛斯椿先據河梁度律欲攻之會大雨晝夜不止士馬疲頓弓矢不得施用遂西走於灅波津爲人擒執椿因之送於齊獻武王王送於洛斬之都市

尒朱天光榮從祖兄子少勇決善弓馬榮親愛之每有軍戎事要常預謀策孝昌末榮將擁衆南轉與天光密議旣據幷肆仍以天光爲都將總統肆州兵馬肅宗崩榮向京師以天光攝行肆州委以後事建義初特除撫軍將軍肆州刺史長安縣開國公食邑一千戶榮將討葛榮留天光在州鎭其根本謂之曰我身不得至處非汝無以稱我心永安中加侍中金紫光祿大夫北秀容第一酋長尋轉衞將軍大將軍元天穆東征邢杲詔天光以本官爲使持節假鎭東將軍都督隸天穆討破之元顥入洛天光與天穆會榮於河內榮發之後幷肆不安詔天光以本官兼尙書僕射爲幷肆雲恆朔燕蔚顯汾九州行臺仍行幷州委以安靜之天光至幷州部分約勒所在寧輯顥破尋還京師遷驃騎將軍加

散騎常侍改封廣宗郡公增邑一千戶仍爲左衞將軍建義元年夏万俟醜奴僭大號朝廷憂之乃除天光使持節都督雍岐二州諸軍事驃騎大將軍雍州刺史率大都督武衞將軍賀拔岳大都督侯莫陳悅等以討醜奴天光初行唯配軍士千人詔發京城已西路次民馬以給之時東雍赤水蜀賊斷路詔侍中楊侃先行曉慰并徵其馬侃雖入慰勞而蜀持疑不下天光遂入關擊破之簡取壯健以充軍士悉收其馬至雍又稅民馬合得萬餘匹以軍人寡少停留未進榮遣責之杖天光一百榮復遣軍士二千人以赴天光令賀拔岳率千騎先驅至岐州界長城西與醜奴行臺尉遲菩薩相遇遂破擒之獲騎士三千步卒萬餘醜奴棄岐州走還安定置柵於平亭天光發雍至岐與岳合勢於汧渭之間停軍牧馬宣言遠近曰今時將熱非可征討待至秋涼別量進止醜奴每遣窺覘有執送者天光寬而問之仍便放遣免者傳其待秋之言醜奴謂以爲實分遣諸軍散營農稼在岐州之北百里涇川使其太尉侯伏侯元進領兵五千據險立柵且耕且守在其左右千人已下爲一柵者乃復數處天光知其勢分

遂密嚴備晡時潛遣輕騎先行斷路以防賊知於後諸軍盡發昧旦攻圍元進大柵拔之諸所俘執並皆放散須臾之間左右諸柵悉來歸款前去涇州百八十里通夜徑進後日至城賊涇州刺史侯幾長貴疑仍以城降醜奴棄平亭而走欲趨高平天光遣岳輕騎急追明日及醜奴於平涼長平坑一戰擒之天光明便共逼高平城內執送蕭寶夤而降賊行臺万俟道洛率衆六千人入山不下時高平大旱天光以馬乏草乃退於城東五十許里息衆牧馬於是涇豳二夏北至靈州賊黨結聚之類並來歸降天光遣都督長孫邪利率二百人行原州事以鎮之道洛招誘城人來掩襲殺邪利幷其所部天光與岳悅等馳赴之道洛出城拒戰暫交便退追殺千餘人道洛還走入山城復降附天光遣慰喻道洛不從乃率衆西依牽屯山據險自守榮責天光失邪利不獲道洛復遣使杖之一百詔降爲散騎常侍撫軍將軍雍州刺史削爵爲侯天光與岳悅等復向牽屯討之天光身討道洛道洛戰敗率數千騎而走追之不及遂得入隴投略陽賊帥王慶雲慶雲以道洛驍果絕倫得之甚喜便謂大事可圖乃自稱皇

帝以道洛爲大將軍天光欲討之而莊帝頻勑榮復有書以隴中險遼兼天盛暑令待冬月而天光知其可制乃率諸軍入隴至慶雲所居永洛城慶雲道洛出城拒戰天光復射中道洛臂失弓還走破其東城賊遂併趨西城城中無水衆聚熱渴有人走降言慶雲道洛欲突出死戰天光恐失賊帥爐爨未已乃遣謂慶雲曰力屈如此可以早降若未敢決當聽諸人今夜共議明晨早報而慶雲等冀得小緩待夜突出報天光云請待明日天光因謂曰相知須水今爲小退任取河飲賊衆安悅無復走心天光密使軍人多作木槍各長七尺至黃昏時布立人馬爲防衞之勢周匝立槍要路加厚又伏人槍中備其衝突兼令密縛長梯於城北其夜慶雲道洛果便突出馳馬先進不覺至槍馬各傷倒伏兵便起同時擒獲餘衆皆出城南遇槍而止城北軍士登梯上城賊徒路窮乞降至明盡收其仗天光岳悅等議悉坑之死者萬七千人分其家口於是三秦河渭瓜涼鄯善咸來款順天光頻軍略陽詔復天光前官爵尋加侍中儀同三司增邑至三千戸秦州城民謀殺刺史駱超超覺走歸天光天光復與岳悅等討

平之南秦滑城人謀害刺史辛琛顯琛顯走赴天光天光遣帥臨之往皆剋定
初賊帥夏州人宿勤明達降天光於平涼後復北走收聚部類謀爲逆攻降人
叱干麒麟欲幷其衆麒麟請救於天光天光遣岳討之未至明達走於東夏岳
聞榮死故不追之仍還涇州以待天光天光亦下隴與岳圖入洛之策進至雍
州比破叛已疑詔遣侍中朱瑞詣天光慰喻天光與岳謀欲令帝外奔別更推
立乃頻啓云臣實無異心惟仰奉天顏以申宗門之罪又其下寮屬啓云天光
密有異圖願思勝算以防微意既而莊帝進天光爵爲廣宗王元曄又以爲隴
西王及聞尒朱兆已入京師天光乃輕騎向都見世隆等尋便還雍世隆等議
廢元曄更舉親賢遣使告天光天光與定策立前廢帝加開府儀同三司兼尚
書令關西大行臺天光出夏州遣將討宿勤明達擒之送洛時費也頭帥紇豆
陵伊利万俟受洛干等據有河西未有所附天光以齊獻武王起兵信都內懷
憂恐不復北事伊利等但微遣備之而已又除大司馬於時獻武王義軍轉盛
尒朱兆仲遠等既經敗退世隆累使徵天光天光不從後令斛斯椿苦要天光

云非王無以能定豈可坐看宗家之滅也天光不得已而東下與仲遠等敗於韓陵斛斯椿等先還於河梁拒之天光旣不得渡西北走遇雨不可前進乃執獲之與度律送於獻武王王致於洛斬於都市年三十七尒朱專恣分裂天下各據一方天光有定關西之功差不酷暴比之兆與仲遠爲不同矣

史臣曰尒朱兆之在晉陽天光之據隴右仲遠鎭捍東南世隆專秉朝政于時立君廢主易於弈棋慶賞威刑咸出於己若使布德行義憂公忘私脣齒相依同心協力則磐石之固未可圖也然是庸才志識無遠所爭唯權勢所好唯財色譬諸溪壑有甚豺狼天下失望人懷怨憤遂令勍敵得容覘間心腹內阻形影外合是以廣阿之役葉落冰離韓陵之戰土崩瓦解一旦殄滅豈不哀哉傳稱師克在和詩云貪人敗類貪而不和難以濟矣

魏書卷七十五

珍倣宋版印

魏書卷七十五考證

尒朱天光傳天光有定關西之功差不酷暴○臣人龍按本傳載天光坑萬七千人又云差不酷暴其謬戾如此

魏書卷七十五考證

魏書卷七十六

齊　魏收　撰

列傳第六十四

盧同　張烈

盧同字叔倫范陽涿人盧玄之族孫父輔字顯元本州別駕同身長八尺容貌魁偉善於處世太和中起家北海王詳國常侍稍遷司空祭酒昌黎太守尋爲營州長史仍帶郡入除河南尹丞遷太尉屬會豫州城民白早生反都督中山王英尚書邢巒等討之詔同爲軍司事平除冀州鎮東府長史遭父憂解任後除司空諮議參軍兼司馬爲營構東宮都將延昌中秦州民反詔同兼通直常侍持節慰諭之多所降下還轉尚書右丞進號輔國將軍以父諱不拜改授龍驤熙平初轉左丞加征虜將軍時相州刺史奚康生徵民歲調皆七八十尺以邀奉公之譽部內患之同於歲祿官給長絹同乃舉按康生度外徵調書奏詔科康生之罪兼褒同在公之績肅宗世朝政稍衰人多竊冒軍功同閱吏部勳

書因加檢覆叢得竊階者三百餘人同乃表言竊見吏部勳簿多皆改換乃校中兵奏按並復乖舛臣聊爾揀練已得三百餘人明知隱而未露者動有千數愚謂罪雖恩免猶須刊定請遣一都令史與令僕省事各一人總集吏部中兵二局勳簿對勾奏按若名級相應者卽於黃素楷書大字具件階級數令本曹尚書以朱印印之明造兩通一關吏部一留兵局與奏按對掌進則防揩洗之僞退則無改易之理從前以來勳書上省唯列姓名不載本屬致令竊濫之徒輕爲苟且今請征職白民具列本州郡縣三長之所其實官正職者亦列名貫別錄歷階仰本軍印記其上然後印縫各上所司統將都督並皆印記然後列上行臺行臺關太尉太尉檢練精實乃始關刺省重究括然後奏申奏出之日黃素朱印關付吏部頃來非但偷階冒名改換勳簿而已或一階再取或易名受級凡如此者其人不少良由吏部無簿防塞失方何者吏部加階之後簿不注記緣此之故易生僥倖自今敘階之後名簿具注加補日月尚書印記然後付曹郎中別作抄自印記一如尚書郎中自掌遞代相付此制一行差止姦罔

詔從之同又奏曰臣頃奏以黃素爲勳具注官名戶屬及吏部換勳之法事目三條已蒙旨許臣伏思黃素勳簿政可麤止姦僞然在軍虛詐猶未可盡請自今在軍閱簿之日行臺軍司監軍都督各明立文按處處記之斬首成一階已上卽令給券一紙之上當中大書起行臺統軍位號勳人甲乙斬三賊及被傷成階已上亦具書於券各盡一行當行豎裂其券前後皆起年號日月破某處陳某官某勳印記爲驗一支付勳人一支付行臺記至京卽送門下別函守錄又自遷都以來戎車屢捷所以征勳轉多敘不可盡者良由歲久生姦積年長僞巧吏階緣偷增遂甚請自今爲始諸有勳簿已經奏賞者卽廣下遠近云某處勳判咸令知聞立格酬敘以三年爲斷其職人及出身限內悉令銓除實官及外號隨才加授庶使酬勤者速申立功者勸事不經久僥倖易息或遭窮難州無中正者不在此限又勳簿之法征還之日卽應申送頃來行臺督將至京始造或一年二歲方上勳書姦僞之原實自由此於今以後軍還之日便通勳簿不聽隔月詔復依行元乂之廢靈太后也相州刺史中山王熙起兵於鄴熙

敗以同爲持節兼黃門侍郎慰勞使乃就州刑熙還授平東將軍正黃門營明
堂副將尋加撫軍將軍光祿大夫本州大中正同善事在位爲乂所親戮熙之
日深窮黨與以希乂旨論者非之又給同羽林二十人以自防衛同兄琇少多
大言常云公侯可致至此始爲都水使者同啓求回身二階以加琇琇遂除安
州刺史論者稱之營州城民就德興謀反除同度支尚書黃門如故持節使營
州慰勞聽以便宜從事同頻遣使人皆爲賊害乃遣賊家口三十人幷免家奴
爲良齎書諭德與德與乃降安輯其民而還德與復反詔同以本將軍爲幽州
刺史兼尙書行臺慰勞之同慮德與難信勒衆而往爲德與所擊大敗而還靈
太后反政以同乂黨除名孝昌三年除左將軍太中大夫兼左丞爲齊兗二州
行臺節度大都督李叔仁闕莊帝踐祚詔復本秩除都官尙書復兼七兵以同
前慰勞德與之功封章武縣開國伯邑四百戶正除七兵尋轉殿中加征南將
軍普泰初除侍中進號驃騎將軍左光祿大夫同時久病彊牽從務啓乞儀同
初同之爲黃門也與前廢帝俱在門下同異其爲人素相款託廢帝以恩舊許

之除儀同三司餘官如故永熙初薨年五十六贈侍中都督冀滄瀛三州諸軍事驃騎大將軍司空公冀州刺史開國伯如故賜帛四百匹諡曰孝穆三年復加贈尚書右僕射有四子

長子斐武定中文襄王大將軍府掾

斐弟筠青州治中

同兄靜太常丞

靜子景裕在儒林傳

張烈字徽仙清河東武城人也高祖賜名曰烈仍以本名爲字焉高祖悕爲慕容儁尚書右僕射曾祖恂散騎常侍隨慕容德南渡因居齊郡之臨淄烈少孤貧涉獵經史有氣概時青州有崔徽伯房徽叔與烈並有令譽時人號曰三徽高祖時入官代都歷侍御主文中散遷洛除尚書儀曹郎彭城王功曹史太子步兵校尉蕭寶卷將陳顯達治兵漢南謀將入寇時順陽太守王青石世官江南荊州刺史廣陽王嘉慮其有異表請代之高祖詔侍臣各舉所知互有申薦

者高祖曰此郡今當必爭之地須得堪濟之才何容汎舉也太子步兵張烈每論軍國之事時有會人意處朕欲用之何如彭城王勰稱贊之遂勅除陵江將軍順陽太守烈到郡二日便爲寶卷將崔慧景攻圍七十餘日烈撫厲將士甚得軍人之和會車駕南討慧景遁走高祖親勞烈曰卿定可遂能不負所寄烈拜謝曰若不值鑾輿親駕臣將不免困於犬羊自是陛下不負臣非臣能不負陛下高祖善其對世宗即位追錄先勳封清河縣開國子邑二百戶尋以母老歸養積十餘年頻值凶儉烈爲粥以食飢人蒙濟者甚衆鄉黨以此稱之肅宗初除龍驤將軍司徒右長史又轉征虜將軍司空長史先是元乂父江陽王繼曾爲青州刺史及乂當權烈託故義之懷遂相諂附除前將軍給事黃門侍郎尋加平南將軍光祿大夫後靈太后反政以烈乂黨出爲鎮東將軍青州刺史于時議者以烈家產畜殖僮客甚多慮其怨望不宜出爲本州改授安北將軍瀛州刺史爲政清靜吏民安之吏滿還朝因辭老還鄉里兄弟同居怡怡然爲親類所慕元象元年卒於家時年七十七烈先爲家誡千餘言幷自敘志行及

所歷之官臨終勅子姪不聽求贈但勒家誡立碣而已其子質奉行焉
質博學多才藝解褐奉朝請員外郎龍驤將軍諫議大夫未襲爵與和中卒於
家
質弟登州主簿
烈弟僧晧字山客歷涉羣書工於談說有名於當世熙平初徵爲諫議大夫正
光五年以國子博士徵之孝昌二年徵爲散騎侍郎並不赴世號爲徵君焉好
營產業孜孜不已藏鏹巨萬他資亦稱是兄弟自供儉約車馬瘦敝身服布裳
而婢妾紈綺僧晧尤好蒱奕戲不擇人是以獲譏於世前廢帝時崔祖螭舉兵
攻東陽城僧晧與同事敗死於獄籍沒家產出帝初訴復業
子軌州主簿
史臣曰盧同質器洪厚卷舒兼濟張烈早摽名輩氣尚見知趨捨深沉俱至顯
達雅道正路其殆病諸

魏書卷七十六

魏書卷七十六考證

盧同傳父輔字顯元○元北史作光

張烈傳張烈字徽仙○仙北史作之

魏書卷七十六考證

珍倣宋版印

魏書卷七十七

齊　魏收　撰

列傳第六十五

宋飜　辛雄　羊深　楊機　高崇

宋飜字飛烏廣平列人人也吏部尚書弁族弟少有操尚世人以剛斷許之世宗初起家奉朝請本州治中廣平王郎中令尋拜河陰令飜弟道璵先爲冀州京兆王愉法曹行參軍愉反逼道璵爲官飜與弟世景俱囚廷尉道璵後棄愉歸罪京師猶坐身死飜世景除名久之拜飜治書侍御史洛陽令中散大夫相州大中正猶領治書又遷左將軍南兗州刺史時蕭衍遣將先據荆山規將寇竊屬壽春淪陷賊遂乘勢徑趨項城飜遣將成僧達潛軍討襲頻戰破之自是州境怗然孝莊時除司徒左長史撫軍將軍河南尹初飜爲河陰令順陽公主家奴爲刼攝而不送飜將兵圍主宅執主壻馮穆步驅向縣時正炎暑立之日中流汗霑地縣舊有大枷時人號曰彌尾青及飜爲縣主吏請焚之飜曰且置

南牆下以待豪家未幾有內監楊小駒詣縣請事辭色不遜命取尾青以鎮之
既免入訴於世宗世宗大怒勑河南尹推治其罪飜具自陳狀詔曰卿故違朝
法豈不欲作威以買名飜對造者非臣買名者亦宜非臣所以留者非敢施於
百姓欲待兇暴之徒如小駒者耳於是威振京師及爲洛陽迄於爲尹畏憚權
勢更相承接故當世之名大致減損永安三年卒於位贈侍中衞將軍相州刺
史出帝初重贈驃騎大將軍儀同三司尚書左僕射雍州刺史謚曰貞烈
子思遠卒於司空從事中郎
飜弟毓字道和敦篤有志行平西將軍太中大夫
子世軌齊文襄王大將軍府祭酒
毓弟世景在良吏傳
世景弟叔集亦有學行征東裴衍之討葛榮也表爲員外散騎侍郎引同戎役
及衍敗同時遇害
叔集弟道璵少而敏儁世宗初以才學被召與祕書丞孫惠蔚典校羣書考正

同異自太學博士轉京兆王愉法曹行參軍臨死作詩及挽歌詞寄之親朋以見怨痛道璵又曾贈著作佐郎張始均詩其末章云子深懷璧憂余有當門病道璵既不免難始均亦遇世禍時咸怪之無子兄毓以第三子子叔繼

辛雄字世賓隴西狄道人父暢字幼達大將軍諮議參軍汝南鄉郡二郡太守太和中本郡中正雄有孝性頗涉書史好刑名廉謹雅素不妄交友喜怒不形於色釋褐奉朝請父於郡遇患雄自免歸晨夜扶抱及父喪居憂殆不可識爲世所稱正始初除給事中十年不遷職乃以病免清河王懌爲司空辟戶曹參軍攝田曹事懌遷司徒仍隨授戶曹參軍並當煩劇諍訟塡委雄用心平直加以閑明政事經其斷割莫不悅服懌重之每謂人曰必也無訟乎辛雄其有焉由是名顯懌遷太尉又爲記室參軍神龜中除尚書駕部郎中轉三公郎其年沙汰郎官唯雄與羊深等八人見留餘悉罷遣更授李琰等先是御史中尉東平王元匡復欲輿棺諫諍尚書令任城王澄劾匡大不敬詔恕死爲民雄奏理匡曰竊惟白衣元匡歷奉三朝每蒙寵遇謇諤之性簡自帝心鷹鸇之志形於

在昔故高祖錫之以匡名陛下任之以彈糾至若茹皓升輦匡斥宜下之言高肇當政匡陳擅權之表剛毅忠款羣臣莫及骨鯁之跡朝野共知當高肇之時匡造棺致諫主聖臣直卒以無咎假欲重造先帝已容之於前陛下亦宜寬之於後況其元列由緒與罪按不同也脫終貶黜不在朝廷恐杜忠臣之口塞諫者之心乖琴瑟之至和違鹽梅之相濟祈奚云叔向之賢可及十世而匡不免其身實可嗟惜未幾匡除龍驤將軍平州刺史右僕射元欽謂左僕射蕭寶夤曰至如辛郎中才用省中諸人莫出其右寶夤曰吾聞游僕射云得如雄者四五人共治省事足矣今日之賞何其晚哉初廷尉少卿袁飜以犯罪之人經恩競訴枉直難明遂奏曾染風聞者不問曲直推爲獄成悉不斷理詔令門下尚書廷尉議之雄議曰春秋之義不幸而失寧僭不濫僭則失罪人濫乃害善人今議者不忍罪姦吏使出入縱情令君子小人薰蕕不別豈所謂賞善罰惡殷勤隱恤者也仰尋周公不滅流言之愆俯惟釋之不加驚馬之辟所以小大用情貴在得所失之千里差在毫氂雄久執案牘數見疑訟職掌三千願言者六

一曰御史所糾有注其逃走者及其出訴或為公使本曹給過所有指如不推檢文案灼然者雪之二曰御史赦前注獲見贓不辨行賕主名檢無賂以置直之主宜應洗復三曰經拷不引傍無三證比以獄案既成因即除削或有據令奏復者與奪不同未獲為通例又須定何如得為證人若必須三人對見受財然後成證則於理太寬若傳聞即為證則於理太急令請以行賕後三人俱見物及證狀顯著準以為驗四曰赦前斷事或引律乖錯使除復失衷雖案成經赦宜追從律五曰經赦除名之後或邀駕訴枉被旨重究或訴省稱寃為奏更檢事付有司未被研判遂遇恩宥如此之徒謂不得異於常格依前案為定若不合拷究已復之流請不追奪六曰或受辭下檢反覆使鞫獄證占分明理合清雪未及告案忽逢恩赦若從證占而雪則違正格如除其名罪濫潔士以為罪須案成雪以占定若拷未畢格及要證一人未集者不得為占定古人雖患察獄之不精未聞知寃而不理今之所陳實士師之深疑朝夕之急務願垂察焉詔從雄議自後每有疑議雄與公卿駮難事多見從於是公能之名甚盛又

爲祿養論稱仲尼陳五孝自天子至庶人無致仕之文禮記八十一子不從政
九十家不從政鄭玄注云復除之然則止復庶民非公卿大夫士之謂以爲宜
聽祿養不約其年書奏肅宗納之以母憂去任卒哭右僕射元欽奏雄起復爲
郎俄兼司州別駕加前軍將軍孝昌元年徐州刺史元法僧以城南叛蕭衍遣
蕭綜來據彭城時遣大都督安豐王延明督臨淮王彧討之盤桓不進乃詔雄
副太常少卿元晦爲使給齊庫刀持節乘驛催軍有違即令斬決肅宗謂雄曰
誨朕家諸子摽以親懿籌策機計仗卿取勝耳到軍勒令並進徐州綜送降款
冀州刺史侯剛啓爲長史肅宗以雄長於世務惜不許之更除司空長史於時
諸公皆慕其名欲屈爲佐莫能得也時諸方賊盛而南寇侵境山蠻作逆肅宗
欲親討以荊州爲先詔雄爲行臺左丞與前軍臨淮王彧東趨葉城別將裴衍
西通鴉路衍稽留未進彧師已次汝濵北溝求救彧以處分道別不欲應之雄
曰今裴衍未至王士衆已集蠻左唐突撓亂近畿梁汝之間民不安業若不時
撲滅更爲深害王秉麾閫外唯利是從見可而進何必守道苟安社稷理可專

裁所謂臣率義而行不待命者也或恐後有得失之責要雄符下雄以爲將親
伐蠻夷必懷震動乘彼離心無往不破遂符或軍令速赴擊賊聞之果自走散
在軍上疏曰凡人所以臨堅陳而忘身觸白刃而不憚者一則求榮名二則貪
重賞三則畏刑罰四則避禍難非此數事雖聖王不能勸其臣慈父不能厲其
子明主深知其情故賞必行罰必信使親疎貴賤勇怯賢愚聞鐘鼓之聲見旌
旗之列莫不奮激競赴敵場豈厭久生而樂早死也利害懸於前欲罷不能耳
自秦隴逆節將歷數年蠻左亂常稍已多載凡在戎役數十萬人三方師衆敗
多勝少跡其所由不明賞罰故也陛下欲天下之早平愍征夫之勤悴乃降明
詔賞不移時然兵將之勳歷稔不決亡軍之卒晏然在家致令節士無所勸慕
庸人無所畏懾進而擊賊死交而賞賒退而逃散身全而無罪此其所以望敵
奔沮不肯進力者矣若重發明詔更量賞罰則軍威必張賊難可弭臣聞必不
得已去食就信以此推之信不可斯須廢也賞罰陛下之所易尚不能全而行
之攻敵士之所難欲其必死寧可得也臣既庸弱忝當戎使職司所見輒敢上

闡惟陛下審其可否會右丞闕肅宗詔僕射城陽王徽舉人徽遂舉雄仍除輔國將軍尚書右丞尋轉吏部郎中遷平東將軍光祿大夫郎中如故上疏曰帝王之道莫尚於安民安民之本莫加於禮律禮律既設擇賢而行之天下雍熙無非任賢之功也故虞舜之盛穆穆標美文王受命濟濟以康高祖孝文皇帝天縱大聖開復典謨選三代之異禮採二漢之典法端拱而四方安刑措而兆民治世宗重光繼軌每念聿修官人有道萬里清謐陛下劬勞日昃躬親庶政求瘼恤民無時暫憩而黔首紛然兵車不息以臣愚見可得而言自神龜末來專以停年爲選士無善惡歲久先敘職無劇易名到授官執按之吏以差次日月爲功能銓衡之人以簡用老舊爲平直且庸劣之人莫不貪鄙委斗筲以共治之重託碩鼠以百里之命皆貨賄是求肆心縱意禁制雖煩不勝其欲致令徭役不均發調違謬箕斂盈門囚執滿道二聖明詔寢而不遵畫一之法懸而不用自此夷夏之民相將爲亂豈有餘憾哉蓋由官授不得其人百姓不堪其命故也當今天下黔黎久經寇賊父死兄亡子弟淪陷流離艱危十室而九白

骨不收孤煢靡恤財殫力盡無以卒歲宜及此時早加慰撫蓋助陛下治天下者惟在守令最須簡置以康國道但郡縣選舉由來共輕貴遊儁才莫肯居此宜改其弊以定官方請上等郡縣爲第一清中等爲第二清下等爲第三清選補之法妙盡才望如不可並後地先才不得拘以停年竟無銓革三載黜陟有稱者補在京名官如前代故事不歷郡縣不得爲內職則人思自勉上下同心枉屈可申彊暴自息刑政日平民俗奉化矣復何憂於不治何恤於逆徒也竊見今之守令清慎奉治則政平訟理有非其才則綱維荒穢伏願陛下蹔留天心校其利害則臣言可驗不待終朝昔杜畿寬惠河東無警蘇則分糧金城剋復略觀今古風俗遷訛罔不任賢以相化革朝任夕治功可立待若遵常習故不明選典欲以靜民便恐無日書奏會蕭宗崩初蕭寶夤在雍州起逆城人侯衆德等討逐之多蒙爵賞武泰中詔雄兼尚書爲關西賞勳大使未行之間會尒朱榮入洛及河陰之難人情未安雄潛竄不出莊帝欲以雄爲尚書門下奏曰辛雄不出存亡未分莊帝曰寧失亡而用之不可失存而不用也遂除度支

尚書加安南將軍元顥入洛也北中郎將楊侃從駕北出莊帝以侃爲度支尚書及乘輿反洛復召雄上雄面辭曰臣不能死事俛眉從賊乃是朝廷罪人縱陛下不賜誅罰而北來尚書勳高義重臣宜避賢路莊帝曰卿且還本司朕當别有處分遂解侃尚書未幾詔雄以本官兼侍中關西慰勞大使將發請事五條一言逋懸租調宜悉不徵二言簡罷非時徭役以紓民命三言課調之際使豐儉有殊令州郡量檢不得均一四言兵起歷年死亡者衆或父或子辛酸未歇見存耆老請假板職悦生者之意慰死者之魂五言喪亂既久禮儀罕習如有閨門和穆孝悌卓然者宜表其門閭仍啓曰臣聞王者愛民之道有六一曰利之二曰成之三曰生之四曰與之五曰樂之六曰喜之闕則利之也使民不失其時則成之也省刑罰則生之也薄賦斂則與之也無多徭役則樂之也吏靜不苛則喜之也伏惟陛下道邁前王功超往代敷春風而鼓俗旌至德以調民生之養之正當茲日悦近來遠亦是今時臣既忝將命宣揚聖澤前件六事謂所宜行若不除煩收疾惠孤恤寡便是徒乘官驛虛號王人往還有費於郵

亭皇恩無逮於民俗謹率愚管敢以陳聞乞垂覽許莊帝從之因詔民年七十者授縣八十者授郡九十加四品將軍百歲從三品將軍三年遷鎮南將軍都官尚書行河南尹普泰時爲鎮軍將軍殿中尚書又加衞將軍右光祿大夫秦州大中正太昌中又除殿中尚書兼吏部尚書尋除車騎大將軍左光祿大夫仍尚書永熙二年三月又兼吏部尚書於時近習專恣請託不已雄懼其譏慝不能確然守正論者頗譏之出帝南狩雄兼左僕射留守京師永熙末兼侍中帝入關右齊獻武王至洛於永寧寺集朝士責讓雄及尚書崔孝芬劉欽楊機等曰爲臣奉主扶危救亂若處不諫諍出不陪隨緩則耽寵急便竄避臣節安在諸人默然不能對雄對曰當主上信狎近臣雄等不與謀議及乘輿西邁若即奔隨便恐跡同佞黨留待大王便以不從蒙責雄等進退如此不能自委溝壑實爲慚負王復責曰卿等備位納言當以身報國不能盡忠依附諂佞未聞卿等諫諍一言使國家之事忽至於此罪欲何歸也乃誅之時年五十沒其家口二子士瓚士貞逃入關中

雄從父兄纂字伯將學涉文史温良雅正初爲兗州安東府主簿與祕書丞同郡李伯尙有舊伯尙與咸陽王禧同逆逃竄投纂事覺坐免官積十餘年除奉朝請稍轉太尉騎兵參軍每爲府主清河王懌所賞及欲定考懌曰辛騎兵有學有才宜爲上第轉越騎校尉尙書令李崇北伐蠕蠕引爲錄事參軍臨淮王彧北征以纂隨崇有稱啓爲長史及廣陽王淵北伐又引爲長史尋拜諫議大夫雅爲彧所稱歎屢在朝廷薦舉之蕭衍遣將曹義宗攻新野詔纂持節兼尙書左丞南道行臺率衆赴接至便破之義宗等以其勁速不敢復進於時海內多虞京師更無繼援惟以二千餘兵捍禦疆埸又詔爲荊州軍司除驍騎將軍加輔國將軍纂善撫將士人多用命賊甚憚之會肅宗崩諱至咸以對敵欲祕凶問纂曰安危在人豈關是也遂發喪號哭三軍縞素還入州城申以盟約尋爲義宗所圍相率固守莊帝卽位除通直散騎常侍征虜將軍兼尙書仍行臺後大都督費穆擊義宗擒之入城因舉酒屬纂曰微辛行臺之在斯吾亦無由建此功也入朝言於莊帝稱纂固節危城宜蒙爵賞以勸將來帝乃下詔慰勉

之尋除持節平東將軍中郎將賜絹五十匹金裝刀一口永安二年元顥乘勝

卒至城下尒朱世隆狼狽退還城內空虛遂爲顥擒及莊帝還宮纂謝不守之

罪帝曰於時朕亦北巡東軍不守豈卿之過還鎮虎牢俄轉中軍將軍滎陽太

守民有姜洛生康乞得者舊是太守鄭仲明左右豪猾偷竊境內爲患纂伺捕

擒獲梟於郡市百姓忻然加鎮東將軍太昌中除左光祿大夫纂僑寓洛陽乃

爲河南邑中正永熙三年除使持節河內太守齊獻武王赴洛兵集城下纂出

城謁王曰纂受詔於此本有禦防大王忠貞王室扶奬顛危纂敢不匍匐王曰

吾志去姦佞以康國道河內此言深得王臣之節因命前侍中司馬子如曰吾

行途疲敝宜代吾執河內手也便入洛九月行西荊州事兼尚書南道行臺尋

正刺史時蠻酋樊五能破析陽郡應宇文黑獺纂議欲出軍討之纂行臺郎中

李廣諫曰析陽四面無民唯一城之地耳山路深險表裏羣蠻今若少遣軍則

力不能制賊多遣則減徹防衛根本虛弱脫不如意便大挫威名人情一去州

城難保纂曰豈得縱賊不討令其爲患日深廣曰今日之事唯須萬全且慮在

心腹何暇疥癬聞臺軍已破洪威計不久應至公但約勒屬城使各修完壘壁

善撫百姓以待救兵雖失析陽如棄雞肋纂曰卿言自是一途我意以爲不爾

遂遣兵攻之不剋而敗諸將因亡不返城人又密招西賊黑獺遣都督獨孤如

願率軍潛至突入州城遂至廳閤纂左右惟五六人短兵接戰爲賊所擒遂害

之贈都督定殷二州諸軍事驃騎大將軍尚書左僕射司徒公定州刺史

子子炎武定中博陵太守

雄從祖曇護以謹厚見稱卒於幷州州都

子熾武定中衞將軍右光祿大夫

雄族祖琛字僧貴父敬宗延與中代郡太守琛少孤曾過友人見其父母兄弟

悉無恙垂涕久之釋褐奉朝請滎陽郡丞太守元麗性頗使酒琛每諫之麗後

醉輒令閉閤曰勿使丞入也高祖南征麗從輿駕詔琛曰委卿郡事如太守也

景明中爲伏波將軍濟州輔國府長史轉奉車都尉出爲揚州征南府長史刺

史李崇多事產業琛每諍折崇不從遂相糾舉詔並不問後加龍驤將軍帶南

梁太守崇因置酒謂琛曰長史後必爲刺史但不知得上佐何如人耳琛對曰
若萬一叨忝得一方正長史朝夕聞過是所願也崇有慚色卒於官琛寬雅有
度量涉獵經史喜愠不形於色當官奉法在所有稱
長子悠字元壽早有器業爲侍御史監揚州軍賊平錄勳書時崇猶爲刺史欲
寄人名悠不許崇曰我昔值其父今復逢其子早卒
悠弟俊字叔義有文才東益州征虜府外兵參軍府主魏子建爲山南行臺以
爲郎中有軍國機斷還京於滎陽爲人劫害贈征虜將軍東秦州刺史
俊弟術武定末散騎常侍
術弟休字季令
休弟修字季緒俱有學尚亦早卒時人傷惜之
琛族子珍之少有氣力太尉鎧曹行參軍稍遷中堅將軍司徒錄事參軍廣州
大中正丁憂去任尋起爲汝北太守永安中司空諮議參軍通直常侍永熙中
襄城太守天平初洛州以南人情駭懼敕爲大使持節慰諭廣洛二州三年除

征東將軍行陽平郡事郡民路黑奴起逆攻郡爲黑奴所執諸賊勸殺之黑奴曰成敗未可知何爲先殺太守也乃將珍之自隨待遇以禮右衛將軍郭瓊討平黑奴乃得免與和中爲衛將軍司徒司馬武定三年除驃騎將軍北海太守還爲儀同開府長史兼光祿少卿未幾詔珍之持節爲廣洛北荊揚雍襄六州慰勞大使北荊鎮城行廣州事招納有稱齊文襄王遣書慰勉賜以衣帛尋勑行平州卒於官贈驃騎大將軍洛州刺史謚曰恭

子懿武定末開府鎧曹參軍

羊深字文淵太山平陽人梁州刺史祉第二子也早有風尚學涉經史好文章兼長几案少與隴西李神儁同志相友自司空府記室參軍轉輕車將軍尚書騎兵郎尋轉駕部加右軍將軍于時沙汰郎官務精才實深以才堪見留在公明斷尚書僕射崔亮吏部尚書甄琛咸敬重之肅宗行釋奠之禮講孝經儕輩之中獨蒙引聽時論美之正光末北地人車金雀等帥羌胡反叛高平賊宿勤明達寇豳夏諸州北海王顥爲都督行臺討之以深爲持節通直散騎常侍行

臺左丞軍司仍領郎中顥敗還京頃之遷尚書左丞加平東將軍光祿大夫蕭寶夤反攻圍華州王平薛鳳賢等聚衆作逆勑深兼給事黄門侍郎與大行臺僕射長孫稚共會潼關規模進止事平以功賜爵新泰男靈太后曾幸邙山集僧尼齋會公卿盡在座會事將終太后引見深欣然勞問之深謝曰臣蒙國厚恩世荷榮遇寇難未平是臣憂責而隆私忽被犬馬知歸太后顧謂左右曰羊深真忠臣也舉坐傾心孝昌末徐方多事以深爲東道慰勞使卽爲二徐行臺莊帝踐祚除安東將軍太府卿又爲二兗行臺深處分軍國損益隨機亦有時譽初尒朱榮殺害朝士深第七弟侃爲太山太守性麤武遂率鄉人外託蕭衍深在彭城忽得侃書招深同逆深慨然流涕斬侃使人幷書表聞莊帝乃下詔曰羊侃作逆霧起瑕丘擁集不逞扇擾疆埸傾宗之禍侃乃自貽累世之節一朝毀汙羊深血誠奉國秉操罔貳聞弟猖勃自劾請罪此之丹款實戢于懷且叔向復位春秋稱美深之慷慨氣同古人忠烈遠彰赤心已著可令還朝面受委勑乃歸京師除名久之除撫軍將軍金紫光祿大夫元顥入洛以深兼黄門

郎顥平免官後拜大鴻臚卿普泰初遷散騎常侍衞將軍右光祿大夫監起居注自天下多事東西二省官員委積前廢帝勑深與常侍盧道虔元晏元法壽選人補定自奉朝請以上各有沙汰尋兼侍中廢帝甚親待之是時膠序廢替名教陵遲深乃上疏曰臣聞崇禮建學列代之所修尊經重道百王所不易是以均塾洞啓昭明之頌載揚膠序大闢都穆之詠斯顯伏惟大魏乘乾統物欽若奉時模唐軌虞率由前訓重以高祖繼聖垂衣儒風載蔚得才之盛如彼薪槱固以追隆周而並驅駕炎漢而獨邁宣皇下武式遵舊章用能揄揚盛烈聿修厥美自茲已降世極道消風猷稍遠澆薄方競退讓寂寥馳競靡節進必吏能升非學藝是使刀筆小用計日而期榮專經大才甘心於陋巷然治之爲本所貴得賢苟值其人豈拘常檢三代兩漢異世間出或釋褐中林鬱登卿尹或投竿釣渚徑升公相事炳丹青義在往策彼哉邈乎不可勝紀竊以今之所用弗修前矩至如當世通儒冠時盛德見徵不過四門登庸不越九品以此取士求之濟治譬猶卻行以及前之燕而向楚積習之不可者其所由來漸矣昔魯

興泮宮頌聲爰發鄭廢學校國風以譏將以納民軌物莫始於經禮菁莪育才義光於篇什自兵亂以來垂將十載干戈日陳俎豆斯闕四海荒涼民物凋敝名教頓虧風流殆盡世之陵夷可爲歎息陛下中興纂曆理運惟新方隅稍康實惟文德但禮賢崇讓之科沿世未備還淳反樸之化起言斯繆夫先黃老而退六經史遷終其成蠹貴玄虛而賤儒術應氏所以亢言臣雖不敏敢忘前載且魏武在戎尚修學校宣尼確論造次必儒臣愚以爲宜重修國學廣延胄子使函丈之教日聞釋奠之禮不闕并詔天下郡國與立儒教考課之程咸依舊典苟經明行修宜擢以不次抑斗筲喋喋之才進大雅汪汪之德博收鴻生以光顧問縶維奇異共精得失使區寰之內競務仁義之風荒散之餘漸知禮樂之用豈不美哉臣誠闇短敢慕前訓用稽古義上塵聽覽伏願陛下垂就日之監齊非煙之化儻以臣言可採乞特施行廢帝善之出帝初拜中書令頃之轉車騎大將軍左光祿大夫永熙三年六月以深兼御史中尉東道軍司及出帝入關深與樊子鵠等同逆於兗州子鵠署深爲齊州刺史於太山博縣商王村

結壘招引山齊之民天平二年正月大軍討破之於陳斬深

子肅武定末儀同開府東閤祭酒

楊機字顯略天水冀人祖伏恩郡功曹赫連屈丐時將家奔洛陽因以家焉機

少有志節爲士流所稱河南尹李平元暉並召署功曹暉尤委以郡事或謂暉

曰弗躬弗親庶人弗信何得委事於機高臥而已暉曰吾聞君子勞於求士逸

於任賢故前代有坐嘯之人主諾之守吾既委得其才何爲不可由是聲名更

著解褐奉朝請於時皇子國官多非其人詔選清直之士機見舉爲京兆王愉

國中尉愉甚敬憚之遷給事中伏波將軍廷尉評延昌中行河陰縣事機當官

正色不避權勢明達政事斷獄以情甚有聲譽平東將軍荊州刺史楊大眼啓

爲其府長史熙平中爲涇州平西府長史尋授河陰令轉洛陽令京輦伏其威

風希有干犯凡訴訟者一經其前後皆識其名姓并記事理世咸異之遷鎮軍

將軍司州治中轉別駕荊州蠻叛兼尚書左丞南道行臺討之還除中散大夫

復爲別駕州牧高陽王雍事多委機出除清河內史轉左將軍河北太守並有

能名建義初拜平南將軍光祿大夫兼廷尉卿又除安南將軍司州別駕未幾
行河南尹轉廷尉卿徙衞尉卿出除安西將軍華州刺史永熙中衞將軍右光
祿大夫尋除度支尚書機方直之心久而彌厲奉公正己爲時所稱家貧無馬
多乘小犢車時論許其清白與辛雄等並誅年五十九
子毗羅解褐開府參軍事卒於鎮遠將軍
機兄順字元信梁郡太守
順子僧靜武定中太中大夫
機兄子虬少有公幹頻爲司州記室戶曹從事早卒
高崇字積善渤海蓨人四世祖撫晉永嘉中與兄顧避難奔於高麗父潛顯祖
初歸國賜爵開陽男居遼東詔以沮渠牧犍女賜潛爲妻封武威公主拜駙馬
都尉加寧遠將軍卒崇少聰敏以端謹見稱徵爲中散稍遷尚書三公郎家資
富厚僮僕千餘而崇志尚儉素車馬器服充事而已自修潔與物無競初崇舅
氏坐事誅公主痛本生絕胤遂以崇繼牧犍後改姓沮渠景明中啓復本姓襲

爵還領軍長史伏波將軍洛陽令爲政淸斷吏民畏其威風每有發擿不避彊禦縣內肅然朝廷方有還授會病卒年三十七贈漁陽太守永安二年復贈征虜將軍滄州刺史諡曰成初崇謂友人曰仲尼四科德行爲首人能立身約己不忘典訓斯亦足矣故吾諸子闕

子謙之字道讓少事後母李以孝聞李亦撫育過於己生人莫能辨其兄弟所出同異論者兩重之及長屛絶人事專意經史天文筭曆圖緯之書多所該涉日誦數千言好文章留意老易襲爵釋褐奉朝請加宣威將軍轉奉車都尉廷尉丞正光中尚書左丞元孚慰勞蠕蠕反被拘留及蠕蠕大掠而還置孚歸國事下廷尉卿及監以下謂孚無坐惟謙之以孚辱命闕以流罪尚書同卿執詔可謙之奏孝昌初行河陰縣令先是有人囊盛瓦礫指作錢物詐市人馬因逃去詔令追捕必得以聞謙之乃僞枷一囚立於馬市宣言是前詐市馬賊今欲刑之密遣腹心察市中私議者有二人相見忻然曰無復憂矣執送按問具伏盜馬徒黨悉獲幷出前後盜竊之處資貨甚多遠年失物之家各來得其本物

具以狀奏尋詔除寧遠將軍正河陰令在縣二年損益治體多爲故事弟道穆
爲御史在公亦有能名世美其父子兄弟並著當官之稱舊制二縣令得面陳
得失時佞幸之輩惡其有所發聞遂共奏罷謙之乃上疏曰臣以無庸謬宰神
邑實思奉法不撓稱是官方酬朝廷無貲之恩盡人臣守器之節但豪家支屬
戚里親媾縲紲所及舉目多是皆有盜憎之色咸起怨上之心縣令輕弱何能
克濟先帝昔發明詔得使面陳所懷臣亡父先臣崇之爲洛陽令常得入奏是
非所以朝貴斂手無敢干政近日以來此制遂寢致使神宰威輕下情不達今
二聖遠遵堯舜憲章高祖愚臣望策其駑蹇少立功名乞新舊典更明往制庶
姦豪知禁頗自屏心詔曰此啓深會朕意付外量聞謙之又上疏曰臣聞夏德
中微少康成克復之主周道將廢宣王立中興之功則知國無常安世無恆敝
唯在明主所以變之有方化之有道耳自正光已來邊城屢擾命將出師相繼
於路軍費戎資委輸不絕至如弓格賞募咸有出身槊刺斬首又蒙階級故四
方壯士願征者多各各爲己公私兩利若使軍帥必得其人賞勳不失其實則

何賊不平何征不捷也諸守帥或非其才多遣親者妄稱入募别倩他人引弓
格虛受征官身不赴陳惟遣奴客充數而已對寇臨敵曾不彎弓則是王爵虛
加征夫多闕賊虜何可殄除忠貞何以勸誡也且近習侍臣戚屬朝士請託官
曹擅作威福如有清貞奉法不爲回者咸共譖毀橫受罪罰在朝顧望誰肯申
聞蔽上擁下虧風壞政使讒諂甘心忠讜息義況且頻年以來多有徵發民不
堪命動致流離苟保妻子競逃王役不復顧其桑井憚比刑書正由還有必困
之理歸無自安之路若聽歸其本業徭役微甄則還者必衆墾田增闢數年之
後大獲課民今不務以理還之但欲嚴符切勒恐數年之後走者更多安業無
幾故有國有家者不患民不我歸唯患政之不立不恃敵不我攻唯恃吾不可
侮此乃千載共遵百王一致且琴瑟不韻知音改弦更張騑驂未調善御執轡
成組諺云迷而知反得道不遠此言雖小可以諭大陛下一日萬機事難周覽
元凱結舌莫肯明言臣雖庸短世受榮祿竊慕前賢匪躬之義不避斧鉞之誅
以希一言之益伏願少垂覽察略加推採使朝章重舉軍威更振海內起惟新

之歌天下見復禹之績則臣奏之後笑入下泉靈太后得其疏以責左右近侍諸寵要者由是疾之乃啓太后云謙之有學藝宜在國學以訓胄子詔從之除國子博士謙之與袁翻常景酈道元溫子昇之徒咸申款舊好於贍恤言諾無虧居家僮隸對其兒不撻其父母生三子便免其一世無髡黥奴婢常稱俱稟人體如何殘害以父舅氏沮渠蒙遜曾據涼土國書漏闕謙之乃修涼書十卷行於世涼國盛事佛道爲論貶之因稱佛是九流之一家當世名士競以佛理來難謙之還以佛義對之竟不能屈以時所行曆多未盡善乃更改元修撰爲一家之法雖未行於世議者歎其多能於時朝議鑄錢以謙之爲鑄錢都將長史乃上表求鑄三銖錢曰蓋錢貨之立本以通有無便交易故錢之輕重世代不同太公爲周置九府圜法至景王時更鑄大錢秦兼海內錢重半兩漢興以秦錢重改鑄榆莢錢至文帝五年復爲四銖孝武時悉復銷壞更鑄三銖至元狩中變爲五銖又造赤仄之錢以一當五王莽攝政錢有六等大錢重十二銖次九銖次七銖次五銖次三銖次一銖魏文帝罷五銖錢至明帝復立孫權江

左鑄大錢一當五百權赤烏年復鑄大錢一當千輕重大小莫不隨時而變竊以食貨之要八政爲首聚財之貴詁訓典文是以昔之帝王乘天地之饒御海內之富莫不腐紅粟於太倉藏朽貫於泉府儲畜既盈民無困敝可以寧謐四極如身使臂者矣昔漢之孝武地廣財豐外事四戎遂虛國用於是草萊之臣出財助國興利之計納稅廟堂市列榷酒之官邑有告緡之令鹽鐵既興錢幣屢改少府遂豐上林饒積外闢百蠻內不增賦者皆計利之由也今羣妖未息四郊多壘徵稅既煩千金日費資儲漸耗財用將竭誠楊氏獻稅之秋桑兒言利之日夫以西京之盛錢猶屢改並行小大子母相權況今寇難未除州郡淪敗民物凋零軍國用少別鑄小錢可以富益何損於政何妨於人也且政興不以錢大政衰不以錢小惟貴公私得所政化無虧既行之於古亦宜效之於今矣昔禹遭大水以歷山之金鑄錢救民之困湯遭大旱以莊山之金鑄錢贖民之賣子者今百姓窮悴甚於曩日欽明之主豈得垂拱而觀之哉臣今此鑄以濟交乏五銖之錢任使並用行之無損國得其益穆公之言於斯驗矣臣雖術

愧計然識非心算暫充錢官頗覩其理苟有所益不得不言脫以爲疑求下公
卿博議如謂爲允卽乞施行詔將從之事未就會卒初謙之弟道穆正光中爲
御史糾相州刺史李世哲事大相挫辱其家恆以爲憾至是世哲弟神軌爲靈
太后深所寵任直謙之家僮訴良神軌左右之入諷尙書判禁謙之於廷尉時
將赦神軌乃啓靈太后發詔於獄賜死時年四十二朝士莫不哀之所著文章
百餘篇別有集錄永安中贈征虜將軍營州刺史諡曰康又除一子出身以明
寃屈謙之妻中山張氏明識婦人也教勸諸子從師受業常誡之曰自我爲汝
家婦未見汝父一日不讀書汝等宜各修勤勿替先業
謙之長子子儒字孝禮元顥入洛其叔道穆從駕北巡子儒後踰河至行宮莊
帝見之具訪洛中事意子儒備陳元顥敗在旦夕帝謂道穆曰卿初來日何故
不與子儒俱行對曰臣家百口在洛須其經營且欲其今日之來知京師後事
帝曰子儒非直合卿本懷亦大慰朕意仍授祕書郎中轉通直郎後除安東將
軍光祿大夫司徒中兵參軍兼祭酒襲爵興和初除兼殿中侍御史時四方多

有流民子儒爲梁州北豫西兗三州檢戶使所獲甚多後以公事去官武定六
年卒時年四十一
子儒弟緒字叔宗明悟好學謙之常謂人曰與吾門者當是此兒及長涉獵書
傳好文詠司空行參軍轉長流參軍除鎮遠將軍冀州儀同府中兵參軍爲府
主封隆之所賞隆之行梁州濟州引自隨恆令總攝數郡武定三年卒年三十
二
緒弟孝貞武定中司徒士曹參軍
孝貞弟孝幹司空東閣祭酒
謙之弟恭之字道穆行字於世學涉經史非名流儁士不與交結幼孤事兄如
父母每謂人曰人生厲心立行貴於見知當使夕脫羊裘朝佩珠玉者若時不
我知便須退迹江海自求其志御史中尉元匡高選御史道穆奏記於匡曰道
穆生自蓬簷長於陋巷頗獵羣書無純碩之德尙好章詠乏彫掞之工雖欲廁
影髦徒班名俊伍其可得哉然凝明獨斷之主雄才不世之君無藉朽株之資

求人屠釣之下不牽闇投之誚取士商歌之中是以聞英風而慷慨望雲路而低徊者天下皆是也若得身隸繡衣名充直指雖謝周生騎上之敏實有茅氏就鑊之心臣大喜曰吾久知其人適欲召之遂引爲御史其所糾擿不避權豪臺中事物多爲臣所顧問道穆曾進說於臣曰古人有言罰一人當取千萬人懼豺狼當道不問狐狸明公荷國重寄宜使天下知法臣深然之正光中出使相州刺史李世哲即尚書令崇之子貴盛一時多有非法逼買民宅廣興屋宇皆置鴟尾又於馬埒堠上爲木人執節道穆繩糾悉毀去之并發其贓貨具以表聞又尒朱榮討蠕蠕道穆監其軍事榮甚憚之還除奉朝請俄除太尉鎧曹參軍蕭寶夤西征以道穆爲行臺郎中軍機之事多以委之大都督崔延伯敗後賊勢轉彊屢請益兵朝廷不許寶夤謂道穆曰非卿一行兵無益理遂令乘傳赴洛靈太后親問賊勢道穆具以狀對太后怒曰比來使人皆言賊弱卿何獨云其彊也道穆曰前使不實者當是冀陛下恩顏望霑爵賞臣既忝使人不敢虛妄願令近臣親檢足知虛實事訖當反遇病不行後屬兄謙之被害情不

自安遂託身於莊帝帝時爲侍中特相欽重引居第中深相保護俄而帝以兄事見出道穆懼禍乃攜家趣濟陰變易姓名往來於東平畢氏以避時難莊帝卽位徵爲尚書三公郎中加寧朔將軍尋兼吏部郎中與薛曇尚書使晉陽授尒朱榮職賜爵龍城侯九月除太尉長史領中書舍人遭母憂去職帝令中書舍人溫子昇就宅弔慰詔攝本任表辭不許三年加前軍將軍及元顥逼虎牢城或勸帝赴關西者帝以問道穆道穆對曰關中今日殘荒何由可往臣謂元顥兵衆不多乘虛深入者由國家將帥征提不得其人耳陛下若親率宿衛高募重賞背城一戰臣等竭其股肱之力破顥孤軍必不疑矣如恐成敗難測非萬乘所履便宜車駕北渡循河東下徵大將軍天穆合於滎陽向虎牢別徵尒朱王軍令赴河內以犄角之旬月之間何往不剋臣竊謂萬全之計不過於此帝曰高舍人語是其夜到河內郡北未有城守可依帝命道穆秉燭作詔書數十紙布告遠近於是四方知乘輿所在除中軍將軍給事黃門侍郎安喜縣開國公食邑千戶於時尒朱榮欲回師待秋道穆謂榮曰元顥以蕞爾輕兵奄據

京洛使乘輿飄露人神恨憤主憂臣辱良在於今大王擁百萬之衆輔天子而令諸侯自可分兵河畔縛筏造船處處遣渡徑擒羣賊復主宮闕此桓文之舉也且一日縱敵數世之患今若還師令顥重完守具徵兵天下所謂養虺成蛇悔無及矣榮深然之曰楊黃門侃已陳此計當更議決耳及莊帝反政因宴次謂尒朱榮曰前若不用高黃門計則社稷不安可爲朕勸其酒令醉榮對曰臣本北征蠕蠕高黃門與臣作監軍臨事能決實可任用除征南將軍金紫光祿大夫兼御史中尉尋卽真仍兼黃門道穆外秉直繩內參機密凡是益國利民之事必以奏聞諫諍極言無所顧憚選用御史皆當世名輩李希宗李繪陽休之陽斐封君義邢子明蘇淑宋世良等四十人於時用錢稍薄道穆表曰四民之業錢貨爲本救弊改鑄王政所先自頃以私鑄薄濫官司糾繩挂網非一在市銅價八十一文得銅一斤私造薄錢斤餘二百既示之以深利又隨之以重刑罹罪者雖多姦鑄者彌衆今錢徒有五銖之文而無二銖之實薄甚榆莢上貫便破置之水上殆欲不沉此乃因循有漸科防不切朝廷之愆彼復何罪昔

漢文帝以五分錢小故鑄四銖至武帝復改三銖爲半兩此皆以大易小以重代輕也論今據古宜改鑄大錢文載年號以記其始則一斤所成止七十六文銅價至賤五十有餘其中人功食料錫炭鉛沙縱復私營不能自潤直置無利自應息心況復嚴刑廣設也以臣測之必當錢貨永通公私獲允後遂用楊侃計鑄永安五銖錢僕射尒朱世隆當朝權威因內見衣冠失儀道穆便即彈糾帝姊壽陽公主行犯清路執赤棒卒呵之不止道穆令卒棒破其車公主深以爲恨泣以訴帝帝謂公主曰高中尉清直之人彼所行者公事豈可私恨責之也道穆後見帝帝曰一日家姊行路相犯極以爲愧道穆免冠謝曰臣蒙陛下恩守陛下法不敢獨於公主虧朝廷典章以此負陛下帝曰朕以愧卿卿反謝朕壽勑監儀注又詔曰祕書圖籍所在內典闕字一書又加繕寫緗素委積蓋有年載出內繁蕪多致零落可令御史中尉兼給事黃門侍郎道穆揔集帳目并牒儒學之士編比次第道穆又上疏曰臣聞舜命皐陶姦宄是託禹泣皐人堯心爲念所以舉直錯枉事切曩賢明德慎罰議存先典高祖太和之初置廷尉

司直論刑辟是非雖事非古始交濟時要所謂禮樂互興不相沿襲者矣臣以無庸忝當今任所思報效未忘寢興但識謝知今業慚稽古未能進一言以利國說一策以與邦索米長安豈不知恥至於職司其憂猶望僶俛竊見御史出使悉受風聞雖時獲罪人亦不無枉濫何者得堯之罰不能不怨守令爲政容有愛憎姦猾之徒恆思報惡多有妄造無名共相誣謗御史一經檢究恥於不成杖木之下以虛爲實無罪不能自雪者豈可勝道哉臣雖愚短守不假器繡衣所指冀以清肅若仍踵前失或傷善人則尸祿之責無所逃罪所以夙夜爲憂思有悛革如臣鄙見請依太和故事還置司直十人名隸廷尉秩以五品選歷官有稱心平性正者爲之御史若出糾劾卽移廷尉令知人數廷尉遣司直與御史俱發所到州郡分居別館御史檢了移付司直覆問事訖與御史俱還中尉彈聞廷尉科按一如舊式庶使獄成罪定無復稽寬爲惡取敗不得稱枉若御史司直糾劾失實悉依所斷獄罪之聽以所檢迭相糾發如二使阿曲有不盡理聽罪家詣門下通訴別加按檢如此則肺石之傍怨訟可息叢棘之下

受罪吞聲者矣詔從之復置司直及尒朱榮之死世帝召道穆付赦書令宣於外因謂之曰自今日後常得精選御史矣先是榮等常欲以其親黨爲御史故有此詔及尒朱世隆等率其部類戰於大夏門北道穆受詔督戰又贊成太府卿李苗斷橋之計世隆等於是北遁加衞將軍假車騎將軍大都督兼尚書右僕射南道大行臺又除車騎將軍餘官如故時雖外託征蠻而帝恐北軍不利欲爲南巡之計未發會尒朱兆入洛道穆慮禍及己託病去官世隆以道穆忠於前朝遂害之時年四十二泰昌中贈使持節都督雍秦二州諸軍事車騎大將軍儀同三司雍州刺史

子士鏡襲爵爲北豫州刺史高仲密擁入關

道穆弟謹之繼沮渠氏後卒於滄州平東府主簿年三十五贈通直郎無子謹之弟慎之字道密好學有諸兄風年二十三卒無子以兄謙之第二子緒繼焉

史臣曰宋飜剛鯁自立猛而斷務辛雄以吏能歷職任智效官羊深以才幹從

事聲迹可紀楊機清斷在公高崇明濟爲用謙之兄弟咸政事之敏飾學有聞列于朝廷豈徒然也深失之晚節至于顛覆惜乎

魏書卷七十七

魏書卷七十七考證

羊深傳羊深字文淵太山平陽人梁州刺史祉第二子也○臣人龍按北史羊祉傳祉太山鉅平人本書地形志泰山郡有鉅平若平陽則屬高平郡又有陽平則屬魯郡當以鉅平爲是

魏書卷七十七考證

珍倣宋版印

魏書卷七十八

齊　魏　收　撰

列傳第六十六

孫紹　張普惠

孫紹字世慶昌黎人世仕慕容氏祖志入國卒於濟陽太守父協字文和上黨太守紹少好學通涉經史頗有文才陰陽術數多所貫涉初爲校書郎稍遷給事中自長兼羽林監爲門下錄事朝廷大事好言得失遂爲世知曾著釋典論雖不具美時有可存與常景等共修律令延昌中紹表曰臣聞建國有計雖危必安施化能和雖寡必盛治乖人理雖合必離作用失機雖成必敗此乃古今同然百王之定法也伏惟大魏應天明命兆啓無窮畢世後仁祚隆七百今二號京門了無嚴防南北二中復闕固守長安鄴城股肱之寄穰城上黨腹背所憑四軍五校之軌領護分事之式徵兵儲粟之要舟車水陸之資山河要害之權緩急去來之用持平赴救之方節用應時之法特宜修置以固堂堂之基持

盈之體何得而忽居安之辰故應危懼矣且法開清濁而清濁不平申滯理望而卑寒亦免士庶同悲兵徒懷怨中正賣望於下里主案舞筆於上臺真僞混淆知而不糾得者不欣失者倍怨使門齊身等而涇渭奄殊類應同役而苦樂懸異士人居職不以爲榮兵士役苦心不亡亂故有競棄本生飄藏他土或詭名託養散在人間或亡命山藪漁獵爲命或投仗彊豪寄命衣食又應還之戶逐樂諸州應留之徒避寒歸暖兼職人子弟隨逐浮遊南北東西卜居莫定關禁不修任意取適如此之徒不可勝數爪牙不復爲用百工爭棄其業混一之計事實關如考課之方責辦無日流浪之徒決須精校今彊敵窺時邊黎伺隙內民不平久戍懷怨戰國之勢竊謂危矣必造禍源者北邊鎮戍之人也若夫一統之年持平用之者大道之計也亂離之期縱橫作之者行權之勢也故道不可久須文質以換情權不可恆隨汚隆以牧物文質應世道形自安汚隆獲衷權勢亦濟然則王者計法之趣化物之規圓方務得其境人物不失其地又先帝時律令並議律尋施行令獨不出十餘年矣臣以令之爲體卽帝王之身

也分處百揆之儀安置九服之節經緯三才之倫包羅六卿之職措置風化之門作用賞罰之要乃是有爲之樞機世法之大本也然修令之人亦皆博古依古撰置大體可觀比之前令精麤有在但主議之家太用古制若令依古高祖之法復須昇降誰敢措意有是非哉以是爭故久廢不理然律令相須不可偏用今律班令止於事甚滯若令不班是無典法臣下執事何依而行臣等修律非無勤止署下之日臣乃無名是謂農夫盡力他食其秋功名之所實懷於悒未幾出除濟陰太守還歷司徒功曹參軍步兵長水校尉正光初兼中書侍郎使高麗還爲鎮遠將軍右軍將軍久之爲徐兗和糴使還朝大陳軍國利害不報紹又表曰臣聞文質互用治道以之緝熙洿隆得時人物以之通濟故能事恢三靈仁洽九服伏惟陛下應靈踐阼沖明照物宰輔忠純伊霍均美既致昇平之基應成無爲之業而漠北叛命隴右構逆中州驚擾民庶竊議其故何哉皆由上法不通下情怨塞故也臣雖愚短具鑒始末往在代都武質而治安中京以來文華而政亂故臣昔於太和極陳得失具論四方華夷心態高祖垂納

文應可尋延昌正光奏疏頻上主者收錄不蒙報間卽日事勢乃至於此盡微臣豫陳之驗今東南有竊號之豎西北有逆命之寇豈得怨天實尤人矣臣今不憂荒外正慮中畿急須改張以寧其意若仍持疑變亂尋作肘腋一乖大事去矣然臣奉國四世欣戚是同但職在冗散不關樞密寧濟之計欲陳無所可謂經緯甚多無機可織夫天下者大器也一正難傾一傾難正當今之危躡足之急臣備肉食痛心無已泣血上陳願垂採察若得言參執事獻可替否寇逆獲除社稷稱慶雖死如生犬馬情畢紹性抗直每上封事常至懇切不憚犯忤但天性疎脫言乍高下時人輕之不見採納紹兄世元早卒世元善彈箏紹後聞箏聲便涕泗嗚咽捨之而去世以此尚之除驍騎將軍使吐谷渾還爲太府少卿曾因朝見靈太后謂曰卿年稍老矣紹曰臣年雖老臣節乃少太后笑之還右將軍太中大夫紹曾與百寮赴朝東掖未開守門候旦紹於衆中引吏部郎中辛雄於衆外竊謂之曰此中諸人尋當死盡唯吾與卿猶享富貴雄甚駭愕不測所以未幾有河陰之難紹善推祿命事驗甚多知者異之建義初除衞

尉少卿將軍如故轉金紫光祿大夫永安中拜太府卿以前參議正光壬子曆賜爵新昌子太昌初遷左衛將軍右光祿大夫永熙二年卒時年六十九贈都督冀瀛滄三州諸軍事驃騎大將軍尚書左僕射冀州刺史諡曰宣

子伯元襲齊受禪例降

伯元弟叔利右將軍太中大夫

紹從父弟瑜濟州長史

瑜弟彝字鳳倫太和中舉秀才稍遷步兵校尉卒於武邑太守贈征虜將軍營州刺史

子伯融出繼瑜後武定末闕二字太守

伯融嫡弟子寬開府田曹參軍

張普惠字洪賑常山九門人身長八尺容貌魁偉父曄爲齊州中水縣令隨父之縣受業齊土專心墳典剋厲不息及還鄉里就程玄講習精於三禮兼善春秋百家之說多所窺覽諸儒稱之太和十九年爲主書帶制局監與劉桃符石

榮劉道斌同員共直頗爲高祖所知轉尚書都令史任城王澄重其學業爲其聲價僕射李沖曾至澄處見普惠言論亦善之世宗初轉積射將軍澄爲安西將軍雍州刺史啓普惠爲府錄事參軍尋行馮翊郡事澄功衰在身欲於七月七日集會文武北園馬射普惠奏記於澄曰竊聞三殺九親別疏昵之敘五服六術等衰麻之心皆因事飾情不易之道者也然則莫大之痛深於終身之外書策之哀除於喪紀之內外者不可無節故斷之以三年內者不可遂除故敦之以日月禮太練之日鼓素琴蓋推以即吉也小功以上非虞祔練除不沐浴此拘之以制也曾子問曰相識有喪服可以與於祭乎孔子曰緦不祭又何助於人祭既不與疑無宴食之道又曰廢喪服可以與於饋奠之事乎子曰脫衰與奠非禮也注云爲其忘哀疾愚謂除喪之始不與饋奠小功之內其可觀射乎雜記云大功以下既葬適人人食之其黨也食之非黨也不食食猶擇人於射爲惑伏見明教立射會之限將以二七令辰集城中文武肆武藝於北園行揖讓於中舍時非大閱之秋景涉妨農之節國家縞禫甫除殿下功衰仍襲釋

而爲樂以訓百姓便是易先王之典教忘哀戚之情恐非所以昭令德視子孫者也按射儀射者以禮樂爲本忘而從事不可謂禮鍾鼓弗設不可謂樂捨此二者何用射爲又七日之戲令制無之班勞所施慮違事體庫府空虛宜待新調二三之趣停之爲便乞至九月備飾盡行然後奏狸首之章宣矍相之令聲軒懸建雲鉦神民忻暢於斯時也伏惟慈明遠被萬民是望舉動所書發言唯則願更廣訪賜垂曲採昭其管見之心恕其讜言之責則芻蕘無遺歌輿人有獻誦矣澄意納其言託辭自罷乃答曰文武之道自昔成規明恥教戰振古常軌今雖非公制而此州承前已有斯式既不勞民損公任其私射復何失也且纂文習武人之常藝豈可於常藝之間要須令制乎比適欲依前州府相率王務之暇肆藝良辰亦未言費用庫物也禮兄弟內除明哀已殺小功客至主不絕樂聽樂則可觀武豈傷直自事緣須罷先以令停方獲此請深具來意澄轉揚州啓普惠以羽林監領鎮南大將軍開府主簿尋加威遠將軍普惠既爲澄所知歷佐二藩甚有聲譽旋京之日裝束藍縷澄賚絹二十匹以充行資還朝

仍羽林監又澄遭太妃憂臣竇爲立碑頌題碑欲云康王元妃之碑澄訪於普
惠答曰謹尋朝典但有王妃而無元字魯夫人孟子稱元妃者欲下與繼室聲
子相對今烈懿太妃作配先王更無聲子仲子之嫌竊謂不假元字以別名位
且以氏配姓愚以爲在生之稱故春秋夫人姜氏至自齊既葬以諡配姓故經
書葬我小君文姜氏又曰來歸夫人成風之禭皆以諡配姓古者婦人從夫諡
今烈懿太妃德冠一世故特蒙褒錫乃萬代之高事豈容於定名之重而不稱
烈懿乎澄從之及王師大舉重征鍾離普惠爲安樂王詮別將長史班師除揚
烈將軍相州安北府司馬遷步兵校尉後以本官領河南尹丞世宗崩坐與甄
楷等飲酒遊從免官驍騎將軍刁整家有舊訓將營儉葬普惠以爲矯時太甚
與整書論之事在刁雍傳故事免官者三載之後降一階而敘若才優擢授不
拘此限熙平中吏部尚書李韶奏普惠有文學依才優之例宜特顯敘勑除寧
遠將軍司空倉曹參軍朝議以不降階爲榮時任城王澄爲司空表議書記多
出普惠廣陵王恭北海王顥疑爲所生祖母服朞與三年博士執意不同詔羣

寮會議普惠議曰謹按二王祖母皆受命先朝爲二國太妃可謂受命於天子爲始封之母矣喪服慈母如母在三年章傳曰貴父命也鄭注云大夫之妾子父在爲母大功則士之妾子爲母朞父卒則皆得申此大夫命其妾子以爲母所慈猶曰貴父命爲之三年況天子命其子爲列國王命其所生母爲國太妃反自同公子爲母練冠之與大功乎輕重顛倒不可之甚者也傳曰始封之君不臣諸父昆弟則當服其親服若魯衞列國相爲服朞判無疑矣何以明之喪服君爲姑姊妹女子嫁於國君者傳曰何以大功尊同也尊同則得服其親服諸侯之子稱公子公子不得禰先君然則兄弟一體位列諸侯自以尊同得相爲服不可還準公子遠厭天王故降有四品君大夫以尊降公子大夫之子以厭降名例不同何可亂也禮大夫之妾子以父命慈已申其三年太妃既受命先帝光昭一國二王胙土茅社顯錫大邦舍尊同之高據附不禰之公子雖許蔡失位亦不是過服問曰有從輕而重公子之妻爲其皇姑公子雖厭妻尙獲申況廣陵北海論封則封君之子語妃則命妃之孫承妃纂重遠别先皇更以

先后之正統厭其所生之祖嫡方之皇姑不以遙乎今既許其申服而復限之以朞比之慈母不亦爽歟經曰爲君之祖父母父母妻長子傳曰何以朞父母長子君服斬妻則小君父卒然後爲祖後者服斬今祖乃獻文皇帝諸侯不得祖之母爲太妃蓋二王三年之證議者近背正經以附非類差之毫毛所失或遠且天子尊則配天莫非臣妾何爲命之爲國母而不聽子服其親乎記曰從服者所從亡則已又曰不爲君母之黨服則爲其母之黨服今所從既亡不以親服服其所生則屬從之服於何所施若以諸王入爲公卿便同大夫者則當今之議皆不須以國爲言也今之諸王自同列國雖不之國別置臣寮玉食一方不得以諸侯言之敢據周禮輒同三年當時議者亦有同異國子博士李郁於議罷之後書難普惠普惠據禮還答鄭重三返郁議遂屈轉諫議大夫澄謂普惠曰不喜君得諫議唯喜諫議得君時靈太后父司徒胡國珍薨贈相國太上秦公普惠以前世后父無太上之號詣闕上疏陳其不可左右畏懼莫敢爲通會聞胡家穿壙下壙有磐石乃密表曰臣聞優名寶位王者之所光錫尊君

愛親臣子所以愼終必使勳績相侔號秩相可然後能顯揚當時傳徽萬代者矣竊見故侍中司徒胡公懷道含靈寶誕聖后載育至尊母儀四海近樞克惟允之寄居槐體論道之明故以功餘九錫褒假鑾纛深聖上之加隆極慈后之至愛憲章天下不亦可乎而太上之號竊謂未衷何者易稱天尊地卑乾坤定矣故曰大哉乾元又曰至哉坤元明乾坤不可並大禮記曰天無二日土無二王嘗禘郊社尊無二上明君臣不可並上伏見詔書以司徒爲太上秦公夫人爲太上秦君夫人蒙號於前司徒繫之於後尊光之美盛矣竊惟高祖受禪於獻文皇帝故仰尊爲太上皇此因上上而生名也皇太后稱令以繫敕下蓋取三從之道遠同文母列於十亂則司徒之爲太上恐乖繫敕之意春秋傳曰葬稱公臣子辭明不可復加上也書曰茲予大饗于先王爾祖其從與饗之司徒位尊屬重必當配饗先朝稱太上以爲臣以事太上皇恐非司徒翼翼之心漢祖創有天下尊父曰太上皇母曰昭靈后乃帝者之事晉有小子侯尙曰僭之於天子司徒三公也其可同號於帝乎孔子曰必也正名名不正則言不順言

不順則事不成事不成則禮樂不興禮樂不興則刑罰不中刑罰不中則民無所措手足易曰有大者不可以盈故受之以謙謙尊而光卑而不可踰天道虧盈而益謙地道變盈而流謙鬼神害盈而福謙人道惡盈而好謙又曰困於上者必反於下故受之以井比剋吉定兆而以淺改卜羣心悲惋亦或天地神靈所以垂至戒啓聖凊伏願聖后回日月之明察微臣之請停司徒逼同之號從卑下不踰之稱畏困上之鑒邀謙光之福則天下幸甚臣聞見災修德災變成善此太戊所以與殷桑穀以之自滅況今卜還方始當修革之會愚以為無上之名不可假之脫譏於千載恐貽不言之咎且君之於臣比葬三臨之禮也司徒誠為后父實人臣也雖子尊不加於父乃天下母以義斷恩不可遂在室之意故曰女子有行遠父母兄弟況乃應坤之載承天之重而朔望於司徒之殯晨昏於郊墓之間雖聖思蒸蒸其不虞宜戒離宸極之嚴居疲雲蹕於道路此亦億兆蒼生瞻仰失圖伏願尋載馳之不歸存靜方之光大則草木可繁人靈斯穆臣職忝諫司敢獻狂瞽謹冒上聞不敢宣露乞垂省覽昭臣微款脫得奉

謁聖顏曲盡愚衷者死且不朽太后覽表親至國珍宅召集王公八座卿尹及五品已上博議其事遣使召普惠與相問答又令侍中元乂中常侍賈璨監觀得失任城王澄問普惠曰漢高作帝尊父爲太上皇今聖母臨朝贈父太上公求之故實非爲無準且君舉作則何必循舊對曰天子稱詔太后稱令故周臣十亂文母預焉仰思所難竊謂非匹澄曰前代太后亦有稱詔聖母自欲存謙光之義故不稱耳何得以詔令之別而廢嚴父之孝對曰后父太上自昔未有前代母后豈不欲尊崇其親王何以不遠謨古義而近順今旨未審太后何故謙於稱詔而不謙於太上竊願聖后終其謙光太傅清河王懌曰昔在僭晉褚氏臨朝殷浩遺褚裒書曰足下今之太上皇也況太上公而致疑對曰褚裒以女輔政辭不入朝淵源譏其不恭故有太上之刺本稱其非不記其是不謂殿下以此賜難侍中崔光曰張生表中引晉有小子侯出自鄭注非爲正經對曰雖非正經之文然述正經之旨公好古習禮復固斯難御史中尉元匡因謂崔光曰張表云晉之小子侯以號同稱僭今者太上公名同太上皇比晉小子義

似相類但不學不敢辨其是非普惠對曰中丞既疑其是不正其非豈所望於
三獨尙書崔亮曰諫議所見正以太上之號不應施於人臣然周有太公尙父
亦兼二名人臣尊重之稱固知非始今日普惠對曰尙父者有德可稱太上者
上中之上名同義異此亦非並亮又曰古有文王武王亦有文子武子然則太
上皇太上公亦何嫌于同也普惠對曰文武者德行之迹故迹同則謚同太上
者尊極之位豈得通施於臣下廷尉少卿袁翻曰周官上公九命上大夫四命
命數雖殊同名爲上何必上者皆是極尊普惠厲聲訶翻曰禮有下卿上士何
止大夫與公但今所行以太加上二名雙舉不得非極雕蟲小藝微或相許至
於此處豈卿所及翻甚有慚色默不復言任城王澄曰諫諍之體各言所見至
於用捨固在應時卿向答袁氏聲何太厲普惠對曰所言若是宜見採用所言
若非懼有罪及是非須辨非爲苟競澄曰朝廷方開不諱之門以廣忠言之路
卿今意在向義何云乃慮罪罰議者咸以太后當朝志相黨順遂奏曰張普惠
辭雖不屈然非臣等所同渙汗已流請依前詔太后復遣元乂賈璨宣令謂普

惠曰朕向召卿與羣臣對議往復既終皆不同卿表朕之所行孝子之志卿之所陳忠臣之道羣公已有成議卿不得苦奪朕懷後有所見勿得難言普惠於是拜令辭還初普惠被召傳詔馳驛騮馬來甚迅速佇立催去普惠諸子憂怖涕泣普惠謂曰我當休明之朝掌諫議之職若不言所難言諫所難諫便是唯唯曠官尸祿人生有死死得其所夫復何恨然朝廷有道汝輩勿憂及議罷旨勞還宅親故賀其幸甚時中山莊弼遺書普惠曰明侯淵儒碩學身負大才秉此公方來居諫職謇謇如也諤諤如也一昨承胡司徒等當面折庭諍雖問難鋒至而應對響出宋城之帶始縈魯門之柝裁警終使羣后逡巡庶寮拱默雖不見用於一時固已傳美於百代聞風快然敬裁此白普惠美其此書每爲口實普惠以天下民調幅度長廣尚書計奏復徵綿麻恐其勞民不堪命上疏曰伏聞尚書奏復綿麻之調尊先皇之軌夙宵惟度忻戰交集何者聞復高祖舊典所以忻惟新俱可復而不復所以戰違法仰惟高祖廢大斗去長尺改重秤所以愛萬姓從薄賦知軍國須綿麻之用故云幅度之閒億兆應有綿麻之利

故絹上稅綿八兩布上稅麻十五斤萬姓得廢大斗去長尺改重秤荷輕賦之饒不適於綿麻而已故歌舞以供其職奔走以役其勤天子信於上億兆樂於下故易曰悅以使民民忘其勞此之謂也自茲以降漸漸長闊百姓嗟怨聞於朝野伏惟皇太后未臨朝之前陛下居諒闇之日宰輔不尋其本知天下之怨綿麻不察其幅廣度長秤重斗大革其所弊存其可存而特放綿麻之調以悅天下之心此所謂悅之不以道愚臣所以未悅者也尚書旣知國少綿麻不惟法度之(闕字)易民言之可畏便欲去天下之大信棄已行之成詔追前之非遂後之失奏求還復綿麻以充國用不思庫中大有綿麻而羣官共竊之愚臣以爲於理未盡何者今宮人請調度造衣物必度忖秤量絹布疋有尺丈之盈一猶不計其廣絲綿斤兼百銖之剩未聞依律罪州郡若一疋之濫一斤之惡則鞭戶主連三長此所以教民以貪者也今百官請俸人樂長闊幷欲厚重無復準極得長闊厚重者便云其州能調絹布精闊且長橫發美譽以亂視聽不聞嫌長惡廣求計還官者此百司所以仰負聖明也今若必復綿麻者謂宜先令四

海知其所由明立嚴禁復本幅度新綿麻之典依太和之稅其在庫絹布并及絲綿不依典制者請遣一尚書與太府卿左右藏令依今官度官秤計其斤兩廣長折給請俸之人總常俸之數千俸所出以布綿麻亦應其一歲之用使天下知二聖之心愛民惜法如此則高祖之軌中興於神龜明明慈信照布於無窮則孰不幸甚伏願亮臣悾悾之至下慰蒼生之心普惠又表乞朝直之日時聽奉見自此之後月一陛見又以肅宗不親視朝過崇佛法郊廟之事多委有司上疏曰臣聞明德卹祀成湯光六百之祚嚴父配天孔子稱周公其人也故能馨香上聞福傳遐世伏惟陛下重暉纂統欽明文思天地屬心百神佇望故宜敦崇祀禮咸秩無文而告朔朝廟不親於明堂嘗禘郊社多委於有司觀射遊苑躍馬騁中危而非典豈清蹕之意殖不思之冥業損巨費於生民減祿削力近供無事之僧崇飾雲殿遠邀未然之報昧爽之臣稽首於外玄寂之衆遨遊於內愆禮忤時人靈未穆愚謂從朝夕之因求祇劫之果未若先萬國之忻心以事其親使天下和平災害不生者也伏願淑慎威儀萬邦作式躬致郊廟

之虔親紆朔望之禮釋奠成均竭心千畝明發不寐潔誠禋祼孝悌可以通神明德教可以光四海則一人有喜兆民賴之然後精進三寶信心如來道由化深故諸漏可盡法隨禮積故彼岸可登量撤僧寺不急之華還復百官久折之秩已與之構務從簡成將來之造權令停息仍舊亦可何必改作庶節用愛人法俗俱賴臣學不經遠言多孟浪忝職其憂不敢默爾尋別敕付外議釋奠之禮時史官剋日蝕豫敕罷朝普惠以逆廢非禮上疏陳之又表論時政得失一曰審法度平斗尺調租務輕賦役務省二曰聽輿言察怨訟先皇舊事有不便於政者請悉追改三曰進忠謇退不肖任賢勿貳去邪勿疑四曰興滅國繼絶世勳親之胤所宜收敘書奏肅宗靈太后引普惠於宣光殿隨事難詰延對移時令曰寧有先皇之詔一一飜改普惠僶俛不言令曰卿似欲致諫故以左右有人不肯苦言朕爲卿屏左右卿其盡陳之對曰聖人之養庶物愛之如傷況今二聖纂承洪緒妻承夫子承父夫父之不可安然仍行豈先帝傳委之本意仰惟先帝行事或有司之謬或權時所行在後以爲不可者皆追而正之聖上

忘先帝之自新不間理之伸屈一皆抑之豈蒼生黎庶所仰望於聖德太后曰小小細務一一䶕動更成煩擾普惠曰聖上之養庶物若慈母之養赤子今赤子幾臨危壑將赴水火以煩勞而不救豈赤子所望於慈母太后曰天下蒼生寧有如此苦事普惠曰天下之親懿莫重於太師彭城王然遂不免枉死微細之苦何可得無太后曰彭城之苦吾已封其三子何足復言普惠曰聖后封彭城之三子天下莫不忻至德知慈母之在上臣所以重陳者凡如此枉乞垂聖察太后曰卿云興滅國繼絕世滅國絕世竟復誰是普惠曰昔淮南逆終漢文封其四子蓋骨肉之不可棄親親故也竊見故太尉咸陽王冀州刺史京兆王乃皇子皇孫一德之虧自貽悔戾沉淪幽壤緬焉弗收豈是興滅繼絕之意乞收葬二王封其子孫愚臣之願太后曰卿言有理朕深戢之當命公卿博議此事及任城王澄薨普惠以吏民之義又荷其恩待朔望奔赴至於禫除雖寒暑風雨無不必至初澄嘉賞普惠臨薨啓爲尚書右丞靈太后既深悼澄覽啓從之詔行之後尚書諸郎以普惠地寒不應便居管轄相與爲約並欲不放上省

紛紜多日乃息正光二年詔遣楊鈞送蠕蠕主阿那瓌還國普惠謂遣之將貽後患上疏曰臣聞乾元以利貞爲大非義則不動皇王以博施爲功非類則不從故能始萬物而化天下者也伏惟陛下叡哲欽明道光虞舜八表宅心九服清晏蠕蠕相害於朔垂妖師扇亂於江外此乃封豕長蛇不識王度天將悔其罪所以奉皇魏故荼毒之辛苦之令知至道之可樂也宜安民以悅其志恭己以懷其心而先自勞擾艱難下民興師郊甸之內遠投荒塞之外救累世之勍敵可謂無名之師諺曰唯亂門之無過愚情未見其可當是邊將窺竊一時之功不思兵爲凶器不得已而用之者也夫白登之役漢祖親困之樊噲欲以十萬衆橫行匈奴中季布以爲不可請斬之千載以爲美況今旱酷異常聖慈降膳乃以萬五千人使楊鈞爲將而欲定蠕蠕忤時而動其可濟乎阿那瓌投命皇朝撫之可也豈容困疲我兆民以資天喪之虜昔莊公納子糾以致乾時之敗魯僖以邾國而有懸胄之恥今蠕蠕時亂後主繼立雖云散亡姦虞難抑脫有井陘之慮楊鈞之肉其可食乎高車蠕蠕連兵積年饑饉相仍須其自斃小

亡大傷然後一舉而并之此卞氏之高略所以獲兩虎不可不圖之今士山告難觴書相續蓋亦無能爲也正與今舉相會天其或者欲以告戒人不欲使南北兩疆並與大衆脫狂狡構閑於其間而復事連中國何以寧之今宰輔專欲好小名不圖安危大計此微臣所以寒心者也那瓌之不還負何信義此機之際北師宜停臣言不及義文書所經過不敢不陳兵猶火也不戢將自焚二虜自滅之形可以爲殷鑒伏願輯和萬國以靜四疆混一之期坐而自至矣臣愚昧多違必無可採匹夫之智願以呈獻表奏詔答曰夫窮鳥歸人尚或與惻況那瓌嬰禍流離遠來投庇在情在國何容弗矜且納亡興喪有國大義皇魏堂堂寧廢斯德後主亂亡似當非謬此送彼迎想無拒戰國義宜表朝筭已決卿深誠厚慮朕用嘉戢但此段機略不獲相從脫後不逮勿憚匡言時蕭衍義州刺史文僧明舉城歸順揚州刺史長孫稚遣別駕封壽入城固守衍將裴邃湛僧率衆攻逼詔普惠爲持節東道行臺攝軍司赴援之軍始度淮而封壽已棄城單馬而退軍罷還朝蕭衍弟子西豐侯正德詐稱降款朝廷頗事當迎普惠

上疏請赴揚州移還蕭氏不從俄而正德果逃還涼州刺史石士基行臺元洪超並贓貨被繩以普惠爲右將軍涼州刺史卽爲西行臺以病辭免除光祿大夫右丞如故先是仇池武興羣氐數反西垂郡戍租運久絕詔普惠以本官爲持節西道行臺給秦岐涇華雍豳東秦七州兵武三萬人任其召發送南秦東益二州兵租分付諸戍其所部將統聽於關西牧守之中隨機召遣軍資板印之屬悉以自隨普惠至南秦停岐涇華雍豳東秦六州兵武召秦州兵武四千人分配四統令送租兵連營接柵相繼而進運租車驢隨機輸轉別遣中散大夫封答慰喻南秦員外常侍楊公熙宜勞東益氐民於時南秦氐豪吳富聚合兇類所在邀劫公熙既至東益州刺史魏子建密與普惠書言公熙舊是蕃國之胤而諸氐與相見者必有陰私言宜加圖防普惠乃符攝公熙令赴南秦公熙果已密遣其從兄山虎與吳富同逆又妄自說鄉里紛動羣氐託云與崔南秦有隙拒而不赴租達平落吳富等果憎車營實公熙所潛遣也後吳富雖爲左右所殺而後黨猶盛秦闕所縮武都武階租頗得達東益羣氐先款順故廣

業仇鳩河池三城粟便得入其應入東益十萬石租皆稽留費盡升斗不至鎮
戍兵武遂致飢虛咸恨普惠經略不廣事訖普惠拜表按劾公熙還朝賜絹布
一百段時詔訪寃屈普惠上疏曰詩稱文王孫子本枝百世易曰大君有命開
國承家皆所以明德睦親維城作翰漢祖封爵之誓曰使黃河如帶太山如礪
國以永存爰及苗裔又申之以丹書之信重之以白馬之盟其以彊大分王罪
犯蹙邑者蓋有之矣未聞父基子搆世載忠賢一死一削用爲恆典者也故尚
書令臣肇未能遠稽古義近究成旨以初封之詔有親王二千戶始蕃一千戶
二蕃五百戶三蕃三百戶謂是親疎世減之法又以開國五等有所減之言以
爲世減之趣遂立格奏奪稱是高祖本意仍被旨可差謬之來亦已甚矣遂使
勳親懷屈幽顯同寃紛訟彌年莫之能息臣輒遠研旨格深窮其事世變減奪
今古無據又尋詔書稱昔未可采今始列璧疑豈得混一內分久近也故樂良
樂安同蕃異封廣陽安豐屬別戶等安定之嫡邑齊親王河間戚近更從蕃食
是乃太和降旨初封之倫級勳親兼樹非世減之大驗者也博陵襲爵亦在太

和之年時不世減以父嘗全食足戶充本同之始封減從今式如此則減者減其所足之外足者足其所減之內減足之旨乃為所貢所食耳欲使諸王開國弗專其民賦役之差貴賤有等蓋準擬周禮公侯伯子男貢稅之法王食其半公食三分之一侯伯四分之一子男五分之一是以新興得足充本清淵吏多減戶故始封承襲俱稱所減謂減之以貢食謂食之於國斯實高祖霈然之詔減實之理聖明自釋求之史帛猶有未盡時尚書臣琇疑減足之參差旨又判之以開訓所減之旨可以不疑於世減矣而臣肇弗稽往事曰五等有所減之格用為世減之法以王封有親疎之等謂是代削之條妄解成旨雷同世奪以此毒天下民其從乎故太傅任城文宣王臣澄樞弼累朝識洞今古為尚書之日殷勤執請孜孜於重議被旨不許於此遂停又律罪例減及先帝之緦麻今給親恤止當世之有服律令相違威澤異品使七廟曾玄不治未恤嫡封則爵祿無窮枝庶則屬內貶絕儀刑作孚億兆何觀夫一人吁嗟尚曰虧治今諸王五等各稱其寃七廟之孫並訟其切陳訴之案盈於省曹朝言巷議咸云其苦

恐非先王所以建萬國親諸侯睦九族之義也臣猥忝今任於茲五年推尋旨格謂無世滅之理請近遵高祖減食之謨遠循百代象賢之誥退由九伐進從九儀則刑罰有倫封不虛黜斯乃文王所以克愼不敢侮於鰥寡而況於公侯伯子男乎今旨訪寃滯愚以此爲大者求尋光錫之詔幷諸條格所奪所請事事窮審諸王開國非犯罪削奪者並求還復其昔嘗全食足戶充本減從令式者從前則力多於親懿全奪則減足之格不行愚謂祿力並應依所闕一之食而食之若是則力少蕃王粟帛仍本戶邑雖盈之減兩秦旣有全食足戶之異故不得同於新封之力耳親恤所哀請依律斷伏惟親親尊賢位必功立尊賢以司民可不愼乎親親以牧族其可棄乎如脫蒙允求以旨判爲始其前來吏秩悉年久不追臣又聞明德愼罰文王所以造周咸有一德殷湯所以革夏故能上令下從風動草偃畏之如雷霆敬之如明神是以天子家天下綏萬國若天之無不覆地之無不載遷都之構庶方子來汎澤所沾降及陪皂寧有岳牧二千石縣令丞尉治中別駕及諸軍幢受命於朝廷而可不預乎此之班駮雲

兩之不平謂是當時有司出納之未允何以明之仰尋世宗詔書百官普進一級中有朝臣刺史登時褒授則內外貴賤莫不同澤又覆奏稱爰及陪皂明無不逮自後人率其心紛綸盈庭嫌少誤惑視聽限以汎前更爲年斷六年三年之考以意折之汎前汎後之歲隔而絕之遂使如綸之旨頓於一朝汎前六年上第者全不得汎三年上第者蒙半階而已汎前汎後合考者隔絕而不得無考者無折而全汎前汎後有考無考並蒙全汎與否乖違勤舊彌屈差若毫釐謬以千里其此之謂乎易曰言行君子之所以動天下可不愼歟言之不從無以抑之遂奏奪牧守外祿全不與汎散官改爲四年之考汎前者八年一階政令不一寃訟惟甚與而復奪其本在茲致使邀駕擊鼓者無理以加其罪誹謗公聽者無辭以抑其言噂喈所由生慢悖所由起夫琴瑟不調澆而更張善人國之本也其可棄乎詩云樂只君子邦家之基堯典曰克明俊德呂刑曰何擇非人周官曰官弗必備惟其人咎繇曰無曠庶官天工人其代之詩云人之云亡邦國殄悴又曰兩我公田遂及我私孔子曰不患貧而患不均如此則官必

擇人汎則宜溥請遠遵正始元旨近準聖明二汎內外百官悉同一階不以汎

前折考不以散任增年則同雲共澍四海均洽如謂未可宜以權理折之易曰

聖人之大寶曰位何以守位曰仁春秋傳曰一曰擇人如此則乃可無汎不可

無考守宰之汎既以追奪則百官之汎不應獨霑溥澤既收復誰敢怨夫三載

之考與於太和再周之陟通於景明閑劇祿力自有加減陪臣以事省降而考

則三年朝官既祿等平曹更四周乃陟考祿參差各稱其枉且一日從軍征戍

苦於煩任終年專使決斷重於陪臣恆上若通爲三載之考無汎隔折則各盈

其分亦足以近塞羣口遠綏四方日昳求賢猶有所失況不遵擇人之訓唯以

停久而進乎自今已後考黜願以三宅革心選進願以三儁居德書曰舉能其

官惟爾之能稱非其人惟爾弗任斯周道所以佑辟康民敢不敬守臣忝官樞

副毗察寃訟寤寐惟省謂宜追正愚固所陳萬無可採出除左將軍東豫州刺

史淮南九戍十三郡猶因蕭衍前弊別郡異縣之民錯雜居止普惠乃依次括

比省減郡縣上表陳狀詔許之宰守因此綰攝有方姦盜不起民以爲便蕭衍

遣將胡廣來寇安陽軍主陳明祖等憺白沙鹿城二戍衍又遣定州刺史田超秀田僧達等竊陷石頭戍徑據安陂城郢州新塘之賊近在州西數十里普惠前後命將拒戰並破之普惠不營財業好有進舉敦於故舊冀州人侯堅固少時與其遊學早終其子長瑜普惠每於四時請祿無不減贍給其衣食及爲豫州啓長瑜解褐攜其合門拯給之孝昌元年三月在州卒時年五十八贈平北將軍幽州刺史諡曰宣恭

長子榮儁武定末齊王相府屬

榮儁弟龍子揚州驃騎府長史

史臣曰孫紹關右之士又能指論世務亦其志也張普惠明達典故彊直從官侃然不撓其有王臣之風矣

魏書卷七十八考證

張普惠傳何以不遠謨古義○謨應作模

魏書卷七十八考證

珍倣宋版印

魏書卷七十九

齊　魏收　撰

列傳第六十七

成淹　范紹　劉桃符　劉道斌　董紹　馮元興　鹿悆　張熠

成淹字季文上谷居庸人也自言晉侍中粲之六世孫祖昇家於北海父洪名犯顯祖廟諱仕劉義隆爲撫軍府中兵參軍早卒淹好文學有氣尚劉子業輔國府刑獄參軍事劉彧以爲員外郎假龍驤將軍領軍主令援東陽歷城皇興中降慕容白曜赴闕授兼著作郎時顯祖於仲冬之月欲巡漠北朝臣以寒甚固諫並不納淹上接輿釋遊論顯祖覽之詔尚書李訢曰卿等諸人不如成淹論通釋人意乃勑停行太和中文明太后崩蕭賾遣其散騎常侍裴昭明散騎侍郎謝竣等來弔欲以朝服行事主客執之云弔有常式何得以朱衣入山庭昭明等言本奉朝命不容改易如此者數四執志不移高祖勑尚書李沖令選一學識者更與論執沖奏遣淹昭明言未解魏朝不聽朝服行禮義出何典淹

言吉凶不同禮有成數玄冠不弔童孺共聞昔季孫將行請遭喪之禮千載之下猶共稱之卿遠自江南奉慰不能式遵成事方謂議出何典行人得失何其異哉昭明言二國交和旣久南北皆須準望齊高帝崩魏遣李彪通弔於時初不素服齊朝亦不以爲疑邪得苦見要逼淹言彪通弔之日朝命以弔服自隨而彼不遵高宗追遠之慕乃踰月卽吉彪行弔之時齊之君臣皆已鳴玉盈庭貂璫曜日百寮內外朱服煥然彪行人不被主人之命復何容獨以素服閒衣冠之中來責雖高未敢聞命我皇帝仁孝之性侔於有虞處諒闇以來百官聽於冢宰卿豈得以此方彼也昭明乃搖膝而言三皇不同禮亦安知得失所歸淹言若如來談卿以虞舜高宗爲非也昭明遂相顧而笑曰非孝者宣尼有成責行人亦弗敢言希主人裁以弔服使人唯齎袴褶比旣戎服不可以弔幸借緇衣帢以申國命今爲魏朝所逼違負指授還南之日必得罪本朝淹言彼有君子也卿將命折中還南之日應有高賞若無君子也但令有光國之譽雖復非理見罪亦復何嫌南史董狐自當直筆旣而高祖遣李沖問淹昭明所言淹

以狀對高祖詔沖曰我所用得人仍勑送衣帢給昭明等賜淹果食明旦引昭明等入皆令文武盡哀後正侍郎高祖以淹清貧賜絹百匹十六年蕭賾遣其散騎常侍庾華散騎侍郎何憲主書邢宗慶朝貢值朝廷有事明堂因登靈臺以觀雲物高祖勑淹引華等館南矚望行禮事畢還外館賜酒食宗慶語淹言南北連和既久而比棄信絕好爲利而動豈是大國善隣之義淹言夫爲王者不拘小節中原有菽工採者獲多豈眷眷守尾生之信且齊先主歷事宋朝荷恩積世當應便爾欺奪宗慶庾華及行者皆相顧失色何憲知淹昔從南入而以手掩目曰卿何爲不作于禁而作魯肅淹言我捨危効順欲追蹤陳韓何于禁之有憲亦不對王肅歸國也高祖以淹曾官江表詔觀是非乃造肅與語還奏言實時議紛紜猶謂未審高祖曰明日引入我與語自當知之及鑾輿行幸肅多扈從勑淹將引若有古跡皆使知之行到朝歌肅問此是何城淹言紂都朝歌城肅言故應有殷之頑民也淹言昔武王滅紂悉居河洛中因劉石亂華仍隨司馬東渡肅知淹寓於青州乃笑而謂淹曰青州閑何必無其餘種淹以

肅本隸徐州言青州本非其地徐州閑今日重來非所知也肅遂伏馬上掩口而笑顧謂侍御史張思寧曰向者聊因戲言遂致辭溺思寧馳馬奏聞高祖大悅謂彭城王勰曰淹此段足爲制勝輿駕至洛肅因侍宴高祖戲肅曰近者行次朝歌聞成淹共卿殊有往覆卿試重敘之肅言臣前朝歌爲淹所困不謂此事仰聞聽覽臣爾日失言一之已甚豈宜再說遂皆大笑高祖又謂肅曰淹能制卿其才亦不困肅言淹才詞便爲難有聖朝宜應敘進高祖言若因此進淹恐辱卿轉甚肅言臣屈己達人正可顯臣之美高祖曰卿既爲人所屈欲求屈己之名復於卿太優肅言淹既蒙進臣得屈己伸人此所謂陛下惠而不費遂酣笑而止乃賜淹龍廐上馬一疋幷鞍勒宛具朝服一襲轉謁者僕射時遷都高祖以淹家無行資勑給事力送至洛陽幷賜假日與家累相隨行次靈丘屬蕭鸞遣使勑驛馬徵淹車駕濟淮淹於路左請見高祖竚駕而進之淹曰蕭鸞悖虐幽明同棄陛下俯應人神按劍江涘然敵不可小蜂蠆有毒而況國乎深願聖明保萬全之策詔曰此前車之轍得不慎乎淹曰伏聞發洛已來諸有諫

者解官奪職恐非聖明納下之義高祖曰此是我命耳卿不得爲干斧鉞淹曰昔文王詢於芻蕘晉文聽輿人之誦臣雖卑賤敢同匹夫高祖優而容之詔賜絹百匹高祖幸徐州敕淹與閭龍駒等主舟檝將汎泗入河泝流還洛軍次碻磝淹以黃河峻急慮有傾危乃上疏陳諫高祖敕淹曰朕以恆代無運漕之路故京邑民貧今移都伊洛欲通運四方而黃河急峻人皆難涉我因有此行必須乘流所以開百姓之心知卿至誠而今者不得相納敕賜驊騮馬一疋衣冠一襲除羽林監領主客令加威遠將軍于時宮殿初構經始務廣兵民運材日有萬計伊洛流澌苦於厲涉淹遂啓求敕都水造浮航高祖賞納之意欲榮淹於衆朔旦受朝百官在位乃賜帛百疋知左右二都水事世宗初司徒彭城王勰曰先帝本有成旨淹有歸國之誠兼歷官著稱宜加優陟高祖雖崩詔猶在耳乃相聞選曹加淹右軍領左右都水仍主客令復授驍騎將軍加輔國將軍都水主客如故淹小心畏法典客十年四方貢聘皆有私遺毫氂不納乃至衣食不充遂啓乞外祿景明三年出除平陽太守將軍如故還朝病卒贈本將軍

光州刺史謚曰定
子霄字景鸞亦學涉好爲文詠但詞彩不倫率多鄙俗與河東姜質等朋遊相好詩賦閑起知音之士共所嗤笑閭巷淺識頌諷成羣乃至大行於世歷治書侍御史而卒

范紹字始孫敦煌龍勒人少而聰敏年十二父命就學師事崔光以父憂廢業母又誡之曰汝父卒日令汝遠就崔生希有成立今已過期宜遵成命紹還赴學太和初充太學生轉算生頗涉經史十六年高祖選爲門下通事令史遷錄事令掌奏文集高祖善之又爲侍中李沖黃門崔光所知出內文奏多以委之高祖曾謂近臣曰崔光從容范紹之力稍遷彊弩將軍積弩將軍公車令加給事中遷羽林監揚州刺史任城王澄請征鍾離勑紹詣壽春共量進止澄曰須兵十萬往還百日渦陽鍾離廣陵廬江欲數道俱進但糧仗軍資須朝廷速遣紹曰計十萬之衆往還百日須糧百日頃秋以向末方欲徵召兵仗可集恐糧難至有兵無糧何以剋敵願王善思爲社稷深慮澄沉思良久曰實如卿言使

還具以狀聞後澄遂征鍾離無功而返尋除長兼奉車都尉轉右都水使者録事如故丁母憂去職值義陽初復起紹除寧遠將軍郢州龍驤府長史帶義陽太守其年冬使還都值朝廷有南討之計發河北數州田兵二萬五千人通緣淮戍兵合五萬餘人廣開屯田八座奏紹爲西道六州營田大使加步兵校尉紹勤於勸課頻歲大獲又詔紹詣鍾離與都督中山王英論攻鍾離形勢英固言必剋紹觀其城隍防守恐不可陷勸令班師英不從紹還具以狀聞俄而英敗詔以徐豫二境民稀土曠令紹量度處所更立一州紹以譙城形要之所置州爲便遂立南兗入爲主衣都統加中堅將軍轉前軍將軍追賞營田之勤拜游擊將軍遷龍驤將軍太府少卿都統如故轉長兼太府卿紹量功節用甄煩就簡凡有賜給千匹以上皆別覆奏然後出之靈太后嘉其用心勑紹每月入見諸有益國利民之事皆令面陳出除安北將軍幷州刺史清愼守法頗得民和值山胡來寇不能擊以此損其聲望復入爲太常卿莊帝初遇害河陰

劉桃符中山盧奴人生不識父九歲喪母性恭謹好學舉孝廉射策甲科歷碎

職景明中羽林監領主書蕭寶夤之降也桃符受詔迎接歷奉車都尉長水校尉游擊將軍正始中除征虜將軍中書舍人以勤明見知久不還職世宗謂之曰揚子雲為黃門頻歷三世卿居此任始十年不足辭也東豫州刺史田益宗居邊貪穢世宗頻詔桃符為使慰喻之桃符還具稱益宗既老耄而諸子非理處物世宗後欲代之恐其背叛拜桃符征虜將軍豫州刺史與後軍將軍李世哲領衆襲益宗語在益宗傳桃符善恤蠻左為民吏所懷久之徵還病卒年五十一贈後將軍洛州刺史

子景均殿中侍御史

劉道斌武邑灌津人自云中山靖王勝之後也幼而好學有器幹及長腰帶十圍鬚髯甚美舉孝廉入京拜校書郎轉主書頗為高祖所知從征南陽還加積射將軍給事中高祖謂黃門侍郎邢巒曰道斌是段之舉便異儕流矣世宗即位遷謁者僕射轉步兵校尉廣武將軍領中書舍人出為武邑太守時冀州新經元愉逆亂之後加以連年災儉道斌頻為表請蠲其租賦百姓賴之罷郡還

除右將軍太中大夫又以本將軍出爲恆農太守遷岐州刺史所在有清治之稱正光四年卒於州贈平東將軍滄州刺史改贈濟州諡曰康道斌在恆農修立學館建孔子廟堂圖畫形像去郡之後民故追思之乃復畫道斌形於孔子像之西而拜謁焉

子士長武定中碭郡太守卒

董紹字興遠新蔡鮦陽人也少好學頗有文義起家四門博士歷殿中侍御史國子助教積射將軍兼中書舍人辯於對問爲世宗所賞豫州城人白早生以城南叛詔紹慰勞至上蔡爲賊所襲因送江東仍被鏁禁蕭衍領軍將軍呂僧珍甚與紹言便相器重衍聞之遣使勞紹云忠臣孝子不可無之今當聽卿還國紹對曰老母在洛無復方寸既奉恩貸實若更生衍又遣主書霍靈超謂紹曰今放卿還令卿通兩家之好彼此息民豈不善也對曰通好息民乃兩國之事旣蒙命及輒當聞奏本朝衍賜紹衣物引入見之令其舍人周捨慰勞并稱戰爭多年民物塗炭是以不恥先言與魏朝通好比亦有書都無報旨卿宜備

申此意故遣傳詔周靈秀送卿至國遲有嘉問又令謂紹曰卿知所以得不死不今者獲卿乃天意也夫千人之聚不散則亂故須立君以治天下不以天下養一人凡在民上胡不思此若欲通好今以宿豫還彼彼當以漢中見歸先是詔有司以所獲衍將齊苟兒等十人欲以換紹事在司馬悅傳及紹還世宗愍之永平中除給事中仍兼舍人紹雖陳說和計朝廷不許久之加輕車將軍正舍人又除步兵校尉蕭宗初紹上御天馬頌帝賞其辭賜帛八十匹又除龍驤將軍中散大夫舍人如故加冠軍將軍出除右將軍洛州刺史紹好行小惠頗得民情蕭衍將軍曹義宗王玄真等寇荊州據順陽馬圈裴衍王羆討之既復順陽進圍馬圈城堅裴王糧少紹上書言其必敗未幾裴衍等果失利順陽復爲義宗所據紹有氣病啓求解州詔不許蕭寶夤反於長安也紹上書求擊之云臣當出瞎巴三千生噉蜀子肅宗謂黃門徐紇曰此巴真瞎也紇曰此是紹之壯辭云巴人勁勇見敵無所畏懼非實瞎也帝大笑勑紹速行又加平西將軍以拒寶夤之功賞新蔡縣開國男食邑二千戶永安中代還於是除安西將

軍梁州刺史假撫軍將軍兼尚書爲山南行臺頗有清稱前廢帝以元孚代之紹至長安時尒朱天光爲關右大行臺啓紹爲大行臺從事兼吏部尚書又除征南將軍金紫光祿大夫天光赴洛留紹於後天光敗賀拔岳復請紹爲其開府諮議參軍永熙中加車騎將軍岳後攜紹於高平牧馬紹悲而賦詩曰走馬山之阿馬渴飲黃河寧謂胡關下復聞楚客歌後爲宇文黑獺所殺

子敏永安中爲太尉西閤祭酒

馮元興字子盛東魏郡肥鄉人也其世父僧集官至東清河西平原二郡太守贈濟州刺史元興少有操尚隨僧集在平原因就中山張吾貴常山房虬學通禮傳頗有文才年二十三還鄉教授常數百人領寮孝廉對策高第又舉秀才時御史中尉王顯有權寵元興奏記於顯召爲檢校御史尋轉殿中除奉朝請三使高麗江陽王繼爲司徒元興爲記室參軍遂爲元乂所知乂秉朝政引元興爲尚書殿中郎領中書舍人仍御史元興居其腹心預聞時事卑身克己人無恨焉家數貧約食客恆數十人同其飢飽曾無吝色時人歎尚之及太保崔

光臨甕薦元與爲侍讀尚書賈思伯爲侍講授肅宗杜氏春秋於式乾殿元與常爲擿句儒者榮之及乂欲解領軍以訪元與元與曰未知公意如何耳乂曰卿謂吾欲反也元與不敢言因勸之乂旣賜死元與亦被廢乃爲浮萍詩以自喻曰有草生碧池無根緣水上脆弱惡風波危微苦驚浪丞相高陽王雍召爲兼屬未幾去任還鄉僕射元羅爲東道大使以元與爲本郡太守尋徵赴闕以母憂還家頻值鄉亂數爲監軍元與多所賞罰鄉黨頗以此憾焉上黨王天穆之討邢杲引爲大將軍從事中郎元顥入洛復爲平北將軍光祿大夫領中書舍人莊帝還宮天穆以爲太宰諮議參軍加征虜將軍普泰初安東將軍光祿大夫領中書舍人太昌初卒於家贈征東將軍齊州刺史文集百餘篇元與世寒因元乂之勢託其交道相用爲州主簿論者以爲非倫高祖時有譙郡曹道頗涉經史有幹用舉孝廉太和中東宮主書門下錄事景明中尚書都令史領主書後轉中書舍人行使每稱旨出除東郡太守卒贈儀同三司又有北海曹昇亦以學識清立見知歷治書侍御史永安中黄門郎散騎常侍出帝世國子

祭酒不營家產至以餒卒於鄴時人傷歎之又齊郡曹昂有學識舉秀才永安中太學博士兼尚書郎而常徒步上省以示清貧忽遇盜大失綾縑時人鄙其矯詐

鹿悆字永吉濟陰人父生在良吏傳悆好兵書陰陽釋氏之學太師彭城王勰召爲館客嘗詣徐州馬疲附船而至大梁夜睡從者上岸竊禾四束以飼其馬船行數里悆覺問得禾之處從者以告悆大忿即停船上岸至取禾處以縑三丈置禾束下而返初爲真定公元子直國中尉恆勸以忠廉之節嘗賦五言詩曰嶧山萬丈樹雕鏤作琵琶由此材高遠弦響藹中華又曰援琴起何調幽蘭與白雪絲管韻未成莫使弦響絕子直少有令問悆欲其善終故以諷焉母憂去職服闋仍卒任子直出鎮梁州悆隨之州州有兵糧和糴和糴者靡不潤屋悆獨不取子直彊之終不從命莊帝爲御史中尉悆兼殿中侍御史監臨淮王彧軍時蕭衍遣其豫章王綜據徐州綜密信通彧云欲歸款綜時爲蕭衍愛子衆議咸謂不然或募人入報驗其虛實悆遂請行曰若綜有誠心與之盟約如

其詐也豈惜一人命也時徐州始陷邊方騷擾綜部將成景儁胡龍牙並總彊兵內外嚴固悆遂單馬間出徑趣彭城未至之間爲綜軍主程兵潤所止問其來狀悆答曰兵交使在自昔通言我爲臨淮王所使須有交易兵潤遂先遣人白龍牙等綜既有誠心聞悆被執語景儁等曰我每疑元略規欲叛城將驗其虛實且遣左右爲元略使入魏軍中喚彼一人其使果至可令人詐作略身在一深室詭爲患狀呼使戶外令人傳語時略始被衍追還綜又遣腹心梁話迎悆密語意狀令善酬答引悆入城詣龍牙所時日已暮龍牙列仗舉火引悆曰元中山甚欲相見故令喚卿又曰安豐臨淮將少弱卒規復此城容可得乎悆曰彭城魏之東鄙勢在必爭得否在天非人所測龍牙曰當如卿言復詣景儁住所停悆在外門久而未入時夜已久星月甚明有綜軍主姜桃來與悆語曰君年已長宿又充今使良有所達元法僧魏之微子拔城歸梁梁主待物有道乃舉手上指今歲星在斗斗吳之分野君何爲不歸梁國我令君富貴悆答曰君徒知其一未知其二法僧者莒僕之流而梁納之無乃有愧於季孫也今月

建鶉首斗牛受破歲星木也逆而剋之君吳國敗喪不久且衣錦夜遊有識不許言未及盡引入見景儁景儁曰元中山雖曰相喚不懼而來何也答曰昔楚伐吳吳遣蹙由勞師今者此行略同於彼又曰遊歷多年與卿先經相識仍敘由緣景儁便記引悆同坐謂悆曰卿不爲刺客也答曰今者爲使欲返命本朝相刺之事更卜後圖爲設飯食雜果悆彊飲多食向敵數人微自夸矜諸人相謂曰壯士哉乃引向元略所一人引入戶內指床令坐一人別在室中出謂悆曰中山有教與君相聞悆遂起立使人謂悆曰君但坐悆曰家國王子豈有坐聽教命使人曰頓首君我昔有以向南且遣相喚欲聞鄉事晚來患動不獲相見悆曰且奉音旨冒險祇赴不得瞻見內懷反側遂辭而退須臾天曉綜軍主范勗景儁司馬楊暕等競問北朝士馬多少悆云秦隴既平三方靜晏今有高車白眼羌蜀五十萬齊王闕一字陳留崔延伯李叔仁等分爲三道徑趣江西安樂王鑒李神領冀相齊濟青光羽林十萬直向瑯邪南出諸人相謂曰詎非華辭也悆曰可驗崇朝何華之有日晏令還景儁送悆上戲馬臺北望城壘曰何

此城之固亘非彼軍士所能圖擬卿可語二王回師改計悆曰金墉湯池衝甲彌巧貴守以人何論險害還軍於路與粱話誓盟契約既固未旬綜果降詔曰日者法僧父子頑固自天長惡不已竊城外叛職此亂階遂使彭宋名藩翻爲賊有雖宗臣名將揮戈於泗濱虎士雄卒竦劍於汴渚然高墉峻堞非可易登廣涘深隍實爲難踐是用日昃忘食中宵憤惋者也而行都督豫章王蕭綜體遲知機欲歸有道潛遣密信送款於都督臨淮王于時事同夜光能不按劍殿中侍御史監軍鹿悆不憚虎口視險若夷便能占募入驗虛實誓盟既固所圖遂果返地復城息我兵甲亦是悆之力焉若不酬以榮祿何以勸厲將來可封定陶縣開國子食邑三百戶除員外散騎常侍俄出爲青州彭城王劭府長兼司馬尋解長兼廣川人劉鈞東清河人房須反劭遣悆監州軍討之戰於商山頗有所捷將統皆劭左右擅增首級妄請賞帛悆面執不與劭弗從悆勃然作色曰竭志立言爲王爲國豈悆家事不辭而出劭追而謝焉竊勳者放言噂嗜欲加私害悆聞而笑之不以介意先是蕭衍遣將彭羣王辯率衆七萬圍逼琅

邪自春及秋官軍不至而兩青士馬裁可萬餘師次鄖城久而未進劭乃遣悆南青州刺史胡平遣長史劉仁之並監勒諸將徑赴賊壘大破之斬羣首俘馘二千餘級蕭宗嘉之璽書勞問永安中入爲左將軍給事黃門侍郎又以前賞悆入徐之功未盡增邑二百戶進爵爲侯雖任居通顯志在謙退迎送親賓加於疇昔而自無室宅常假賃居止布衣糲食寒暑不變莊帝嘉其清素時復賜以錢帛及東徐城民呂文欣殺刺史元大賓南引賊衆屯柵曲術詔悆使持節散騎常侍安東將軍爲六州大使與行臺樊子鵠討破之文欣黨重以購之文欣同逆人韓端正斬文欣送首魁帥同死者十二人詔書襃慰還拜鎮東將軍金紫光祿大夫尋詔爲使持節兼尙書左僕射東南道三徐行臺至東郡值尒朱仲遠陷西兗向滑臺詔與都督賀拔勝等拒仲遠軍敗還京普泰中加征東將軍轉衞將軍右光祿大夫兼度支尙書河北五州和糴大使天平中除梁州刺史時滎陽民鄭滎業等聚衆反圍逼州城悆不能固守遂以城降滎業送悆於關西

張熠字景世自云南陽西鄂人漢侍中衡是其十世祖熠自奉朝請爲揚州車騎府錄事參軍入除步兵校尉永寧中寺塔大興經營務廣靈太后曾幸作所凡有顧問熠敷陳指畫無所遺闕太后善之久之除冠軍將軍中散大夫後爲別將隨長孫稚西征轉平西將軍太中大夫爲關西都督以功封長平縣開國男食邑二百戶永安初除平西將軍岐州刺史假安西將軍尋加撫軍將軍矜恤貧弱爲民所愛代還值元顥入洛仍令復州熠遂私還莊帝還宮出除鎭南將軍東荊州刺史尋加散騎常侍征蠻大都督轉荊州刺史值尒朱兆入洛不行普泰中衛將軍金紫光祿大夫天平初還鄴草創右僕射高隆之吏部尚書元世儁奏曰南京宮殿毀撤送都連筏竟河首尾大至自非賢明一人專委受納則恐材木耗損有闕經構熠清貞素著有稱一時臣等輒舉爲大將詔從之熠勤於其事尋轉營構左都將與和初衛大將軍宮殿成以本將軍除東徐州刺史三年卒於州時年六十贈驃騎大將軍司空公兗州刺史謚曰懿子孝直武安末司空騎兵參軍

史臣曰成淹等身遭際會俱得効其所能以至於顯達苟曰非才亦何可以致

魏書卷七十九

魏書卷七十九考證

鹿悆傳及東徐城民呂文欣殺刺史元大賓南引賊衆屯柵曲術詔悆使持節散騎常侍安東將軍爲六州大使與行臺樊子鵠討破之文欣黨重以購之文欣同逆人韓端正斬文欣送首○北史文欣黨重以購之句作悆又購斬文欣推尋文義破之二字顛倒應作與行臺樊子鵠討之句破文欣黨句重以購之句

魏書卷七十九考證

魏書卷八十

齊　魏收　撰

列傳第六十八

朱瑞　叱列延慶　斛斯椿　賈顯度　樊子鵠
賀拔勝　侯莫陳悅　侯淵

朱瑞字元龍代郡桑乾人祖就字祖成卒於沛縣令父惠字僧生行太原太守卒永安中瑞貴達就贈平東將軍齊州刺史惠贈使持節冠軍將軍恆州刺史瑞長厚質直敬愛人士孝昌末尒朱榮引爲其府戶曹參軍又爲大行臺郎中甚爲榮所親任建義初除黃門侍郎仍中書舍人榮恐朝廷事意有所不知故居之門下爲腹心之寄錄前後勳封陽邑縣開國公食邑一千戶未幾又除散騎常侍安南將軍黃門如故丁父憂去官詔起復任除青州大中正及元顥內逼瑞啓勸北幸乃從駕於河陽除侍中征南將軍兼吏部尚書改封北海郡開國公增邑一千戶莊帝還洛加衞將軍左光祿大夫又改封樂陵郡開國公仍

侍中瑞雖爲尒朱榮所委而善處朝廷之間莊帝亦賞遇之曾謂侍臣曰爲人
臣當須忠實至如朱元龍者朕待之亦不異餘人瑞啓乞三從之內並屬滄州
樂陵郡詔許之仍轉滄州大中正瑞始以青州樂陵有朱氏意欲歸之故求爲
青州中正又以滄州樂陵亦有朱氏而心好河北遂乞移屬焉尋加車騎將軍
尒朱榮死瑞與世隆俱北走旣而以莊帝待之素厚且見世隆等並無雄才終
當敗喪於路乃還帝大悅執其手曰社稷忠臣當須如此尒朱天光擁衆關右
帝欲招納之乃以瑞兼尚書左僕射爲西道大行臺以慰勞焉旣達長安會尒
朱兆入洛復還京師都督斛斯椿先與瑞有隙數譖之於世隆世隆性多忌且
以前日乖異忿恨更甚普泰元年七月遂誅之時年四十九太昌初贈使持節
驃騎大將軍開府儀同三司青州刺史謚曰恭穆
子孟胤襲封齊受禪例降
瑞弟珍字多寶太尉上黨王天穆錄事參軍卒
珍弟騰字神龍建義初爲龍驤將軍大都督司馬又封涇陽縣開國男食邑二

百戶累遷中軍將軍光祿大夫與瑞同遇害太昌初贈滄州刺史

騰弟慶賓卒於光祿大夫

子清武定末齊王開府中兵參軍

叱列延慶代西部人也世爲酋帥曾祖鍮石世祖末從駕至瓜步賜爵臨江伯父億彌襲祖爵高祖時越騎校尉延慶少便弓馬有膽力正光末除直後隸大都督李崇北伐後隨尒朱榮入洛仍從榮討葛榮於相州延慶世隆姊壻也榮親遇之葛榮旣擒除使持節撫軍將軍光祿大夫假鎭東將軍都督西部第一領民酋長封永寧縣開國伯食邑五百戶永安二年以本將軍除恆州刺史普泰初世隆得志特見委重遷散騎常侍車騎將軍儀同三司又進驃騎大將軍開府餘如故尋除都督恆雲燕朔四州諸軍事大都督兼尙書左僕射山東行臺北海郡開國公邑五百戶時幽州刺史劉靈助以莊帝幽崩遂舉兵唱義諸州豪右咸相結附靈助進屯於定州之安固世隆白前廢帝以延慶與大都督侯淵於定州相會以討靈助淵謂延慶曰靈助善於卜占百姓信惑所在響應

未易可圖若萬一戰有利鈍則大事去矣未若還師西入據關拒險以待其變延慶曰劉靈助庸人也天道深遠豈其所識大兵一臨彼皆恃其妖術坐看符厭寧肯戮力致死與吾爭勝負哉如吾計者政欲出營城外詭言西歸靈助聞之必信而自寬潛軍往襲可一往而擒淵從之乃出頓城西聲云將還簡精騎一千夜發詰朝造靈助壘戰於城北遂破擒之仍兼尚書左僕射爲恆雲燕朔四州行臺又除使持節侍中都督恆雲燕朔定五州諸軍事定州刺史餘如故與尒朱兆等拒義旗於韓陵戰敗延慶與尒朱仲遠走渡石濟仲遠南竄延慶北降齊獻武王王與之入洛仍從王於幷州後赴洛出帝以爲中軍大都督延慶既尒朱親昵又黨於權佞出帝之西齊獻武王入洛以罪誅之

延慶兄子平武定末儀同三司右衞將軍廮陶縣開國侯

斛斯椿字法壽廣牧富昌人也父敦肅宗時爲左牧令時河西賊起牧民不安椿乃將家投尒朱榮榮以椿兼其都督府鎧曹參軍從榮征伐有功表授厲威將軍稍遷中散大夫署外兵事椿性佞巧甚得榮心軍之密謀頗亦關預及肅

宗崩椿從榮入洛莊帝初封陽曲縣開國公食邑千戶遷散騎常侍平北將軍司馬尋除尒朱榮大將軍府司馬從平葛榮以功除上黨太守及元顥入洛椿隨榮奉迎莊帝遂從攻顥顥敗還安北將軍建州刺史改封深澤縣轉鎮東將軍徐州刺史又轉征東將軍東徐州刺史及尒朱榮死椿甚憂懼時蕭衍以汝南王悅爲魏主資其士馬次於境上椿聞大喜遂率所部棄州歸悅悅授椿使持節侍中大將軍領軍將軍領左右尙書左僕射司空公封靈丘郡開國公邑萬戶又爲大行臺前驅都督會尒朱兆入洛椿復率所部背悅歸兆尒朱世隆之立前廢帝也椿參其謀以定策功拜侍中驃騎大將軍儀同三司京畿北面大都督改封城陽郡開國公增邑五百戶幷前一千五百戶尋加開府時椿父敦先在秀容忽有傳敦死問請減己階以贈之自襄城將軍超贈車騎將軍恆州刺史尋知其父猶在詔復椿官仍除其父爲車騎將軍揚州刺史世隆之厚椿也如此椿與尒朱度律仲遠等北拒齊獻武王次陽平會尒朱兆與度律等相疑遁還語在兆傳椿後復與度律等同拒義旗敗於韓陵椿謂都督賈顯智

等曰若不先執尒朱我等死無類矣遂與顯智等夜於桑下盟約倍道兼行椿入北中城收尒朱部曲盡殺之令長孫稚賈顯智等率數百騎襲尒朱世隆彥伯兄弟斬於閶闔門外椿入洛懸世隆兄弟首於其門樹椿父出見謂椿曰汝與尒朱約兄弟今何忍懸其頭於家門寧不愧負天地乎椿乃傳世隆等首并囚度律天光送於齊獻武王出帝拜椿侍中儀同開府初獻武王之入洛頓於邙山尒朱仲遠帳下都督橋寧張子期自滑臺而至獻武王責寧等曰汝事仲遠擅其榮利盟契百重許同生死前仲遠自徐爲逆汝爲戎首今仲遠南走汝復背之於臣節則不忠論事人則無信犬馬尚識恩養汝今犬馬之不如遂斬之椿自以數爲反覆見寧等之死意常不安遂密構間勸出帝置閤內都督部曲又增武直人數自直閣已下員別數百皆選天下輕剽者以充之又說帝數出遊幸號令部曲別爲行陳椿自約勒指麾其間從此以後軍謀朝政一決於椿又勸帝徵兵詭稱南討將以伐齊獻武王帝從之遂陳兵城西北接邙山南至洛水帝詰旦戎服與椿臨閱焉獻武王以椿亂政欲誅之椿譖說既行因此

遂相恐動出帝勒兵河橋令椿爲前軍營於邙山北尋遣椿率步騎數千鎭虎牢椿弟豫州刺史元壽與都督賈顯智守滑臺獻武王令相州刺史竇泰擊破之椿懼己不免復啓出帝假說遊聲以劫脅帝信之遂入關椿亦西走長安椿狡猾多事好亂樂禍于時敗國朝野莫不讎疾之

元壽尋爲部下所殺

賈顯度中山無極人父道監沃野鎭長史顯度形貌偉壯有志氣初爲別將防守薄骨律鎭正光末北鎭擾亂爲賊攻圍顯度拒守多時以賊勢轉熾不可久立乃率鎭民浮河而下旣達秀容爲尒朱榮所留尋表授直閤將軍左中郎將建義初除汲郡太守假平東將軍隨尒朱榮破葛榮又除撫軍將軍光祿大夫都督封石艾縣開國公邑一千戶從上黨王天穆破邢杲值元顥入洛仍與天穆渡河赴行宮於河內顥平以本將軍除廣州刺史假鎭南將軍轉南兗州刺史尒朱榮之死也顯度情不自安南奔蕭衍衍厚待之普泰初還朝授衞大將軍儀同三司左光祿大夫又行濟州事復隨尒朱度律等北拒義旗敗於韓陵

與斛斯椿及弟顯智等率衆先據河橋誅尒朱氏出帝初除尙書左僕射尋加驃騎大將軍開府儀同三司定州大中正未幾以本官行徐州刺史東道大行臺永熙三年五月轉雍州刺史西道大行臺歿於關中

弟智字顯智少有膽決孝昌中告毛謐等逆靈太后嘉之除伏波將軍冗從僕射領直齋蕭衍將夏侯夔攻郢州以智爲龍驤將軍別將討之至則夔退智仍入城及刺史元顯達以城降於蕭衍智勒城人不欲叛者與顯達交戰相率歸闕後爲都督隸太宰上黨王天穆征邢杲臨陳流矢中胸仍戰不已元顥入洛仍隨天穆渡河朝莊帝於河內與尒朱兆同先渡河破顥軍以勳除持節征南將軍金紫光祿大夫封義陽縣開國伯邑五百戶假衞將軍與行臺樊子鵠討呂文欣於東徐州平之加侍中驃騎大將軍增邑三百戶尋行東中郎將加散騎常侍及尒朱仲遠爲徐州刺史智隸仲遠赴彭城尒朱榮之死也仲遠舉兵向洛智不從之遂擁部下出清水東招勒州民與相拒擊莊帝聞而善之除右光祿大夫武衞將軍進爵爲侯增邑二百戶通前一千因鎭徐州普泰初還洛

仲遠忿其乖背議欲殺之智兄顯度先爲世隆所厚世隆爲解喻得全時趙脩巡起逆荊州蕭衍遣兵援世隆欲令智以功自效遣智討之除使持節散騎常侍車騎大將軍左光祿大夫假驃騎大將軍荊州大都督進爵爲公將發會荊州斬送修巡首不行又從尒朱度律北拒義旗合尒朱兆於陽平兆與度律自相疑阻退還除驃騎大將軍後隨度律等敗於韓陵智與兄顯度斛斯椿謀誅尒朱氏椿顯度據守北中令智等入京擒世隆兄弟出帝初除散騎常侍本將軍開府儀同三司滄州刺史在州貪縱甚爲民害出帝徵還京師尋加授侍中以本將軍除濟州刺史率衆達東郡仍停不進於長壽津爲相州刺史竇泰所破還洛天平初赴晉陽智去就多端後坐事死時年四十五

子羅侯祕書郎

樊子鵠代郡平城人其先荊州蠻酋被遷於代父興平城鎮長史歸義侯普泰中子鵠貴顯乃贈征虜將軍荊州刺史子鵠值北鎮擾亂南至幷州尒朱榮引爲都督府倉曹參軍孝昌三年冬榮使子鵠詣京師靈太后見之問榮兵勢子

鵠應對稱旨太后嘉之除直齋封南和縣開國子邑三百戶令還赴榮榮以為行臺郎中行上黨郡及榮向洛以為假節假平南將軍都督河東正平軍事行唐州事刺史崔元珍閉門拒守子鵠攻剋之建義初拜平北將軍晉州刺史封永安縣開國伯食邑千戶又兼尚書行臺治有威信山胡率服元顥入洛薛脩義及降蜀陳雙熾等受顥處分率衆攻州城子鵠出與戰大破之又破脩義等於土門以功拜撫軍將軍尋徵授都官尚書西荊州大中正後兼右僕射為行臺督賈智等討呂文欣於東徐州平之還除車騎將軍左光祿大夫進封南陽郡開國公增戶六百尚書如故仍假驃騎大將軍率所部為都督時尒朱榮在晉陽京師之事子鵠頗預委寄故在臺閣征官不解後出除散騎常侍本將軍殷州刺史屬歲旱儉子鵠恐民流亡乃勸有粟之家分貸貧者并遣人牛易力多種二麥州內以此獲安及尒朱榮之死世隆等遣書招子鵠欲與同趣京師子鵠不從以母在晉陽啓求移鎮河南莊帝嘉之除車騎大將軍豫州刺史假驃騎大將軍都督二豫郢三州諸軍事兼尚書右僕射二豫郢頴四州行臺子

鵠到相州又勑賚絹五百匹行達汲郡聞尒朱兆入洛乃渡河見仲遠仲遠遣鎮汲郡兆徵子鵠赴洛既見責以乖異之意奪其部衆將還晉陽及紇豆陵步藩起以子鵠爲都督徵發糧仗元曄以爲侍中御史中尉中軍大都督隨曄向洛普泰初仍除舊任及趙脩延叛於荊州詔子鵠通三鵶道而還遭母憂去職前廢帝聞其在洛無宅凶費不周賚絹四百疋粟五百石以本官起之太昌初兼尚書左僕射東南道大行臺總大都督杜德等追討尒朱仲遠仲遠已奔蕭衍收其兵馬甲仗時蕭衍遣元樹入寇陷據譙城詔子鵠與德討之樹屯兵梁國欲來逆戰見子鵠軍盛夜退還譙子鵠引兵追躡樹又背城爲陳子鵠勒兵直趣城下縱騎衝突樹衆大敗奔入城門城門隘塞多自殺害於是斬千餘級獲馬數百匹大收鎧仗遂圍城加儀同三司樹勒兵出戰輒被摧衂遂不敢出自守而已子鵠恐蕭衍遣救乃分兵擊衍苞州然州宕州大澗蒙縣等五城並望風逃散樹既無外援計無所出子鵠又令人說之樹遂請率衆歸南以地還國子鵠等許之共結盟約及樹衆半出子鵠中擊破之擒樹及衍譙州刺史朱

文開俘馘甚多班師出帝賚馬匹遷吏部尚書轉尚書右僕射尋加驃騎大將
軍開府典選初青州人耿翔聚衆反亡奔蕭衍衍資其兵偷據膠州除子鵠使
持節侍中青膠大使督濟州刺史蔡儁討之師達青州翔拔城奔走在軍遇病
詔遣醫給藥仍除兗州刺史餘官如故便道之州子鵠先遣腹心緣歷民間採
察得失及入境太山太守彭穆參候失儀子鵠責讓穆幷數其罪狀穆皆引伏
於是州內震悚及出帝入關子鵠據城爲逆南青州刺史大野拔徐州人劉粹
各率衆就子鵠天平初遣儀同三司婁昭等率衆討之子鵠先使前膠州刺史
嚴思達鎮東平郡昭攻陷之仍引兵圍子鵠城久不拔昭以水灌城靜帝欲招
慰下之遣散騎常侍陸琛兼黃門郞張景徵齎璽書勞子鵠而大野拔因與相
見左右斬子鵠以降
賀拔勝字破胡神武尖山人祖尒逗選充北防家於武川以窺覘蠕蠕兼有戰
功顯祖賜爵龍城男爲本鎮軍主父度拔襲爵正光末沃野人破落汗拔陵聚
衆反度拔與三子鄉中豪勇援懷朔鎮殺賊王衞可瓌度拔尋爲賊所害孝昌

中追贈安遠將軍肆州刺史度拔之死也勝與兄弟俱奔恆州刺史廣陽王淵勝便弓馬有武幹淵厚待之表爲彊弩將軍充帳內軍主恆州陷歸尒朱榮轉積射將軍爲別將又兼都督及榮入洛以預義之勳封易陽縣開國伯邑四百戶除直閤將軍尋加通直散騎常侍平南將軍光祿大夫進號安南將軍尋除撫軍將軍爲大都督出井陘鎮中山元顥入洛勝從東路率騎三百赴行宮於河梁榮命勝與尒朱兆先渡破擒顥息冠受及顥大都督陳思保莊帝還宮以功增邑六百戶復加通直散騎常侍征北將軍金紫光祿大夫武衞將軍改封真定縣開國公尋除衞將軍加散騎常侍尒朱榮之死也勝與田怙等奔走榮第於時宮殿之門未加嚴防怙等議即攻門勝止之曰天子既行大事必當更有奇謀吾等衆旅不多何可輕爾但得出城更爲他計怙乃止及世隆夜走勝遂不從莊帝甚嘉之仲遠逼東郡詔勝以本官假驃騎大將軍爲東征都督率衆會鄭先護以討之爲先護所疑置之營外人馬未得休息俄而仲遠兵至勝與交戰不利乃降之普泰初除右衞將軍進號車騎大將軍右光祿大夫儀同

三司共尒朱仲遠度律北拒義旗相與奔退事在尒朱兆傳後俱敗於韓陵勝
因降齊獻武王太昌初拜領軍將軍餘官如故又除侍中出帝旣納斛斯椿等
讒間之說將謀齊獻武王以勝弟岳擁衆關西仍欲廣爲勢援除勝使持節侍
中都督三荆二郢南襄南雍七州諸軍事驃騎大將軍開府儀同三司荆州刺
史勝將圖襄陽攻蕭衍下迮戍剋之擒其戍主尹道玩戍副庫峨又使人誘動
蠻王問道期道期率種起義衍雍州刺史蕭續遣軍擊道期爲道期所敗漢南
大駭勝又遣軍攻均口擒衍將莊思延又攻馮翊安定沔陽鄼陽城並平之續
遣將柳仲禮於穀城拒守勝攻之不剋乃班師沔北蕩爲丘墟矣衍書勑續云
賀拔勝北間驍將汝宜慎之勿與爭鋒其見憚如此進爵瑯邪郡公出帝末詔
勝統衆北赴京師軍次汝水出帝入關勝率所部欲從武關趣長安行至析陽
聞齊獻武王平潼關擒毛鴻賓勝懼復走荆州城人閉門不納時獻武王已遣
行臺侯景大都督高敖曹討之勝戰敗爲流矢所中乃率左右五百餘騎奔蕭
衍明年從間道投寶炬勝好行小數志大膽薄周章南北終無所成致歿於賊

中

勝兄可泥永熙中太尉公封燕郡王

勝弟岳字阿斗泥初爲太學生長以弓馬爲事與父兄赴援懷朔賊王衛可瓌在城西二百餘步岳乘城射之箭中瓌臂賊衆大駭後歸恆州廣陽王淵以爲帳內軍主表爲彊弩將軍州陷投尒朱榮榮以爲別將進爲都督永安初除安北將軍光祿大夫武衛將軍賜爵樊城鄉男坐事失官爵二年詔並復之尋除使持節假衞將軍西道都督隸尒朱天光爲左廂大都督討万俟醜奴天光先知岳喜得同行每事諮訪尋加衛將軍假車騎將軍餘如故岳居長安榮遣岳續至時万俟醜奴遣其大行臺尉遲菩薩向武功南渡渭水攻圍趣栅天光遣岳率騎一千馳往赴救菩薩攻栅已剋還向岐州岳以輕騎八百北渡渭水擒賊令殺掠其民以挑菩薩菩薩果率步騎二萬餘人至渭水北岳以輕騎數十與菩薩隔水交言岳稱揚國威菩薩自言彊盛往復數返菩薩乃自驕令省事傳語岳怒曰我與菩薩言卿是何人與我對語省事恃水應答不遜岳舉弓射

之應弦而倒時已逼暮於此各還岳密於渭南傍水分置精騎四十五十以爲一所隨地形便駱驛置之明日自將百餘騎隔水與賊相見並且東行岳漸前進先所置驛騎隨岳而集騎既漸增賊不復測其多少行二十里許便至淺可濟岳便馳馬東出以示奔遁賊謂岳走乃棄步兵南渡渭水輕騎追岳岳東行十餘里依橫岡伏兵以待之賊以路險不得前進前後繼至半渡岡東岳乃回戰身先士卒急擊之賊便退走岳號令所部賊下馬者皆不聽殺賊顧見之便悉投馬俄而虜獲三千人馬亦無遺遂渡渭北降步兵萬餘收其輜重其有土民普皆勞遣醜奴尋棄岐州北走安定其後破侯伏侯元進降侯機長責擒醜奴蕭寶夤王慶雲万俟道洛走宿勤明達事在尒朱天光傳天光雖爲元帥而岳功效居多加車騎將軍增邑二千戶進封樊城縣開國伯尋詔岳都督涇北豳二夏四州諸軍事本將軍涇州刺史進爵爲公改封清水郡公天光入洛使岳行雍州事元曄立除驃騎大將軍增邑五百戶餘如故普泰初都督二岐東秦三州諸軍事儀同三司岐州刺史尋加侍中給後部鼓吹仍詔開府俄兼尙

書左僕射隴右行臺仍亭高平後以隴中猶有土民不順岳助侯莫陳悅所在
討平二年加岳都督三雍三秦二岐二華諸軍事雍州刺史關西行臺餘如故
及介朱天光率衆赴洛將抗齊獻武王岳與侯莫陳悅下隴赴雍以應義旗永
熙初仍開府兼僕射大行臺雍州刺史增邑千戶二年詔岳都督雍華北華東
雍二岐豳四梁二益巴二夏蔚寧南益涇二十州諸軍事大都督岳自詣北境
安置邊防率部趣涇州平涼西界布營數十里使諸軍士田殖涇州身將壯勇
託以牧馬於原州北招万俟受洛于等幷遠近州鎮聚結者靈州刺史曹泥身
詣岳軍請代岳以前洛州刺史元季海爲州彼民不促擊破季海部下獨聽季
海闕五年正月岳召侯莫陳悅會於高平將討之令悅前驅北趣靈州閒渴波
隘中河水未解將往趣之岳既總大衆據制關右憑彊驕恣有不臣之心齊獻
武王惡其專擅令悅圖之悅素服威略既承密旨便潛爲計時岳遣悅先行悅
乃通夜東進達明晦日岳行軍前與悅相見悅誘岳入營坐論兵事悅詐云腹
痛起而徐行悅女夫元洪景抽刀斬岳後岳部下收岳尸葬於雍州北石安原

六月贈大將軍太保錄尚書事都督刺史開國並如故

侯莫陳悅代郡人也父婆羅門爲駞牛都尉故悅長於河西好田獵便騎射會牧子逆亂遂歸尒朱榮榮引爲都督府長流參軍稍遷大都督莊帝初除征西將軍金紫光祿大夫封柏人縣開國侯邑五百戶尒朱天光之討關西榮以悅爲天光右廂大都督本官如故西伐剋獲皆與天光賀拔岳略同勞效以本將軍除鄯州刺史餘如故尒朱榮死後亦隨天光下隴元曄立除車騎大將軍渭州刺史進爵爲公改封白水郡增邑五百戶及天光向洛使悅行華州事普泰中除驃騎大將軍儀同三司秦州刺史天光之東出將抗義旗悅與岳下隴以應齊獻武王至雍州會尒朱覆敗永熙初加開府都督隴右諸軍事仍秦州刺史永熙三年正月岳召悅共討靈州悅誘岳斬之岳左右奔散悅遣人安慰云我别稟意旨止在一人諸君勿怖衆皆畏服無敢拒違悅心猶豫不卽撫納乃還入隴止永洛城岳之所部聚於平涼規還圖悅遣追夏州刺史宇文黑獺黑獺至遂總岳部衆幷家口入高平城以自安固乃勒衆入隴征悅悅聞之棄城

南據山水之險設陳候戰黑獺至遙望見悅欲待明日決鬭悅先召南秦州刺史李景和其夜景和遣人詣黑獺密許翻降至暮景和乃勒其所部使上驢駝云儀同有教欲還秦州守以拒賊令軍人嚴備景和復紿悅帳下云儀同欲還秦州汝等何不裝辦衆謂爲實以次相驚人情惶惑不可復止皆散走而趣秦州景和先驅至城據門以慰輯之悅部衆離散猜畏傍人不聽左右近己與其二弟并兒及謀殺岳者八九人棄軍迸走數日之中盤回往來不知所趣左右勸向靈州而悅不決言下隴之後恐有人所見乃於中山令從者悉步自乘一騾欲向靈州中路追騎將及望見之遂縊死野中弟息部下悉見擒殺唯先謀殺岳者悅中兵參軍豆盧光走至靈州後奔晉陽悅自殺岳後神情恍惚不復如常恆言我僅睡即夢見岳語我兄欲何處去隨我不相置因此彌不自安而致敗滅

侯淵神武尖山人也機警有膽略肅宗末年六鎮飢亂淵隨杜洛周南寇後與妻兄念賢背洛周歸尒朱榮路中遇寇身披苦褐榮賜其衣帽厚待之以淵爲

中軍副都督常從征伐屢有戰功孝莊卽位除領左右封厭次縣開國子邑四百戶後從榮討葛榮於滏口戰功尤多榮啓淵爲驃騎將軍燕州刺史時葛榮別帥韓樓郝長等有衆數萬屯據薊城尒朱榮令淵與賀拔勝討之會元顥入洛榮徵勝南赴大軍留淵獨鎮中山及莊帝還宮榮令淵進討韓樓配卒甚少或以爲言榮曰侯淵臨機設變是其所長若總大衆未必能用今擊此賊故當不足定也止給騎七百淵遂廣張軍聲多設供具親率數百騎深入樓境欲執行人以問虛實去薊百餘里值賊帥陳周馬步萬餘淵遂潛伏以乘其背大破之虜其卒五千餘人尋還其馬仗縱令入城左右諫曰既獲賊衆何爲復資遣之也淵曰我兵既少不可力戰事須爲計以離隙之淵度其已至遂率騎夜進昧旦叩其城門韓樓果疑降卒爲淵內應遂遁走追擒之以勳進爵爲侯增邑八百戶尋詔淵以本將軍爲平州刺史大都督仍鎮范陽及尒朱榮之死也范陽太守盧文偉誘淵出獵閉門拒之淵率部曲屯於郡南爲榮舉哀勒兵南向莊帝使東萊王貴平爲大使慰勞燕薊淵乃詐降貴平信之遂執貴平自隨進

至中山行臺僕射魏蘭根邀擊之爲淵所敗會元曄立淵欲歸之常山太守甄楷屯據井陘淵又擊破之曄乃授淵驃騎大將軍儀同三司定州刺史左軍大都督漁陽郡開國公邑一千戶前廢帝立仍加開府餘如故幽州刺史劉靈助舉義兵屯於安國城淵與叱列延慶等破擒之後隨尒朱兆拒義旗於廣阿兆既敗走淵降齊獻武王後從王破尒朱於韓陵永熙初除齊州刺史餘如故出帝末淵與兗州刺史樊子鵠青州刺史東萊王貴平密信往來以相連結又遣間使通誠於獻武王及出帝入關復懷顧望汝陽王暹既除齊州刺史次於城西淵擁部據城不時迎納民劉桃符等潛引暹入據西城淵爭門不剋率騎出奔妻兒部曲爲暹所虜行達廣里會承制以淵行青州事齊獻武王又遺淵書曰卿勿以部曲輕少難於東邁齊人澆薄唯利是從齊州城民尚能迎汝陽王青州之人豈不能開門待卿也但當勉之淵乃復還暹始歸其部曲而貴平自以斛斯椿黨亦不受代淵進襲高陽郡剋之置部曲家累於城中身率輕騎遊掠於外貴平使其長子率衆攻高陽南青州刺史茹懷朗遣兵助之時青州城

人餽糧者首尾相繼淵親率騎夜趣青州詐餽糧人曰臺軍已至殺戮都盡我是世子下人今已走還城汝何爲復去也人信其言棄糧奔走比曉復謂行人曰臺軍昨夜已至高陽我是前鋒今始到此頗知侯公竟在何處城人兇懼遂執貴平出降淵自惟反覆慮不獲安遂斬貴平傳首京師欲明不同於斛斯椿也及子鵠平詔以封延之爲青州刺史淵既不獲州任情又恐懼行達廣川遂劫光州庫兵反遣騎詣平原執前膠州刺史賈璐夜襲青州南郭劫前廷尉卿崔光韶以惑人情攻掠郡縣其部下督帥叛拒之淵率騎奔蕭衍途中亡散行達南青州南境爲賣漿者斬之傳首京師家口配沒

史臣曰朱瑞以背本向義責不見原延慶黨舊違順常刑所及斛斯椿姦佞爲心讒忒自口取譬蒼蠅交亂四國投於豺虎天實棄之賈智侯淵反覆取斃破胡器小謀大終於顛蹶子鵠迷機寡算竟以殲殄岳負力無謀制以一劍悅果行慮淺死不旋足觀其亡滅自取之也

魏書卷八十

魏書卷八十考證

斛斯椿傳朝野莫不讎疾之○臣人龍按北史斛斯椿傳椿從孝武帝入關內外戒嚴惟椿得列威儀鳴騶清路帝嘗給椿店數區耕牛三十頭椿以國難未平不可與百姓爭利辭店受牛日烹一頭以饗軍士及死家無餘資此獨加醜詆蓋以其與齊獻武爲難耳

賈顯度傳時趙修巡起逆荊州○臣人龍按本卷樊子鵠傳云趙修延叛於荊州又本書李琰之傳云南陽太守趙修延誣琰之規奔蕭衍襲州城仍自行州事城內人斬修延則此與下文荊州斬送修巡皆訛延爲巡也

賀拔勝傳勝與田怗等奔走滎第○田怗北史作田怡又本書尒朱世隆傳有河內太守田怗蓋本係一人輾轉傳譌未知孰是

魏書卷八十考證

珍倣宋版印

魏書卷八十一

齊　魏收　撰

列傳第六十九

綦儁　山偉　劉仁之　宇文忠之

綦儁字攎顯河南洛陽人也其先代人祖辰幷州刺史儁莊帝時仕累遷爲滄州刺史甚爲吏人畏悅尋除太僕卿及尒朱世隆等誅齊獻武王赴洛止於邙山上召文武百司下及士庶令之曰尒朱暴虐矯弄天常孤起義信都罪人斯翦今將翼戴親賢以昌魏曆誰主社稷允愜天人申令頻煩莫有應者儁乃避席曰人主之體必須度量深遠明喆仁恕廣陵王遇世艱難不言淹載以人謀察之雖爲尒朱扶戴當今之聖主也獻武王欣然是之時黄門侍郎崔㥄作色而前謂儁曰廣陵王爲主不能紹宣魏綱布德天下爲君如此何聖之有若言其聖應待大王時高乾邕魏蘭根等固執㥄言遂立出帝及出帝失德齊獻武王深思儁言常以爲恨尋除御史中尉於路與僕射賈顯度相逢顯度恃勳貴

排儁驕列倒儁忿見於色自入奏之尋加散騎常侍驃騎大將軍左光祿大夫儀同三司儁佞巧能候當塗斛斯椿賀拔勝皆與友善斛斯椿之搆間也出帝令儁奉詔晉陽齊獻武王集文武與儁申釋儁辭屈而退性多詐賀拔勝出鎮荊州過儁別因辭儁母儁故見敗氈敝被勝更遺之錢物後兼吏部尚書復爲滄州刺史徵還兼中尉章武縣伯尋除殷州刺史薨於州贈司空公諡曰文貞子洪寔字巨正位尚書左右郎魏郡邑中正嗜酒好色無行檢卒官

山偉字仲才河南洛陽人也其先代人祖強美容貌身長八尺五寸工騎射彎弓五石爲奏事中散從顯祖獵方山有兩狐起於御前詔強射之百步內二狐俱獲位內行長父稚之營陵令偉隨父之縣遂師事縣人王惠涉獵文史稚之位金明太守肅宗初元匡爲御史中尉以偉兼侍御史入臺五日便遇正會偉司神武門其妻從叔爲羽林隊主撾直長於殿門偉卽劾奏匡善之俄然奏正帖國子助教遷員外郎廷尉評時天下無事進仕路難代遷之人多不霑預及六鎮隴西二方起逆領軍元乂欲用代來寒人爲傳詔以慰悅之而牧守子孫

投狀求者百餘人又欲杜之因奏立勳附隊令各依資出身自是北人悉被收敘偉遂奏記贊乂德美乂素不識偉訪侍中安豐王延明黃門郞元順順等因是稱薦之乂令僕射元欽引偉兼尚書二千石郞後正名士郞修起居注僕射元順領選表薦爲諫議大夫尒朱榮之害朝士偉時守直故免禍及莊帝入宮仍除偉給事黃門侍郞先是偉與儀曹郞袁昇屯田郞李延孝外兵郞李奐三公郞王延業方駕而行偉少居後路逢一尼望之歎曰此輩緣業同日而死謂偉曰君方近天子當作好官而昇等四人皆於河陰遇害果如其言俄領著作郞前廢帝立除安東將軍祕書監仍著作初尒朱兆之入洛官守奔散國史典書高法顯密埋史書故不遺落偉自以爲功訴求爵賞偉挾附世隆遂封東阿縣伯而法顯止獲男爵偉尋進侍中孝靜初除衞大將軍中書令監起居後以本官復領著作卒官贈驃騎大將軍開府儀同三司都督幽州刺史諡曰文貞公國史自鄧淵崔琛崔浩高允李彪崔光以還諸人相繼撰錄綦儁及偉等諂說上黨王天穆及尒朱世隆以爲國書正應代人修緝不宜委之餘人是以儁

偉等更主大籍守舊而已初無述著故自崔鴻死後迄終偉身二十許載時事蕩然萬不記一後人執筆無所憑據史之遺闕偉之由也外示沉厚內實矯競與綦儁少甚相得晚以名位之間遂若水火與宇文忠之之徒代人爲黨時賢畏惡之而愛尚文史老而彌篤偉弟少亡偉撫寡訓孤同居二十餘載恩義甚篤不營產業身亡之後賣宅營葬妻子不免飄泊士友歎愍之

長子昂襲爵

劉仁之字山靜河南洛陽人其先代人徙于洛父尒頭在外戚傳仁之少有操尚粗涉書史真草書迹頗號工便御史中尉元昭引爲御史前廢帝時兼黃門侍郎深爲尒朱世隆所信用出帝初爲著作郎兼中書令既非其才在史未嘗執筆出除衞將軍西兗州刺史在州有當時之譽武定二年卒贈衞大將軍吏部尚書青州刺史謚曰敬仁之外示長者內懷矯詐其對賓客破牀敝席麤飯冷菜衣服故敗乃過逼下善候當途能爲詭激每於稠人廣衆之中或撾一姦吏或縱一孤貧大言自眩示己高明矜物無知淺識皆稱其美公能之譽動過

其實性又酷虐在晉陽曾營城雉仁之統監作役以小稽緩遂杖前殷州刺史裴瑗并州刺史王綽齊獻武王大加譴責性好文字吏書失體便加鞭撻言韻微訛亦見捶楚吏民苦之而愛好文史敬重人流與齊帥馮元興交款元興死後積年仁之營視其家常出隆厚時人以此尚之

宇文忠之河南洛陽人也其先南單于之遠屬世據東部後入居代都祖阿生安南將軍巴西公父侃卒於治書侍御史忠之獵涉文史頗有筆札釋褐太學博士天平初除中書侍郎裴伯茂與之同省常侮忽之以忠之色黑呼爲黑宇後勅修國史元象初兼通直散騎常侍副鄭伯猷使蕭衍武定初爲安南將軍尚書右丞仍修史未幾以事除名忠之好榮利自爲中書郎六七年矣遇尚書省選右丞預選者皆射策忠之入試焉既獲丞職大爲忻滿志氣囂然有驕物之色識者笑之既失官爵怏怏發病卒

子君山

史臣曰綦儁遭逢受職山偉位行頗爽仁之雖內懷矯詐而交情自篤忠之雖

文史足用而雅道蔑聞謂全德者其難矣哉

魏書卷八十一

魏書卷八十一考證

列傳第六十九〇魏收書闕後人所補

宇文忠之傳志氣囂然〇囂監本誤嚣今改從北史

魏書卷八十一考證

魏書卷八十二

齊　魏收　撰

列傳第七十

李琰之　祖瑩　常景

李琰之字景珍小字默蠡隴西狄道人司空韶之族弟早有盛名時人號曰神童從父司空沖雅所歎異每曰興吾宗者其此兒乎恆資給所須愛同己子弱冠舉秀才不行曾遊河內北山便欲有隱遁意會彭城王勰辟爲行臺參軍苦相敦引尋爲侍中李彪啓兼著作郎修撰國史稍遷國子博士領尚書儀曹郎中轉中書侍郎司農少卿黃門郎修國史遷國子祭酒轉祕書監兼七兵尚書還太常卿孝莊初太尉元天穆北討葛榮以琰之兼御史中尉爲北道軍司還除征東將軍仍兼太常出爲衞將軍荊州刺史頃之兼尚書左僕射三荊二郢大行臺尋加散騎常侍琰之雖以儒素自業而每語人言吾家世將種自云猶有關西風氣及至州後大好射獵以示威武尒朱兆入洛南陽太守趙脩延以

琰之莊帝外戚誣琰之規奔蕭衍襲州城遂被囚執脩延仍自行州事城內人斬脩延還推琰之釐州任出帝初徵兼侍中車騎大將軍左光祿大夫儀同三司永熙二年薨贈侍中驃騎大將軍司徒公雍州刺史諡曰文簡琰之少機警善談經史百家無所不覽朝廷疑事多所訪質每云崔博而不精劉精而不博我既精且博學兼二子謂崔光劉芳也論者許其博未許其精當時物議咸共宗之又自誇文章從姨兄常景笑而不許每休閑之際恆閉門讀書不交人事嘗謂人曰吾所以好讀書不求身後之名但異見異聞心之所願是以孜孜搜討欲罷不能豈爲聲名勞七尺也此乃天性非爲力彊前後再居史職無所編緝安豐王延明博聞多識每有疑滯恆就琰之辨析自以爲不及也

二子綱惠並從出帝入關

祖瑩字元珍范陽遒人也曾祖敏仕慕容垂爲平原太守太祖定中山賜爵安固子拜尚書左丞卒贈并州刺史祖嶷字元達以從征平原功進爵爲侯位馮翊太守贈幽州刺史父季真多識前言往行位中書侍郎卒於安遠將軍鉅鹿

太守瑩年八歲能誦詩書十二爲中書學生好學躭書以晝繼夜父母恐其成疾禁之不能止常密於灰中藏火驅逐僮僕父母寢睡之後燃火讀書以衣被蔽塞窗戶恐漏光明爲家人所覺由是聲譽甚盛內外親屬呼爲聖小兒尤好屬文中書監高允每歎曰此子才器非諸生所及終當遠至時中書博士張天龍講尚書選爲都講生徒悉集瑩夜讀書勞倦不覺天曉催講既切遂誤持同房生趙郡李孝怡曲禮卷上座博士嚴毅不敢還取乃置禮於前誦尚書三篇不遺一字講罷孝怡異之向博士說舉學盡驚後高祖聞之召入令誦五經章句幷陳大義帝嗟賞之瑩出後高祖戲盧昶曰昔流共工於幽州北裔之地那得忽有此子昶對曰當是才爲世生以才名拜太學博士徵署司徒彭城王勰法曹行參軍高祖顧謂勰曰蕭賾以王元長爲子良法曹今爲汝用祖瑩豈非倫匹也勑令掌勰書記瑩與陳郡袁飜齊名秀出時人爲之語曰京師楚楚袁與祖洛中翩翩祖與袁再遷尚書三公郎尚書令王肅曾於省中詠悲平城詩云悲平城驅馬入雲中陰山常晦雪荒松無罷風彭城王勰甚嗟其美欲使肅

更詠乃失語云王公吟詠情性聲律殊佳可便爲誦悲彭城詩肅因戲緦云何意悲平城爲悲彭城也緦有慚色瑩在座即云所有悲彭城王公自未見耳肅云可爲誦之瑩應聲云悲彭城楚歌四面起屍積石梁亭血流睢水裏肅甚嗟賞之緦亦大悅退謂瑩曰卽定是神口今日若不得卿幾爲吳子所屈爲冀州鎮東府長史以貨賄事發除名後侍中崔光舉爲國子博士仍領尚書左戶部李崇爲都督北討引瑩爲長吏坐截沒軍資除名未幾爲散騎侍郎孝昌中於廣平主第掘得古玉印勑召瑩與黃門侍郎李琰之令辨何世之物瑩云此是于闐國王晉太康中所獻乃以墨塗字觀之果如瑩言時人稱爲博物累遷國子祭酒領給事黃門侍郎幽州大中正監起居事又監議事元顥入洛以瑩爲殿中尚書莊帝還宮坐爲顥作詔罪狀尒朱榮免官後除祕書監中正如故以參議律歷賜爵容城縣子坐事繫於廷尉前廢帝遷車騎將軍初莊帝末尒朱兆入洛軍人焚燒樂署鍾石管弦略無存者勑瑩與錄尚書事長孫稚侍中元孚典造金石雅樂三載乃就事在樂志遷車騎大將軍及出帝登阼瑩以太常

行禮封文安縣子天平初將遷鄴齊獻武王因召瑩議之以功遷儀同三司進爵爲伯薨贈尙書左僕射司徒公冀州刺史瑩以文學見重常語人云文章須自出機杼成一家風骨何能共人同生活也蓋譏世人好偷竊他文以爲己用而瑩之筆札亦無乏天才但不能均調玉石兼有製裁之體滅於袁常焉性爽俠有節氣士有窮厄以命歸之必見存拯時亦以此多之其文集行於世

子珽字孝徵襲

常景字永昌河內人也父文通天水太守景少聰敏初讀論語毛詩一受便覽及長有才思雅好文章廷尉公孫良舉爲律博士高祖親得其名既而用之後爲門下錄事太常博士正始初詔尙書門下於金墉中書外省考論律令勑景參議世宗季舅護軍將軍高顯卒其兄右僕射肇私託景及尙書邢巒幷州刺史高聰通直郎徐紇各作碑銘並以呈御世宗悉付侍中崔光簡之光以景所造爲最乃奏曰常景名位乃處諸人之下文出諸人之上遂以景文刊石肇尙平陽公主未幾主薨肇欲使公主家令居廬制服付學官議正施行尙書又以

訪景景以婦人無專國之理家令不得有純臣之義乃執議曰喪紀之本實稱物以立情輕重所因亦緣情以制禮雖理關盛衰事經今古而制作之本降殺之宜其實一焉是故臣之為君所以資敬而崇重為君母妻所以從服而制義然而諸侯大夫之為君者謂其有地土有吏屬無服文者言其非世爵也今王姬降適雖加爵命事非君邑理異列土何者諸王開國備立臣吏生有趨奉之勤死盡致喪之禮而公主家令唯有一人其丞已下命之屬官既無接事之儀實闕為臣之體原夫公主之貴所以立家令者蓋以主之內事脫須關外理無自達必也因人然則家令唯通內外之職及典主家之事耳無關君臣之理名義之分也由是推之家令不得為純臣公主不可為正君明矣且女人之為君男子之為臣古禮所不載先朝所未議而四門博士裴道廣孫榮乂等以公主為之君以家令為之臣制服以斬乖謬彌甚又張虛景吾難羈等不推君臣之分不尋致服之情猶同其議準母制齊求之名實理未為允竊謂公主之爵既非食菜之君家令之官又無純臣之式若附如母則情義罔施若準小君則從

服無據案如經禮事無成文即之愚見謂不應服朝廷從之景淹滯門下積歲不至顯官以蜀司馬相如王褒嚴君平揚子雲等四賢皆有高才而無重位乃託意以讚之其讚司馬相如曰長卿有艷才直致不羣性鬱若春煙舉皎如秋月映遊梁雖好仁仕漢常稱病清貞非我事窮達委天命其讚王子淵曰王子挺秀質逸氣干青雲明珠既絕俗白鵠信驚羣才世苟不合遇否途自分空枉碧鷄命徒獻金馬文其讚嚴君平曰嚴公體沉靜立志明霜雪味道綜微言端蓍演妙說才屈羅仲口位結李強舌素尙邁金貞清標陵玉徹其讚揚子雲曰蜀江導清流揚子挹餘休含光絕後彥覃思邈前修世輕久不賞玄談物無求當途謝權寵置酒獨閑遊景在樞密十有餘年爲侍中崔光盧昶游肇元暉尤所知賞累遷積射將軍給事中延昌初東宮建兼太子屯騎校尉錄事皆如故其年受勑撰門下詔書凡四十卷尙書元萇出爲西安將軍雍州刺史請景爲司馬以景階次不及除錄事參軍襄威將軍帶長安令甚有惠政民吏稱之先是太常劉芳與景等撰朝令未及班行別典儀注多所草創未成芳卒景纂成

其事及世宗崩召景赴京還修儀注拜謁者僕射加寧遠將軍又以本官兼中
書舍人後授步兵校尉仍舍人又勑撰太和之後朝儀已施行者凡五十餘卷
時靈太后詔依漢世陰鄧二后故事親奉廟祀與帝交獻景乃據正以定儀注
朝廷是之正光初除龍驤將軍中散大夫舍人如故時肅宗以講學之禮於國
子寺司徒崔光執經勑景與董紹張徹馮元興王延業鄭伯猷等俱爲錄義事
畢又行釋奠之禮並詔百官作釋奠詩時以景作爲美是年九月蠕蠕主阿那
瓌歸闕朝廷疑其位次高陽王雍訪景景曰昔咸寧中南單于來朝晉世處之
王公特進之下今日爲班宜在蕃王儀同三司之間雍從之朝廷典章疑而不
決則時訪景而行初平齊之後光祿大夫高聰徙於北京中書監高允爲之娉
妻給其資宅聰後爲允立碑每云吾以此文報德足矣豫州刺史常綽以未盡
其美景尙允才器先爲遺德頌司徒崔光聞而觀之尋味良久乃云高光祿平
日每矜其文自許報允之德今見常生此頌高氏不得獨擅其美也侍中崔光
安豐王延明受詔議定服章勑景參修其事尋進號冠軍將軍阿那瓌之還國

也境上遷延仍陳窘乏遺尚書左丞元孚奉詔振恤阿那瓌執孚過柔玄奔于
漠北遣尚書令李崇御史中尉兼右僕射元纂追討不及乃令景出塞經瓫山
臨瀚海宣勑勒衆而返景經涉山水悵然懷古乃擬劉琨扶風歌十二首進號
征虜將軍孝昌初兼給事黃門侍郎尋除左將軍太府少卿仍舍人固辭少卿
不拜改授散騎常侍將軍如故徐州刺史元法僧叛入蕭衍衍遣其豫章王蕭
綜入據彭城時安豐王延明爲大都督大行臺率臨淮王彧等衆軍討之既而
蕭綜降附徐州清復遣景兼尚書持節馳與行臺都督觀機部分景經洛汭乃
作銘焉是時尚書令蕭寶夤都督崔延伯都督北海王顥都督車騎將軍元恆
芝等並各出討詔景詣軍宣旨勞問還以本將軍授徐州刺史杜洛周反於燕
州仍以景兼尚書爲行臺與幽州都督平北將軍元譚以禦之景表求勒幽州
諸縣悉入古城山路有通賊之處權發兵夫隨宜置戍以爲防遏又以頃來差
兵不盡強壯今之三長皆是豪門多丁爲之今求權發爲兵肅宗皆從之進號
平北將軍別勑譚西至軍都關北從盧龍塞據此二嶮以杜賊出入之路又詔

景山中嶮路之處悉令捍塞景遣府錄事參軍裴智成發范陽三長之兵以守白𡵚都督元譚據居庸下口俄而安州石離冗城斛鹽三戍兵反結洛周有衆二萬餘落自松岍赴賊譚勒別將崔仲哲等截軍都關以待之仲哲戰沒洛周又自外應之腹背受敵譚遂大敗諸軍夜散詔以景所部別將李琚爲都督代譚征下口降景爲後將軍解州任仍詔景爲幽安玄等四州行臺賊既南出鈔掠薊城景命統軍梁仲禮率兵士邀擊破之獲賊將禦夷鎮軍主孫念恆都督李琚爲賊所攻薊城之北軍敗而死率屬城人禦之賊不敢逼洛周還據上谷授景平北將軍光祿大夫行臺如故洛周遣其都督王曹紇真馬叱斤等率衆薊南以掠人穀乃遇連兩賊衆疲勞景與都督于榮刺史王延年置兵粟國邀其走路大敗之斬曹紇真洛周率衆南趨范陽景與延年及榮復破之又遣別將重破之於州西虎眼泉擒斬及溺死者甚衆後洛周南圍范陽城人翻降執刺史延年及景送於洛周洛周尋爲葛榮所呑景又入榮榮破景得還朝永安初詔復本官兼黃門侍郎又攝著作固辭不就二年除中軍將軍正黃門先是

參議正光壬子歷至是賜爵高陽子元顥內逼莊帝北巡景與侍中大司馬安豐王延明在禁中召諸親賓安慰京師顥入洛景仍居本位莊帝還宮解黃門普泰初除車騎將軍右光祿大夫祕書監以預詔命之勤封濮陽縣子後以例追永熙二年監議事景自少及老恆居事任清儉自守不營產業至於衣食取濟而已耽好經史愛翫文詞若遇新異之書殷勤求訪或復質買不問價之貴賤必以得爲期友人刁整每謂曰卿清德自居不事家業雖儉約可尚將何以自濟也吾恐摯太常方餧於柏谷耳遂與衞將軍羊深矜其所乏乃率刁雙司馬彥邕李諧畢祖彥畢義顯等各出錢千文而爲買馬焉天平初遷鄴景匹馬從駕是時詔下三日戶四十萬狼狽就道收百官馬尙書丞郎已下非陪從者盡乘驢齊獻武王以景淸貧特給車牛四乘妻孥方得達鄴後除儀同三司仍本將軍武定六年以老疾去官詔曰几杖爲禮安車致養敬齒尊賢其來尙矣景藝業該通文史淵洽歷事三京年彌五紀朝章言歸祿俸無餘家徒壁立宜從哀恤以旌元老可特給右光祿事力終其身八年薨景善與人交終始若一

其遊處者皆服其深遠之度未曾見其矜吝之心好飲酒澹於榮利自得懷抱
不事權門性和厚恭愼每讀書見韋弦之事深薄之危乃圖古昔可以鑒戒指
事爲象讚而述之曰周雅云謂天蓋高不敢不跼謂地蓋厚不敢不蹐有朝隱
大夫監戒斯文乃惕焉而懼曰夫道喪則世傾利重則身輕是故乘和體遜式
銘方冊防微愼獨載象丹青信哉辭人之賦文晦而理明仰瞻高天聽卑視諦
俯測厚地岳峻川渟誰其戴之不私不畏誰其踐之不陷不墮故善惡是徵物
罔同異論亢匪久人咸敬忌嗟乎唯地厚矣尙亦兢兢浩浩名位孰識其親摶
之弗得聆之無聞故有戒於顯而急乎微好爵是冒聲奢是基身陷於祿利言
溺於是非或求欲而未厭或知足而不辭是故位高而勢愈迫正立而邪愈欺
安有位極而危不萃邪榮而正不凋故悔多於地厚禍甚於天高夫悔未結誰
肯曲躬夫禍未加誰肯累足固機發而後思圖車覆而後改躅改之無及故狡
兔失穴思之在後故逆鱗易觸君子則不然體舒則懷卷視溺則思濟原夫人
之度邈於無階之天勢位之危深於不測之地餌厚而躬不競爵降而心不係

守善於已成懼愆於未敗雖盈而戒沖通而慮滯以知命爲退齡以樂天爲大惠以戢智而從時以懷愚而遊世曲躬焉累足焉苟行之晝已決矣猶夜則思其計誦之口亦明矣故心必賞其契故能不同不誘而弭謗於羣小無毀無譽而貽信於上帝託身與金石俱堅立名與天壤相敝囂競無侵優遊獨逝夫如是故綺閣金門可安其宅錦衣玉食可頤其形柳下三黜不慍其色子文三陟不喜其情而惑者見居高可以持勢欲乘高以據榮見直道可以修己欲專道以邀聲夫去聲然後聲可立豈矜道之所宜慮危然後安可固豈假道之所全是以君子鑒恃道不可以流聲故去聲而懷道鑒專道不可以守勢故去勢以崇道何者履道雖高不得無亢求聲雖道不得無悔然則聲奢繁則實儉凋功業進則身迹退如此則精靈遂越驕侈自親情與道絕事與勢隣方欲役思以持勢乘勢以求津故利欲誘其情禍難嬰其身利欲交則幽明以之變禍難構則智術無所陳若然者雖縻爵帝扃焉得而寧之雖結珮皇庭焉得而榮之故身道未究而崇邪之徑已形成功未立而修正之術已生禍福交蹇於人事屯

難頓萃於時情忠介剖心於白日耿節沉骨於幽靈因斯愚智之所機倚伏之所係全亡之所依其在遜順而已哉嗚呼鑒之嗚呼鑒之景所著述數百篇見行於世刪正晉司空張華博物志及撰儒林列女傳各數十篇云

長子昶少學識有文才早卒

昶弟彪之永安中司空行參軍

史臣曰琰之好學博聞鬱爲邦彥祖瑩幹能藝用實曰時良常景以文義見宗著美當代覽其遺藁可稱尚哉

魏書卷八十二

魏書卷八十二考證

列傳第七十○魏收書闕後人所補

常景傳仍詔景爲幽安玄等四州行臺○一本等字上空一字

原夫人之度邈于無階之天○北史人字下旁注云闕

魏書卷八十二考證

珍倣宋版印

齊 魏收 撰

列傳外戚第七十一上

賀訥 劉羅辰 姚黄眉 杜超 賀迷 閭毗

馮熙 李峻 李惠

夫右賢左戚尚德尊功有國者所以治天下也殷肇王基不藉莘氏爲佐周成大業未聞姒姓爲輔及於漢世外戚尤重殺身傾族相繼於兩京乃至移其鼎璽亂其邦國魏文深以爲誡明帝尚封頑騃晉之楊駿尋至夷宗居上不以至公任物在下徒用私寵要榮藺牘引大車弱質任厚棟所謂愛之所以害之矣太祖初賀訥有部衆之業翼成皇祚其餘或以勞勤或緣恩澤咸序其迹舉外親之盛衰云爾

賀訥代人太祖之元舅獻明后之兄也其先世爲君長四方附國者數十部祖紇始有勳於國尚平文女父野干尚昭成女遼西公主昭成崩諸部乖亂獻明

后與太祖及衞秦二王依訥會苻堅使劉庫仁分攝國事於是太祖還居獨孤部訥總攝東部爲大人遷居大甯行其恩信衆多歸之侔於庫仁苻堅假訥鷹揚將軍後劉顯之謀逆太祖聞之輕騎北歸訥訥見太祖驚喜拜曰官家復國之後當念老臣太祖笑答曰誠如舅言要不忘也訥中弟染干麤暴忌太祖常圖爲逆每爲皇姑遼西公主擁護故染干不得肆其禍心於是諸部大人請訥兄弟求舉太祖爲主染干曰在我國中何得爾也訥曰帝大國之世孫興復先業於我國中之福常相持奬立繼統勳汝尙異議豈是臣節遂與諸人勸進太祖登代王位于牛川及太祖討吐突隣部訥兄弟遂懷異圖率諸部救之帝擊之大潰訥西遁衞辰遣子直力鞮征訥訥告急請降太祖簡精騎二十萬救之遂徙訥部落及諸弟處之東界訥又通於慕容垂垂以訥爲歸善王染干謀殺訥而代立訥遂與染干相攻垂遣子麟討之敗染干於牛都破訥於赤城太祖遣師救訥麟乃引退訥從太祖平中原拜安遠將軍其後離散諸部分土定居不聽還徙其君長大人皆同編戶訥以元舅甚見尊重然無統領以壽終於家

訥弟盧亦從平中原以功賜爵遼西公太祖遣盧會衞王儀伐鄴而盧自以太祖之季舅不肯受儀節度太祖遣使責之盧遂忿恨與儀司馬丁建構成其嫌癲加猜忌會太祖勑儀去鄴盧亦引歸太祖以盧爲廣川太守盧性雄豪恥居冀州刺史王輔下襲殺輔奔慕容德德以爲幷州刺史廣寧王廣固敗盧亦沒

訥從父弟悅初太祖之居賀蘭部下人情未甚附唯悅舉部隨從又密爲太祖祈禱天神請成大業出於誠至太祖嘉之甚見寵待後平中原以功賜爵鉅鹿侯進爵北新卒

子泥襲爵後降爲肥如侯太祖崩京師草草泥出舉烽於安陽城北賀蘭部人皆往赴之太宗卽位乃罷詔泥與元渾等八人拾遺左右與北新侯安同持節行幷定二州劾奏幷州刺史元六頭等皆伏罪州郡肅然後從世祖征赫連昌以功進爵爲琅邪公軍國大議每參預焉又征蠕蠕爲別道將坐逐賊不進詐增虜當斬贖爲庶人久之拜光祿勳爲外都大官復本爵卒於官

子醜建襲

劉羅辰代人宣穆皇后之兄世父眷爲北部大人帥部落歸國羅辰有智謀謂眷曰從兄顯忍人也願早圖之眷不以爲意後庫仁子顯殺眷而代立又謀逆及太祖卽位討顯于馬邑追至彌澤大破之後奔慕容驎驎徙之中山羅辰率騎奔太祖顯恃部衆之彊每謀爲逆羅辰輒先聞奏以此特蒙寵念尋拜南部大人從平中原以前後勳賜爵永安公以軍功除征東將軍定州刺史卒謚曰敬

子殊暉襲爵位幷州刺史卒

子求引位武衞將軍卒謚曰貞

子尒頭位魏昌慶陶二縣令贈鉅鹿太守子仁之自有傳

姚黃眉姚興之子太宗昭哀皇后之弟也姚泓滅黃眉閒來歸太宗厚禮待之賜爵隴西公尙陽翟公主拜駙馬都尉賜隸戶二百世祖卽位遷內都大官後拜太常卿卒贈雍州刺史隴西王謚曰獻陪葬金陵黃眉寬和溫厚希言得失世祖悼惜之故贈有加禮

杜超字祖仁魏郡鄴人密皇后之兄也少有節操泰常中爲相州別駕奉使京師時以法禁不得與后通問始光中世祖思念舅氏以超爲陽平公尙南安長公主拜駙馬都尉位大鴻臚卿車駕數幸其第賞賜巨萬神䴥三年以超行征南大將軍太宰進爵爲王鎭鄴追加超父豹鎭東大將軍陽平景王母曰鉅鹿惠君真君五年超爲帳下所害世祖臨其喪哀慟者久之謚曰威王

長子道生賜爵城陽侯後爲秦州刺史進爵河東公

道生弟鳳皇襲超爵加侍中特進世祖追思超不已欲以鳳皇爲定州刺史鳳皇不願違離闕庭乃止

鳳皇弟道儁賜爵發干侯鎭枋頭除兗州刺史

超既薨復授超從弟遺侍中安南將軍開府相州刺史入爲内都大官進爵廣平王遺性忠厚頻歷州郡所在著稱薨贈太傅謚曰宣王

長子元寶位司空元寶弟胤寶司隸校尉元寶又進爵京兆王及歸而父遺喪明當入謝元寶欲以表聞高宗未知遺薨怪其遲召之元寶將入時人止之曰

宜以家憂自辭元寶欲見其寵不從遂冒哀而入未幾以謀反伏誅親從皆斬唯元寶子世衡逃免時朝議欲追削超爵位中書令高允上表理之後兗州故吏汲宗等以道儁遺愛在人前從坐受誅委骸土壤求得收葬書奏詔義而聽之贈散騎常侍安南將軍南康公謚曰昭

世衡襲遺公爵

賀迷代人從兄女世祖敬哀皇后皇后生恭宗初后少孤無父兄近親唯迷以從父故蒙賜爵長鄉子卒贈光祿大夫五原公

閭毗代人本蠕蠕人世祖時自其國來降毗卽恭皇后之兄也皇后生高宗高宗太安二年以毗爲平北將軍賜爵河東公弟紇爲寧北將軍賜爵零陵公其年並加侍中進爵爲王毗征東將軍評尙書事紇征西將軍中都大官自餘子弟賜爵爲王者二人公五人侯六人子三人同時受拜所以隆崇舅氏當世榮之和平二年追謚后祖父延襄康公父辰定襄懿王毗薨贈太尉追贈毗妻河東王妃

子惠襲紇薨贈司空
子豆後賜名莊太和中初立三長以莊爲定戶籍大使甚有時譽十六年例降
爵後爲七兵尚書卒
紇弟染位外都大官冀州刺史江夏公卒先是高宗以乳母常氏有保護功旣
即位尊爲保太后後尊爲皇太后興安二年太后兄英字世華自肥如令超爲
散騎常侍鎮軍大將軍賜爵遼西公弟喜鎮東大將軍祠曹尚書帶方公三妹
皆封縣君妹夫王睹爲平州刺史遼西公追贈英祖父苻堅扶風太守亥爲鎮
西將軍遼西簡公渤海太守澄爲侍中征東大將軍太宰遼西獻王英母許氏
博陵郡君遣兼太常盧度世持節改葬獻王於遼西樹碑立廟置守冢百家太
安初英爲侍中征東大將軍太宰進爵爲王喜左光祿大夫改封燕郡從兄泰
爲安東將軍朝鮮侯訢子伯夫散騎常侍選部尚書次子員金部尚書喜子振
太子庶子三年英領太師評尚書事內都大官伏寶泰等州刺史五年詔以太
后母宋氏爲遼西王太妃和平元年喜爲洛州刺史初英事宋不能謹而睹奉

宋甚至就食於和龍無車牛宋疲不進賭負宋於笈至是宋於英等薄不如睹之篤謂太后曰何不王睹而黜英太后曰英爲長兄門戶主也家內小小不順何足追計睹雖盡力故是他姓柰何在英上本州郡公亦足報耳天安中英爲平州刺史訢爲幽州刺史伯夫進爵范陽公英黷貨徙燉煌諸常自興公及疑至是皆以親疏受爵賜田宅時爲隆盛後伯夫爲洛州刺史以贓汙欺妄徵斬於京師承明元年徵英復官薨諡遼西平王始英之徵也夢日墜其所居黃山下水中村人以車牛挽致不能出英獨抱載而歸聞者異之後員與伯夫子禽可共爲飛書誣謗朝政事發有司執憲刑及五族高祖以昭太后故罪止一門訢年老赦免歸家恕其孫一人扶養之給奴婢田宅其家僮入者百人金錦布帛數萬計賜尚書以下宿衛以上其女壻及親從在朝皆免官歸本鄉十一年高祖文明太后以昭太后故悉出其家前後沒入婦女以喜子振試守正平郡卒

馮熙字晉昌長樂信都人文明太后之兄也祖文通語在海夷傳世祖平遼海

熙父朗內徙官至秦雍二州刺史遼西郡公坐事誅文明太后臨朝追贈假黃鉞太宰燕宣王立廟長安熙生於長安爲姚氏魏母所養以叔父樂陵公邈因戰入蠕蠕魏母攜熙逃避至氐羌中撫育年十二好弓馬有勇幹氐羌皆歸附之魏母見其如此將還長安始就博士學問從師受孝經論語好陰陽兵法及長游華陰河東二郡間性汎愛不拘小節人無士庶來則納之熙姑先入掖庭爲始祖左昭儀妹爲高宗文成帝后即文明太后也使人外訪知熙所在徵赴京師拜冠軍將軍賜爵肥如侯尚恭宗女博陵長公主拜駙馬都尉出爲定州刺史進爵昌黎王顯祖即位爲太傅累拜內都大官高祖即位文明太后臨朝王公貴人登進者衆高祖乃承旨皇太后以熙爲侍中太師中書監領祕書事熙以頻履師傅又中宮之寵爲羣情所駭心不自安乞轉外任文明太后亦以爲然於是除車騎大將軍開府都督洛州刺史侍中太師如故洛陽雖經破亂而舊三字石經宛然猶在至熙與常伯夫相繼爲州廢毀分用大至頹落熙爲政不能仁厚而信佛法自出家財在諸州鎮建佛圖精舍合七十二處寫一十

六部一切經延致名德沙門日與講論精勤不倦所費亦不貲而在諸州營塔寺多在高山秀阜傷殺人牛有沙門勸止之熙曰成就後人唯見佛圖焉知殺人牛也其北邙寺碑文中書侍郎賈元壽之詞高祖頻登北邙寺親讀碑文稱爲佳作熙爲州因事取人子女爲奴婢有容色者幸之爲妾有子女數十人號爲貪縱後求入朝授內都大官太師如故熙事魏母孝謹如事所生魏母卒乃散髮徒跣水漿不入口三日詔不聽服熙表求依趙氏之孤高祖以熙情難奪聽服齊衰期後以例降改封京兆郡公高祖納其女爲后曰白虎通云王所不臣數有三焉妻之父母抑言其一此所謂供承宗廟不欲奪私心然吾季著於春秋無臣證於往牒既許通體之一用闕至尊之敬比長秋配極陰政既敷未聞有司陳奏斯式可詔太師輟臣從禮又勒集書造儀付外高祖前後納熙三女二爲后一爲左昭儀由是馮氏寵貴益隆賞賜累巨萬高祖每詔熙上書不臣入朝不拜熙上書如舊熙於後遇疾綿寢四載詔遣醫問道路相望車駕亦數臨幸焉將遷洛高祖親與熙別見其困篤歔欷流涕密勑宕昌公王遇曰太

師萬一郎可監護喪事十九年薨於代車駕在淮南留臺表聞還至徐州乃舉哀爲制緦服詔有司豫辨凶儀并開魏京之墓令公主之柩俱向伊洛凡所營送皆公家爲備又勑代給綵帛前後六千匹以供凶用皇后詣代都赴哭太子恂亦赴代哭弔將葬贈假黃鉞侍中都督十州諸軍事大司馬太尉冀州刺史加黃屋左纛備九錫前後部羽葆鼓吹皆依晉太宰安平獻王故事有司奏謚詔曰可以威彊恢遠曰武奉謚於公柩至洛七里澗高祖服衰往迎叩靈悲慟而拜焉葬日送臨墓所親作誌銘主生二子誕修

誕字思政修字寶業皆姿質妍麗年纔十餘歲文明太后俱引入禁中申以教誡然不能習讀經史故兄弟並無學術徒整飾容儀寬雅恭謹而已誕與高祖同歲幼侍書學仍蒙親待尙帝妹樂安長公主拜駙馬都尉侍中征西大將軍南平王修侍中鎭北大將軍尙書東平公又除誕儀曹尙書知殿中事及罷庶姓王誕爲侍中都督中外諸軍事中軍將軍特進改封長樂郡公誕拜官高祖立於庭遙受其拜旣訖還室修降爲侯誕與修雖並長宮禁而性趣乖別誕性

淳篤修乃浮競誕亦未能誨督其過然時言於太后高祖嚴責之至於楚撻由是陰懷毒恨遂結左右有憾於誕者求藥欲因食害誕事覺高祖自詰之具得情狀誕引過謝乞全修命高祖以誕父老又重其意不致於法撻之百餘黜爲平城百姓脩妻司空穆亮女也求離婚請免官高祖引管蔡事皆不許高祖寵誕每與誕同輿而載同案而食同席坐臥彭城王勰北海王詳雖直禁中然親近不及十六年以誕爲司徒高祖既深愛誕除官日親爲制三讓表并啓將拜又爲其章謝尋加車騎大將軍太子太師十八年高祖謂其無師傅獎導風誕深自誨責從駕南伐十九年至鍾離誕遇疾不能侍從高祖日省問醫藥備加時高祖銳意臨江乃命六軍發鍾離南轅與誕泣訣左右皆入無不掩涕時誕已惙然彊坐視高祖悲而淚不能下言夢太后來呼臣高祖嗚咽執手而出遂行是日去鍾離五十里許昏時告誕薨問高祖哀不自勝時崔慧景裴叔業軍在中淮去所次不過百里高祖乃輕駕西還從者數千人夜至誕薨所撫屍哀慟若喪至戚達旦聲淚不絕從者亦迭舉音明告蕭鸞鍾離戍主蕭惠休惠休

遣其太守奉慰詔求棺於城中及斂送舉高祖以所服衣帢充襚親自臨視撤樂去膳宣勑六軍止臨江之駕高祖親北度慟哭極哀詔侍臣一人兼大鴻臚送柩至京禮物轜儀徐州備造陵兆葬事下洛候設喪至洛陽車駕猶在鍾離詔留守賜賻物布帛五千匹穀五千斛以供葬事贈假黃鉞使持節大司馬領司徒侍中都督太師駙馬公如故加以殊禮備錫九命依晉大司馬齊王攸故事有司奏諡詔曰案諡法善行仁德曰元柔克有光曰懿昔貞惠兼美受三諡之榮忠武雙徽錫兩號之茂式準前迹宜契具瞻既自少綢繆知之惟朕案行定名諡曰元懿帝又親爲作碑文及挽歌詞皆窮美盡哀事過其厚車駕還京詔曰馮大司馬已就墳塋永潛幽室宿草之哭何能忘之遂親臨誕墓停車而哭使彭城王勰詔羣官脫朱衣服單衣介幘陪哭司徒貴者示以朋友微者示如寮佐公主貞厚有禮度產二男長子穆

穆字孝和襲熙爵避皇子愉封改扶風郡公尚高祖女順陽長公主拜駙馬都尉歷員外通直散騎常侍穆與叔輔興不和輔興亡贈相州刺史祖載在庭而

穆方高車良馬恭受職命言宴滿堂忻笑自若爲御史中尉東平王匡所劾後位金紫光祿大夫遇害河陰贈司空雍州刺史

子冏字景昭襲爵昌黎王尋以庶姓罷王仍襲扶風郡公

子峭字子漢齊受禪例降

穆弟顥襲父誕長樂郡公

脩弟聿字寶與廢后同產兄也位黃門郎信都伯後坐妹廢免爲長樂百姓世宗時卒於河南尹

聿同產弟風幼養於宮文明太后特加愛念數歲賜爵至北平王拜太子中庶子出入禁闥寵侔二兄高祖親政後恩寵稍衰降爵爲侯幽后立乃復敘用后死亦冗散卒贈青州刺史崔光之兼黃門也與聿俱直光每謂之曰君家富貴太盛終必衰敗聿云我家何負四海乃呪我也光云以古推之不可不慎時熙爲太保誕司徒太子太傅脩侍中尚書聿黃門廢后在位禮愛未弛是後歲餘脩以罪棄熙誕喪亡后廢聿退時人以爲盛必衰也

李峻字珍之梁國蒙縣人元皇后兄也父方叔劉義隆濟陰太守高宗遣間使諭之峻與五弟誕嶷雅白永等前後歸京師拜峻鎮西將軍涇州刺史頓丘公雅嶷誕等皆封公位顯後進峻爵爲王徵爲太宰薨

李惠中山人思皇后之父也父蓋少知名歷位殿中都官二尚書左將軍南郡公初世祖妹武威長公主故涼王沮渠牧犍之妻世祖平涼州頗以公主通密計助之故寵遇差隆詔蓋尚焉蓋妻與氏以是而出是後蓋加侍中駙馬都尉殿中都官尚書左僕射卒官贈征南大將軍定州刺史中山王謚曰莊惠弱冠襲父爵妻襄城王韓頹女生二女長卽后也惠歷位散騎常侍侍中征西大將軍秦益二州刺史進爵爲王轉雍州刺史征南大將軍加長安鎮大將惠長於思察雍州廳事有燕爭巢鬭已累日惠令人掩獲試命綱紀斷之並辭曰此乃上智所測非下愚所知惠乃使卒以弱竹彈兩燕既而一去一留惠笑謂吏屬曰此留者自計爲巢功重彼去者既經楚痛理無留心羣下伏其聰察人有負鹽負薪者同釋重檐息於樹陰二人將行爭一羊皮各言藉背之物惠遣爭者

出顧謂州綱紀曰此羊皮可拷知主乎羣下以爲戲言咸無答者惠令人置羊皮蓆上以杖擊之見少鹽屑曰得其實矣使爭者視之負薪者乃伏而就罪凡所察究多如此類由是吏民莫敢欺犯後爲開府儀同三司青州刺史王如故歷政有美績惠素爲文明太后所忌誣惠將南叛誅之惠二弟初樂與惠諸子同戮後妻梁氏亦死青州盡沒其家財惠本無釁故天下寃惜焉

惠從弟鳳爲定州刺史安樂王長樂主簿後長樂以罪賜死時卜筮者河間邢瓚辭引鳳云長樂不軌鳳爲謀主伏誅惟鳳弟道念與鳳子及兄弟之子皆逃免後遇赦乃出太和十二年高祖將爵舅氏詔訪存者而惠諸從以再罹孥戮難於應命唯道念敢先詣闕乃申后妹及鳳兄弟子女之存者於是賜鳳子屯爵柏人侯安祖浮陽侯興祖安喜侯道念眞定侯從弟寄生高邑子皆加將軍十五年安祖昆弟四人以外戚蒙見詔謂曰卿之先世內外有犯得罪於時然官必用才以親非興邦之選外氏之寵超於末葉從今已後自非奇才不得復外戚謬班抽舉既無殊能今且可還後例降爵安祖等改侯爲伯並去軍號高

祖奉馮氏過厚於李氏過薄舅家了無敘用朝野人士所以竊議太常高閭顯言於禁中及世宗寵隆外家並居顯位乃惟高祖舅氏存己不霑恩澤景明末特詔興祖爲中山太守正始初詔追崇惠爲使持節驃騎將軍開府儀同三司定州刺史中山公太常考行上言案謚法武而不遂曰壯謚曰壯公與祖自中山遷燕州刺史卒以兄安祖子侃晞爲後襲先封南郡王後以庶姓罷王改爲博陵郡公侃晞爲莊帝所親幸拜散騎常侍嘗食典御帝之圖介朱榮侃晞與魯安等持刀於禁內殺榮及莊帝蒙塵侃晞奔蕭衍

魏書卷八十三上

珍倣宋版印

魏書卷八十三上考證

列傳第七十一上〇魏收書外戚傳上亡後人所補

賀訥傳父野干〇干監本誤于今改正

馮熙傳左右皆入〇入監本誤人今改正

魏書卷八十三上考證

珍倣宋版印

齊　魏　收　撰

列傳外戚第七十一下

高　肇　于　勁　胡國珍　李延寔

高肇字首文文昭皇太后之兄也自云本渤海蓨人五世祖顧晉永嘉中避亂入高麗父颺字法修高祖初與弟乘信及其鄉人韓內冀富等入國拜厲威將軍河間子乘信明威將軍俱待以客禮賜奴婢牛馬綵帛遂納颺女是爲文昭皇后生世宗颺卒景明初世宗追思舅氏徵肇兄弟等錄尚書事北海王詳等奏颺宜贈左光祿大夫賜爵渤海公謚曰敬其妻蓋氏宜追封清河郡君詔可又詔颺嫡孫猛襲渤海公爵封肇平原郡公肇弟顯澄城郡公三人同日受封始世宗未與舅氏相接將拜爵乃賜衣幘引見肇顯于華林都亭皆甚惶懼舉動失儀數日之閒富貴赫奕是年咸陽王禧誅財物珍寶奴婢田宅多入高氏未幾肇爲尚書左僕射領吏部冀州大中正尚世宗姑高平公主遷尚書令肇

出自夷土時望輕之及在位居要留心百揆孜孜無倦世咸謂之爲能世宗初
六輔專政後以咸陽王禧無事構逆由是遂委信肇肇既無親族頗結朋黨附
之者旬月超昇背之者陷以大罪以北海王詳位居其上構殺之又說世宗防
衞諸王殆同囚禁時順皇后暴崩世議言肇爲之皇子昌薨僉謂王顯失於醫
療承肇意旨及京兆王愉出爲冀州刺史畏肇恣擅遂至不軌肇又譖殺彭城
王勰由是朝野側目咸畏惡之因此專權與奪任己又嘗與清河王懌於雲龍
門外廡下忽忿諍大至紛紜太尉高陽王雍和止之高后既立愈見寵信肇既
當衡軸每事任己本無學識動違禮度好改先朝舊制出情妄作減削封秩抑
黜勳人由是怨聲盈路矣延昌初遷司徒雖貴登台鼎猶以去要快快形乎辭
色衆咸嗤笑之父兄封贈雖久竟不改瘞三年乃詔令還葬肇不自臨赴唯遣
其兄子猛改服詣代還葬於鄉時人以肇無識哂而不責也其年大舉征蜀以
肇爲大將軍都督諸軍爲之節度與都督甄琛等二十餘人俱面辭世宗於東
堂親奉規略是日肇所乘駿馬停於神虎門外無故驚倒轉臥渠中鞍具瓦解

衆咸怪異肇出惡焉四年世宗崩赦罷征軍肅宗與肇及征南將軍元遙等書稱諱言以告凶問肇承變哀愕非唯仰慕亦私憂身禍朝夕悲泣至于羸悴將至宿瀍澗驛亭家人夜迎省之皆不相視直至闕下衰服號哭昇太極殿奉喪盡哀太尉高陽王先居西柏堂專決庶事與領軍于忠密欲除之潛備壯士直寢邢豹伊瓮生等十餘人於舍人省下肇哭梓宮訖於百官前引入西廊清河王懌任城王澄及諸王等皆竊言目之肇入省壯士搤而拉殺之下詔暴其罪惡又云刑書未及便至自盡自餘親黨悉無追問削除職爵葬以士禮及昏乃於廁門出其尸歸家初肇西征行至函谷車軸中折從者皆以為不獲吉還也靈太后臨朝令特贈營州刺史永熙二年出帝贈使持節侍中中外諸軍事太師大丞相太尉公錄尙書事冀州刺史

肇子植自中書侍郎為濟州刺史率州軍討破元愉別將有功當蒙封賞不受云家荷重恩為國致效是其常節何足以膺進陟之報懇惻發於至誠歷青相朔恆四州刺史卒植頻莅五州皆清能著稱當時號為良刺史贈安北將軍冀

州刺史
肇長兄琨早卒襲賜封渤海郡公贈都督五州諸軍事鎮東大將軍冀州刺史
詔其子猛嗣
猛字豹兒尚長樂公主卽世宗同母妹也拜駙馬都尉歷位中書令出爲雍州
刺史有能名入爲殿中尚書卒贈司空冀州刺史出帝時復贈太師大丞相錄
尚書事公主無子猛先在外有男不敢令主知臨終方言之年幾三十矣乃召
爲喪主尋卒無後
琨弟偃字仲游太和十年卒正始中贈安東將軍都督青州刺史諡曰莊侯景
明四年世宗納其女爲貴嬪及于順皇后崩永平元年立爲皇后二年八座奏
封后母王氏爲武邑郡君
偃弟壽早卒壽弟卽肇也
肇弟顯侍中高麗國大中早卒
于勁字鍾葵太尉拔之子頗有武略以功臣子又以功績位沃野鎮將賜爵富

昌子拜征虜將軍世宗納其女爲后封太原郡公妻劉氏爲章武郡君後拜征北將軍定州刺史卒贈司空謚曰恭莊公自栗磾至勁累世貴盛一皇后四贈公三領軍二尙書令三開國公勁雖以后父但以順后早崩竟不居公輔子暉字宣明后母弟也少有氣幹襲爵位汾州刺史暉善事人爲介朱榮所親以女妻其子長孺歷侍中河南尹後兼尙書僕射東南道行臺與齊獻武王討平羊侃於兗州元顥入洛害之

勁弟天恩位內行長遼西太守卒贈平東將軍燕州刺史

天恩子仁生位太中大夫

仁生子安定平原郡太守高平郡都將卒

胡國珍字世玉安定臨涇人也祖略姚興渤海公姚逵平北府諮議參軍父淵赫連屈丐給事黃門侍郎世祖克統萬淵以降款之功賜爵武始侯後拜河州刺史國珍少好學雅尙清儉太和十五年襲爵例降爲伯女以選入掖庭生肅宗卽靈太后也肅宗踐祚以國珍爲光祿大夫靈太后臨朝加侍中封安定郡

公給田第賜帛布綿穀奴婢車馬牛甚厚追崇國珍妻皇甫氏爲京兆郡君置守冢十戸尚書令任城王澄奏安定公屬尊望重親賢羣矚宜出入禁中參諮大務詔可乃令入決萬幾尋進位中書監儀同三司侍中如故賞賜累萬又賜絹歲八百疋妻梁四百匹男女姊妹兄弟各有差皆極豐贍國珍與太師高陽王雍太傅清河王懌太保廣平王懷入居門下同釐庶政詔依漢車千秋晉安平王故事給步挽一乘自掖門至于宣光殿得以出入幷備几杖後與侍中崔光俱授帝經侍直禁中國珍尋上表陳刑政之宜詔皆施行延和初加國珍使持節都督雍州刺史驃騎大將軍開府靈太后以國珍年老不欲令其在外且欲示以方面之榮竟不行遷司徒公侍中如故就宅拜之靈太后肅宗率百寮幸其第宴會極歡又追京兆郡君爲秦太上君太上君景明三年薨於洛陽於此十六年矣太后以太上君墳瘞卑局更增廣爲起塋域門闕碑表侍中崔光等奏案漢高祖母始謚曰昭靈夫人後爲昭靈后薄太后母曰靈文夫人皆置園邑三百家長丞奉守今秦太上君未有尊謚陵寢孤立卽秦君名宜上終稱

兼設掃衞以慰情典請上尊謚曰孝穆權置園邑三十戶立長丞奉守太后從之封國珍繼室梁氏爲趙平郡君元又妻拜爲女侍中封新平郡君又徙封馮翊君國珍子祥妻長安縣公主即清河王懌女也國珍年雖篤老而雅敬佛法時事齋潔自彊禮拜至於出入侍從猶能跨馬據鞍神龜元年四月七日步從所建佛像發第至閶闔門四五里八日又立觀像晚乃肯坐勞熱增甚因遂寢疾靈太后親侍藥膳十二日薨年八十給東園温明祕器五時朝服各一具衣一襲贈布五千匹錢一百萬蠟千斤大鴻臚持節監護喪事太后還宮成服於九龍殿遂居九龍寢室肅宗服小功服舉哀於太極東堂又詔自始薨至七七皆爲設千僧齋令七人出家百日設萬人齋二七人出家先是巫覡言將有凶勸令爲厭勝之法國珍拒而不從云吉凶有定分唯修德以禳之臨死與太后訣云母子善治天下以萬人之心勿視大臣面也殷勤至於再三又及其子祥云我唯有一子死後勿如比來威抑之靈太后以其好戲時加威訓國珍故以爲言始國珍欲就祖父西葬舊鄉後緣前世諸胡多在洛葬有終洛之心崔光

嘗對太后前問國珍公萬年後爲在此安厝爲歸長安國珍言當陪葬天子山陵及病危太后請以後事竟言還安定語遂惛忽太后問清河王懌與崔光等議去留懌等皆以病亂請從先言太后猶記崔光昔與國珍言遂營墓於洛陽太后雖外從衆議而深追臨終之語云我公之遠慕二親亦吾之思父母也追崇假黃鉞使持節侍中相國都督中外諸軍事太師領太尉公司州牧號太上秦公加九錫葬以殊禮給九旒鑾輅虎賁班劍百人前後部羽葆鼓吹輼輬車謚文宣公賜物三千段粟一千五百石又詔贈國珍祖父兄父兄下逮從子皆有封職持節就安定監護喪事靈太后迎太上君神柩還第與國珍俱葬贈襚一與國珍同及國珍神主入廟詔太常權給以軒懸之樂六佾之舞初國珍無男養兄真子僧洗爲後後納趙平君生子祥

祥字元吉襲封故事世襲例皆減邑唯祥獨得全封趙平君薨給東園祕器肅宗服小功服舉哀于東堂靈太后服齊衰期葬於太上君墓左不得祔合祥歷位殿中尚書中書監侍中改封東平郡公薨贈開府儀同三司雍州刺史謚曰

孝景

僧洗字湛輝封爰德縣公位中書監侍中改封濮陽郡公僧洗自承安後廢棄不預朝政天平四年薨詔給東園祕器贈太師太尉公錄尙書事雍州刺史諡曰孝真

長子寧字惠歸襲國珍先爵改爲臨涇伯後進爲公歷岐涇二州刺史卒諡曰孝穆女爲清河王亶妃生孝靜皇帝武定初贈太師太尉公錄尙書事諡曰孝昭

子虔字僧敬元乂之廢靈太后虔時爲千牛備身與備身張車渠等謀殺乂事發乂殺車渠等虔坐遠徙靈太后反政徵爲吏部郎中太后好以家人禮與親族宴戲虔常致諫由是後宴謔多不預焉出爲涇州刺史封安陽縣侯興和三年以帝元舅超遷司空公薨贈太傅太尉公尙書僕射徐州刺史諡曰宣葬日百官會葬乘輿送於郭外

子長粲

李延寔字禧隴西人尚書僕射沖之長子性温良少爲太子舍人世宗初襲父爵清泉縣侯累遷左將軍光州刺史莊帝卽位以元舅之尊超授侍中太保封濮陽郡王延寔以太保犯祖諱又以王爵非庶姓所宜抗表固辭徙封濮陽郡公改授太傅尋轉司徒公出爲使持節侍中太傅錄尚書事青州刺史介朱兆入洛乘輿幽縶以延寔外戚見害於州館出帝初歸葬洛陽贈使持節侍中太師太尉公錄尚書事都督雍州刺史諡曰孝懿

長子彧字子文尚莊帝姊豐亭公主封東平郡公位侍中左光祿大夫中書監驃騎大將軍開府儀同三司廣州刺史彧任俠交遊輕薄無行介朱榮之死也武毅之士皆彧所進孝靜初以罪棄市

史臣曰三五哲王深防遠慮舅甥之國罕執鈞衡母后之家無聞傾敗爰及後世顚覆繼軌蓋由進不以禮故其斃亦速其間或不斃泯舊基弗虧先構者蓋處之以道遠權之所致也

魏書卷八十三下

魏書卷八十三下考證

列傳第七十一下○魏收書外戚傳下亡史臣論全用隋書外戚傳

高肇傳高麗國大中○北史作高麗國大中正此脫去正字

魏書卷八十三下考證

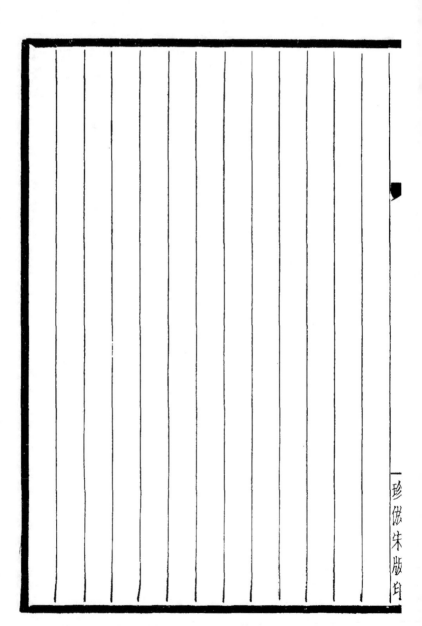

魏書卷八十四

齊　魏　收　撰

列傳儒林第七十二

梁越　盧醜　張偉　梁祚　平恆　陳奇　常爽
劉獻之　張吾貴　劉蘭　孫惠蔚　徐遵明　董徵　刁沖
盧景裕　李同軌　李業興

自晉永嘉之後運鍾喪亂宇內分崩羣兇肆禍生民不見俎豆之容黔首唯覩戎馬之跡禮樂文章掃地將盡而契之所感斯道猶存高才有德之流自彊蓬華鴻生碩儒之輩抱器晦己太祖初定中原雖日不暇給始建都邑便以經術爲先立太學置五經博士生員千有餘人天興二年春增國子太學生員至三千豈不以天下可馬上取之不可以馬上治之爲國之道文武兼用毓才成務意在茲乎聖達經猷蓋爲遠矣四年春命樂師入學習舞釋菜于先聖先師太宗世改國子爲中書學立教授博士世祖始光三年春別起太學於城東後徵

盧玄高允等而令州郡各舉才學於是人多砥尙儒林轉興顯祖天安初詔立鄉學郡置博士二人助教二人學生六十人後詔大郡立博士二人助教四人學生一百人次郡立博士二人助教二人學生八十人中郡立博士二人助教二人學生六十人下郡立博士一人助教一人學生四十人太和中改中書學爲國子學建明堂辟雍尊三老五更又開皇子之學及遷都洛邑詔立國子太學四門小學高祖欽明稽古篤好墳典坐輿據鞍不忘講道劉芳李彪諸人以經書進崔光邢巒之徒以文史達其餘涉獵典章閑集詞翰莫不縻以好爵動貽賞眷於是斯文鬱然比隆周漢世宗時復詔營國學樹小學於四門大選儒生以爲小學博士員四十人雖黌宇未立而經術彌顯時天下承平學業大盛故燕齊趙魏之間橫經著錄不可勝數大者千餘人小者猶數百州舉茂異郡貢孝廉對揚王庭每年逾衆神龜中將立國學詔以三品以上及五品清官之子以充生選未及簡置仍復停寢正光三年乃釋奠於國學命祭酒崔光講孝經始置國子生三十六人暨孝昌之後海內淆亂四方校學所存無幾永熙中

復釋奠於國學又於顯陽殿詔祭酒劉廞講孝經黄門李郁說禮記中書舍人盧景宣講大戴禮夏小正篇復置生七十二人及還都於鄴國子置生三十六人至於興和武定之世寇難既平儒業復光矣漢世鄭玄並爲衆經注解服虔何休各有所說玄易書詩禮論語孝經虔左氏春秋休公羊傳大行於河北王肅易亦閒行焉晉世杜預注左氏預玄孫坦坦弟驥於劉義隆世並爲青州刺史傳其家業故齊地多習之自梁越以下傳受講說者甚衆今舉其知名者附列於後云

梁越字玄覽新興人也少而好學博綜經傳無所不通性純和篤信行無擇善國初爲禮經博士太祖以其謹厚舉動可則拜上大夫命授諸皇子經書太宗即祚以師傅之恩賜爵祝阿侯後出爲鴈門太守獲白雀以獻拜光祿大夫卒子弼早卒

弼子恭襲降爲雲中子無子爵除

盧醜昌黎徒河人襄城王魯元之族也世祖之爲監國醜以篤學博聞入授世

祖經後以師傅舊恩賜爵濟陰公除鎮軍將軍拜尙書加散騎常侍出爲河內太守延和二年冬卒闕初中山襲爵太和中以老疾自免子升頭襲爵後例降

張偉字仲業小名翠螭太原中都人也高祖敏晉祕書監偉學通諸經講授鄉里受業者常數百人儒謹汎納勤於教訓雖有頑固不曉問至數十偉告喻殷勤曾無慍色常依附經典教以孝悌門人感其仁化事之如父性恬平不以夷嶮易操清雅篤愼非法不言世祖時與高允等俱被辟命拜中書博士轉侍郎大將軍樂安王範從事中郎馮翊太守還仍爲中書侍郎本國大中正使酒泉慰勞沮渠無諱還遷散騎侍郎聘劉義隆還拜給事中建威將軍賜爵成臯子出爲平東將軍營州刺史進爵建安公卒贈征南將軍幷州刺史謚曰康在州郡以仁德爲先不任刑罰清身率下宰守不敢爲非子仲慮太和初假給事中高麗副使尋假散騎常侍高麗使後出爲章武太守加寧遠將軍

仲慮弟仲繼學尚有父風善倉雅林說太和中官至侍御長坐事徙西裔道死

梁祚北地泥陽人父劭皇始二年歸國拜吏部郎出爲濟陽太守至祚居趙郡祚篤志好學歷治諸經尤善公羊春秋鄭氏易常以教授有儒者風而無當世之才與幽州別駕平恆有舊又姊先適范陽李氏遂攜家人僑居於薊積十餘年雖羈旅貧窘而著述不倦恆時相請屈與論經史辟祕書中散稍遷祕書令爲李訢所排擯退爲中書博士後出爲統萬鎮司馬徵爲散令撰并陳壽三國志名曰國統又作代都賦頗行於世清貧守素不交勢貴年八十七太和十二年卒

子元吉有父風

少子重歷碎職後爲相州鎮北府參軍事

平恆字繼叔燕國薊人祖視父儒並仕慕容爲通宦恆耽勤讀誦研綜經籍鉤深致遠多所博聞自周以降暨於魏世帝王傳代之由貴臣升降之緒皆撰錄品第商略是非號曰略注合百餘篇好事者覽之咸以爲善焉安貧樂道不以

屢空改操徵爲中書博士久之出爲幽州別駕廉貞寡欲不營資產衣食至常不足妻子不免飢寒後拜著作佐郎遷祕書丞時高允爲監河閒邢祜北平陽嘏河東裴宗廣平程駿金城趙元順等爲著作佐郎雖才學互有短長然俱爲稱職並號長者允每稱博通經籍無過恆也恆卽劉彧將軍王玄謨舅子恆三子並不率父業好酒自棄恆常忿其世衰植杖巡舍側崗而哭不爲營事婚宦任意官娶故仕聘濁碎不得及其門流恆婦弟鄧宗慶及外生孫玄明等每以爲言恆曰此輩會是衰頓何煩勞我乃別構精廬并置經籍於其中一奴自給妻子莫得而往酒食亦不與同時有珍美呼時老東安公刁雍等共飲噉之家人無得嘗焉太和十年以恆爲祕書令而恆固請爲郡未授而卒時年七十六贈平東將軍幽州刺史都昌侯諡曰康

子壽昌太和初祕書令史稍遷荊州征虜府錄事參軍

陳奇字修奇河北人也自云晉涼州刺史驤之八世孫祖刃仕慕容垂奇少孤家貧而奉母至孝髫齔聰識有夙成之美性氣剛亮與俗不羣愛翫經典博通

墳籍常非馬融鄭玄解經失旨志在著述五經始注孝經論語頗傳於世爲搢紳所稱與河間邢祐同召赴京時祕書監游雅素聞其名始頗好之引入祕省欲授以史職後與奇論典誥及詩書雅贊扶馬鄭至於易訟卦天與水違行雅曰自葱嶺以西水皆西流推此而言易之所及自葱嶺以東耳奇曰易理綿廣包含宇宙若如公言自葱嶺以西豈東向望天哉奇執義非雅每如此類終不苟從雅性護短因以爲嫌嘗衆辱奇或爾汝之或指爲小人奇曰公身爲君子奇身且小人耳雅曰君言身且小人君祖父是何人也奇曰祖燕東部侯釐雅質奇曰侯釐何官也奇曰三皇不傳禮官名豈同哉故昔有雲師火正鳥師之名以斯而言世革則官異時易則禮變公爲皇魏東宮內侍長侍長竟何職也由是雅深憾之先是勑以奇付雅令銓補祕書雅既惡之遂不復敘用焉奇冗散數年高允與奇讎温古籍嘉其遠致稱奇通識非凡學所窺允微勸雅曰君朝望具瞻何爲與野儒辨簡牘章句雅謂允有私於奇曰君寧黨小人也乃取奇所注論語孝經焚於坑內奇曰公貴人不乏樵薪何乃燃奇論語雅愈怒因

告京師後生不聽傳授而奇無降志亦評雅之失雅製昭皇太后碑文論后名字之美比諭前魏之甄后奇刺發其非遂聞於上詔下司徒檢對碑史事乃郭后雅有屈焉有人爲謗書多怨時之言頗稱奇不得志雅乃諷在事云此書言奇不遂當是奇假人爲之如依律文造謗書者皆及孥戮遂抵奇罪時司徒平原王陸麗知奇見枉惜其才學故得遷延經年冀有寬宥但執以獄成竟致大戮遂及其家奇於易尤長在獄嘗自筮卦未及成乃擘破而歎曰吾不度來年冬季及奇受害如其所占奇初被召夜夢星墜壓脚明而告人曰星則好風星則好雨夢星壓脚必無善徵但時命峻切不敢不赴耳奇妹適常氏有子曰矯之仕歷郡守神龜中上書陳時政所宜言頗忠至清河王懌稱美之奇所注論語矯之傳掌未能行於世其義多異鄭玄往往與司徒崔浩同

常爽字仕明河内温人魏太常卿林六世孫也祖珍苻堅南安太守因世亂遂居涼州父坦乞伏世鎮遠將軍大夏鎮將顯美侯爽少而聰敏嚴正有志概雖家人僮隸未嘗見其寬誕之容篤志好學博聞彊識明習緯候五經百家多所

研綜州郡禮命皆不就世祖西征涼土爽與兄仕國歸款軍門世祖嘉之賜仕國爵五品顯美男爽爲六品拜宣威將軍是時戎車屢駕征伐爲事貴遊子弟未遑學術爽置館温水之右教授門徒七百餘人京師學業翕然復興爽立訓甚有勸罰之科弟子事之若嚴君焉尚書左僕射元贊平原太守司馬貞安著作郎程靈虬皆是爽教所就崔浩高允並稱爽之嚴教獎勵有方允曰文翁柔勝先生剛克立教雖殊成人一也其爲通識歎服如此因教授之暇述六經略注以廣制作甚有條貫其序曰傳稱立天之道曰陰與陽立地之道曰柔與剛立人之道曰仁與義然則仁義者人之性也經典者身之文也皆以陶鑄神情啓悟耳目未有不由學而能成其器不由習而能利其業是故季路勇士也服道以成忠烈之概甯越庸夫也講藝以全高尚之節蓋所由者習也所因者本也本立而道生身文而德備焉昔者先王之訓天下也莫不導以詩書教以禮樂移其風俗和其人民故恭儉莊敬而不煩者教深於禮也廣博易良而不奢者教深於樂也温柔敦厚而不愚者教深於詩也疏通知遠而不誣者教深於

書也潔靜精微而不賊者教深於易也屬辭比事而不亂者教深於春秋也夫樂以和神詩以正言禮以明體書以廣聽春秋以斷事五者蓋五常之道相須而備而易爲之源故曰易不可見則乾坤其幾乎息矣由是言之六經者先王之遺烈聖人之盛事也安可不遊心寓目習性文身哉頃因暇日屬意藝林略撰所聞討論其本名曰六經略注以訓門徒焉其略注行於世爽不事王侯獨守閑靜講肄經典二十餘年時人號爲儒林先生年六十三卒於家

子文通歷官至鎮西司馬南天水太守西翼校尉文通子景别有傳

劉獻之博陵饒陽人也少而孤貧雅好詩傳曾受業於渤海程玄後遂博觀衆籍見名法之言掩卷而笑曰若使楊墨之流不爲此書千載誰知其小也曾謂其所親曰觀屈原離騷之作自是狂人死其宜矣何足惜也吾常謂濯纓洗耳有異人之迹哺糟歠醨有同物之志而孔子曰我則異於是無可無不可誠哉斯言實獲我心時人有從獻之學者獻之輒謂之曰人之立身雖百行殊途準之四科要以德行爲首君若能入孝出悌忠信仁讓不待出戸天下自知儻不

能然雖復下帷針股躡屩從師正可博聞多識不過爲土龍乞雨眩惑將來其於立身之道有何益乎孔門之徒初亦未悟見臯魚之歎方歸而養親嗟乎先達何自覺之晚也束修不易受之亦難敢布心腹子其圖之由是四方學者莫不高其行義而希造其門獻之善春秋毛詩每講左氏盡隱公八年便止云義例已了不復須解由是弟子不能究竟其說後本郡舉孝廉非其好也逼遣之乃應命至京稱疾而還高祖幸中山詔徵典內校書獻之喟然歎曰吾不如莊周散木遠矣一之謂甚其可再乎固以疾辭時中山張吾貴與獻之齊名海內皆曰儒宗吾貴每一講唱門徒千數其行業可稱者寡獻之著錄數百而已皆經通之士於是有識者辨其優劣魏承喪亂之後五經大義雖有師說而海內諸生多有疑滯咸決於獻之六藝之文雖不悉注然所標宗旨頗異舊義撰三禮大義四卷三傳略例三卷注毛詩序義一卷今行於世幷章句疏三卷注涅槃經未就而卒有四子放古爰古參古修古

放古幼有人才爲州從事早亡

爰古參古並傳父詩而不能精通也

張吾貴字吳子中山人少聰慧口辯身長八尺容貌奇偉年十八本郡舉爲太學博士吾貴先未多學乃從酈詮受禮牛天祐受易詮祐粗爲開發而吾貴覽讀一遍便卽別構戶牖世人競歸之曾在夏學聚徒千數而不講傳生徒竊云張生之於左氏似不能說吾貴聞之謂其徒曰我今夏講暫罷後當說傳君等來日皆當持本生徒怪之而已吾貴謂劉蘭云君曾讀左氏爲我一說蘭遂爲講三旬之中吾貴兼讀杜服隱括兩家異同悉舉諸生後集便爲講之義例無窮皆多新異蘭乃伏聽學者以此益奇之而以辯能飾非好爲詭說由是業不久傳而氣陵牧守不屈王侯竟不仕而終

劉蘭武邑人年三十餘始入小學書急就篇家人覺其聰敏遂令從師受春秋詩禮於中山王保安家貧無以自資且耕且學三年之後便白其兄蘭欲講書其兄笑而聽之爲立黌舍聚徒二百蘭讀左氏五日一遍兼通五經先是張吾貴以聰辨過人其所解說不本先儒之旨唯蘭推經傳之由本注者之意參以

緯候及先儒舊事甚爲精悉自後經義審博皆由於蘭蘭又明陰陽博物多識爲儒者所宗瀛州刺史裴植徵蘭講書於州城南館植爲學主故生徒甚盛海內稱焉又特爲中山王英所重英引在館令授其子熙誘略等蘭學徒前後數千成業者衆而排毀公羊又非董仲舒由是見譏於世永平中爲國子助教延昌中靜坐讀書有人叩門門人通焉蘭命引入其人葛巾單衣入與蘭坐謂蘭曰君自是學士何爲每見毀辱理義長短竟知在誰而過無禮見陵也今欲相召當與君正之言終而出出後蘭告家人少時而患卒

孫惠蔚字叔炳武邑武遂人也小字陁羅自言六世祖道恭爲晉長秋卿自道恭至惠蔚世以儒學相傳惠蔚年十五粗通詩書及孝經論語十八師董道季講易十九師程玄讀禮經及春秋三傳周流儒肆有名於冀方太和初郡舉孝廉對策於中書省時中書監高閭宿聞惠蔚稱其英辯因相談薦爲中書博士轉皇宗博士閭被勑理定雅樂惠蔚參其事及樂成閭上疏請集朝貴於太樂共研是非祕書令李彪自以才辯立難於其間閭命惠蔚與彪抗論彪不能屈

黃門侍郎張彝常與遊處每表疏論事多參訪焉十七年高祖南征上議告類之禮及太師馮熙薨惠蔚監其喪禮上書令熙未冠之子皆服成人之服惠蔚與李彪以儒學相知及彪位至尙書惠蔚仍太廟令高祖曾從容言曰道固既登龍門而孫蔚猶沉涓澮朕常以爲負矣雖久滯小官深體通塞無孜孜之望儒者以是尙焉二十二年侍讀東宮先是七廟以平文爲太祖高祖議定祖宗以道武爲太祖祖宗雖定然昭穆未改及高祖崩祔神主於廟時侍中崔光兼太常卿以太祖既改昭穆以次而易兼御史中尉黃門侍郎邢巒以爲太祖雖改昭穆仍不應易乃立彈草欲按奏光光謂惠蔚曰此乃禮也而執法欲見彈劾思獲助於碩學惠蔚曰此深得禮變尋爲書以與光讚明其事光以惠蔚書呈宰輔乃召惠蔚與巒庭議得失尙書令王肅又助巒而巒理終屈彈事遂寢世宗卽位之後仍在左右敷訓經典自冗從僕射遷祕書丞武邑郡中正惠蔚既入東觀見典籍未周乃上疏曰臣聞聖皇之御世也必幽贊人經參天貳地憲章典故述遵鴻猷故易曰觀乎天文以察時變觀乎人文以化成天下然則

六經百氏圖書祕籍乃承天之正術治人之貞範是以溫柔疏遠詩書之教恭儉易良禮樂之道爻象以精微爲神春秋以屬辭爲化故大訓炳於東序藝文光於麟閣斯寔太平之樞宗勝殘之要道有國之靈基帝王之盛業安上靖民敦風美俗其在茲乎及秦棄學術禮經泯絕漢興求訪典文載舉先王遺訓燦然復存暨光武撥亂日不暇給而入洛之書二千餘兩魏晉之世尤重典墳收亡集逸九流咸備觀其鳩閱史篇訪購經論紙竹所載略盡無遺臣學闕通儒思不及遠徒循章句片義無立而忝造曲覃廁班祕省忝官承乏唯書是司而觀閣舊典先無定目新故雜糅首尾不全有者累帙數十無者曠年不寫或篇第褫落始末淪殘或文壞字誤謬爛相屬篇目雖多全定者少臣請依前丞臣盧昶所撰甲乙新錄欲裨殘補闕損併有無校練句讀以爲定本次第均寫永爲常式其省先無本者廣加推尋搜求令足然經記浩博諸子紛綸部帙既多章篇紕繆當非一二校書歲月可了今求令四門博士及在京儒生四十人在祕書省專精校考參定字義如蒙聽許則典文允正羣書大集詔許之又兼黃

門侍郎遷中散大夫仍兼黃門久之正黃門侍郎代崔光爲著作郎才非文史無所撰著唯自披其傳注數行而已遷國子祭酒祕書監仍知史事延昌二年追賞侍講之勞封棗強縣開國男食邑二百戶肅宗初出爲平東將軍濟州刺史還京除光祿大夫魏初已來儒生寒官惠蔚最爲顯達先單名蔚正始中侍講禁內夜論佛經有愜帝旨詔使加惠號惠蔚法師焉神龜元年卒于官時年六十七賜帛五百匹贈大將軍瀛州刺史諡曰戴子伯禮襲封

伯禮善隸書拜奉朝請員外散騎侍郎寧朔將軍步兵校尉國子博士卒贈輔國將軍巴州刺史

子產同襲少有才學早亡時人惜之

徐遵明字子判華陰人也身長八尺幼孤好學年十七隨鄉人毛靈和等詣山東求學至上黨乃師屯留王聰受毛詩尚書禮記一年便辭聽詣燕趙師事張吾貴吾貴門徒甚盛遵明伏膺數月乃私謂其友人曰張生名高而義無檢格凡所講說不愜吾心請更從師遂與平原田猛略就范陽孫買德受業一年復

欲去之猛略謂遵明曰君年少從師每不終業千里負帙何去就之甚如此用意終恐無成遵明曰吾今始知真師所在猛略曰何在遵明乃指心曰正在於此乃詣平原唐遷納之居於蠶舍讀孝經論語毛詩尚書三禮不出門院凡經六年時彈箏吹笛以自娛慰又知陽平館陶趙世業家有服氏春秋是晉世永嘉舊本遵明乃往讀之復經數載因手撰春秋義章爲三十卷是後教授門徒蓋寡久之乃盛遵明每臨講坐必持經執疏然後敷陳其學徒至今浸以成俗遵明講學於外二十餘年海內莫不宗仰頗好聚斂有損儒者之風後廣平王懷聞而徵焉至而尋退不好京輦孝昌末南渡河客於任城以兗州有舊因徙居焉永安初東道大使元羅表薦之竟無禮辟二年元顥入洛任城太守李湛將舉義兵遵明同其事夜至民間爲亂兵所害時年五十五永熙二年遵明弟子通直散騎常侍李業興表曰臣聞行道樹德非求利於當年服義履仁豈邀恩於沒世但天爵所存果致式閭之禮民望攸屬終有祠墓之榮伏見故處士兗州徐遵明生在衡泌弗因世族之基長於原野匪乘雕鏤之地而託心淵曠

置情恬雅處靜無悶居約不憂故能垂簾自精下帷獨得鑽經緯之微言研聖賢之妙旨莫不入其門戸踐其堂奥信以稱大儒於海內擅明師於日下矣是故眇眇四方知音之類延首慕德跂踵依風每精廬暫闢杖策不遠千里束修受業編錄將踰萬人固已企盛烈於西河擬高蹤於北海若慕奇好士愛客尊賢罷吏遊梁紛而成列遵明以碩德重名首蒙禮命曳裾雅步眷同置醴黄門李郁具所知明方申薦奏之恩處心守壑之志潛居樂道遂往不歸故北海王入洛之初率土風靡遵明確然守志忠潔不渝遂與太守李湛將誅叛逆時有邂逅受斃凶險至誠高節堙没無聞朝野人士相與嗟悼伏惟陛下遠應龍序俯執天衷每端聽而忘昃常坐思而候曉雖微功小善片言一行莫不衣裳加室玉帛在門況遵明冠蓋一時師表當世溘焉冥没旌紀寂寥逝者長辭無論榮價文明敘物敦厲斯在臣託跡諸生親承顧眄惟伏膺之義感在三之重是以越分陳愚上誼幄座特乞加以顯謚追以好爵仰申朝廷尚德之風下示學徒稽古之利若宸鑒昭回曲垂矜採則荒墳千載式貴生平卒無贈謚

董徵字文發頓丘衞國人也祖英高平太守父虬郡功曹徵身長七尺二寸好古學尚雅素年十七師清河監伯陽受論語毛詩春秋周易就河內高望崇受周官後於博陵劉獻之遍受諸經數年之中大義精練講授生徒太和末爲四門小學博士後世宗詔徵入琁華宮令孫惠蔚問以六經仍詔徵教授京兆清河廣平汝南四王後特除員外散騎侍郎清河王懌之爲司空司徒引徵爲長流參軍懌遷太尉徵爲倉曹參軍出爲沛郡太守加揚烈將軍入爲太尉司馬俄加輔國將軍未幾以本將軍除安州刺史徵因述職路次過家置酒高會大享邑老乃言曰腰龜返國昔人稱榮仗節還家云胡不樂因誡二三子弟曰此之富貴匪自天降乃勤學所致耳時人榮之入爲司農少卿光祿大夫徵出州入卿匪唯學業所致亦由汝南王悅以其師資之義爲之啓請焉永安初加平東將軍尋以老解職永熙二年卒出帝以徵昔授父業故優贈散騎常侍都督相殷滄三州諸軍事車騎大將軍儀同三司尚書左僕射相州刺史謚曰文烈子仲曜武定末儀同開府屬

刁沖字文朗渤海饒安人也鎮東將軍雍之曾孫十三而孤孝慕過人其祖母司空高允女聰明婦人也哀其早孤撫養尤篤沖免喪後便志學他方高氏泣涕留之沖終不止雖家世貴達及從師於外自同諸生於時學制諸生悉日直監廚沖雖有僕隸不令代己身自炊爨每師受之際發志精專不捨晝夜殆忘寒暑學通諸經偏修鄭說陰陽圖緯算數天文風氣之書莫不關綜當世服其精博刺史郭祚聞其盛名訪以疑義沖應機解辯無不祛其久惑後太守范陽盧尙之刺史河東裴植並徵沖爲功曹主簿非所好也受署而已不關事務惟以講學爲心四方學徒就其受業者歲有數百沖雖儒生而執心壯烈不畏彊禦延昌中世宗舅司徒高肇擅恣威權沖乃抗表極言其事辭旨懇直文義忠憤太傅清河王懌覽而歎息先是沖曾祖雍作行孝論以誡子孫稱古之葬者衣之以薪不封不樹後世聖人易之棺槨其有生則不能致養死則厚葬過度及於末世至蘧篨裹尸倮而葬者確而爲論並非折衷既知二者之失豈宜同之當令所存者棺厚不過三寸高不過三尺弗用繒綵斂以時服轜車止用白

布爲幔不加畫飾名爲清素車又去挽歌方相幷明器雜物及沖祖遵將卒敕其子孫令奉遵遺旨河南尹丞張普惠謂爲太儉貽書於沖叔整議其進退整令與通學議之沖乃致書國學諸儒以論其事學官竟不能答沖以嫡傳祖爵東安侯京兆王繼爲司空也並以高選頻辟記室參軍肅宗將親釋奠於是國子助教韓神固與諸儒詣國子祭酒崔光吏部尚書甄琛舉其才學奏而徵焉及卒國子博士高涼及范陽盧道侃盧景裕等復上狀陳沖業行議奏謚曰安憲先生祭以太牢

子欽字志儒早亡

盧景裕字仲孺小字白頭范陽涿人也章武伯同之兄子少聰敏專經爲學居拒馬河將一老婢作食妻子不自隨從又避地大寧山不營世事居無所業惟在注解其叔父同職居顯要而景裕止於園舍情均郊野謙恭守道貞素自得由是世號居士前廢帝初除國子博士參議正聲甚見親遇待以不臣之禮永熙初以例解天平中還鄉里與邢子才魏季景魏收邢昕等同徵赴鄴景裕寓

託僧寺講聽不已未幾歸本郡河閒邢摩納與景裕從兄仲禮據鄉作逆逼其同反以應元寶炬齊獻武王命都督賀拔仁討平之聞景裕經明行著驛馬特徵既而舍之使教諸子在館十日一歸家隨以鼎食景裕風儀言行雅見嗟賞先是景裕注周易尚書孝經論語禮記老子其毛詩春秋左氏未訖齊文襄王入相於第開講招延時儁令景裕解所注易景裕理義精微吐發閑雅時有問難或相詆訶大聲厲色言至不遜而景裕神彩儼然風調如一從容往復無際可尋由是士君子嗟美之元顥入洛以爲中書郎普泰初復除國子博士進退其間未曾有得失之色性清靜淡於榮利敝衣麤食恬然自安終日端嚴如對賓客興和中補齊王開府屬卒於晉陽齊獻武王悼惜之景裕雖不聚徒教授所注易大行於世又好釋氏通其大義天竺胡沙門道悕每譯諸經論輒託景裕爲之序景裕之敗也繫晉陽獄至心誦經枷鎖自脫是時又有人負辠當死夢沙門教講經覺時如所夢嘿誦千遍臨刑刀折主者以聞赦之此經遂行於世號曰高王觀世音

李同軌趙郡高邑人陽夏太守義深之弟體貌魁岸腰帶十圍學綜諸經多所治誦兼讀釋氏又好醫術年二十二舉秀才射策除奉朝請領國子助教轉著作郎典儀注修國史遷國子博士加征虜將軍永熙二年出帝幸平等寺僧徒講法勑同軌論難音韻閑朗往復可觀出帝善之三年春釋菜詔延公卿學官於顯陽殿勑祭酒劉廞講孝經黃門李郁講禮記中書舍人盧景宣解大戴禮夏小正篇時廣招儒學引令預聽同軌經義素優辯析兼美而不得執經深為慨恨天平中轉中書侍郎與和中兼通直散騎常侍使蕭衍衍深耽釋學遂集名僧於其愛敬同泰二寺講涅槃大品經引同軌預席衍兼遣其朝臣並共觀聽同軌論難久之道俗咸以為善盧景裕卒齊獻武王引同軌在館教諸公子甚加禮之每旦入授日暮始歸緇素請業者同軌夜為說解四時恆爾不以為倦武定四年夏卒年四十七時人傷惜之齊獻武王亦殊嗟悼贈遺甚厚贈驃騎大將軍瀛州刺史謚曰康

李業興上黨長子人也祖虬父玄紀並以儒學舉孝廉玄紀卒於金鄉令業興與

少耽介志學精力負帙從師不憚勤苦耽思章句好覽異說晚乃師事徐遵明於趙魏之閒時有漁陽鮮于靈馥亦聚徒教授而遵明聲譽未高著錄尚寡業興乃詣靈馥黌舍類受業者靈馥乃謂曰李生久逐羌博士何所得也業興默爾不言及靈馥說左傳業興問其大義數條靈馥不能對於是振衣而起曰羌子弟正如此耳遂便徑還自此靈馥生徒傾學而就遵明遵明學徒大盛業興之爲也後乃博涉百家圖緯風角天文占候無不討練尤長算曆雖在貧賤常自矜負若禮待不足縱於權貴不爲之屈後爲王遵業門客舉孝廉爲校書郎以世行趙匪曆節氣後辰下算延昌中業興乃爲戊子元曆上之於時屯騎校尉張洪盪寇將軍張龍祥等九家各獻新曆世宗詔令共爲一曆洪等後遂共推業興爲主成戊子曆正光三年奏行之事在律曆志累遷奉朝請臨淮王彧征蠻引爲騎兵參軍後廣陵王淵北征復爲外兵參軍業興以殷曆甲寅黃帝辛卯徒有積元術數亡缺業興又修之各爲一卷傳於世建義初勑典儀注未幾除著作佐郎永安三年以前造曆之勳賜爵長子伯遭憂解任尋起復本官

元暐之竊號也除通直散騎侍郎普泰元年沙汰侍官業與仍在通直加寧朔將軍又除征虜將軍中散大夫仍在通直太昌初轉散騎侍郎仍以典儀之勤特賞一階除平東將軍光祿大夫尋加安西將軍後以出帝登極之初預行禮事封屯留縣開國子食邑五百戶轉中軍將軍通直散騎常侍永熙三年二月出帝釋奠業與與魏季景溫子昇竇瑗爲摘句後入爲侍讀遷鄴之始起部郎中辛術奏曰今皇居徙御百度創始營構一興必宜中制上則憲章前代下則模寫洛京今鄴都雖舊基址毀滅又圖記參差事宜審定臣雖曰職司學不稽古國家大事非敢專之通直散騎常侍李業興碩學通儒博聞多識萬門千戶所宜訪詢今求就之披圖案記考定是非參古雜今折中爲制召畫工幷所須調度具造新圖申奏取定庶經始之日執事無疑詔從之天平二年除鎮南將軍尋爲侍讀於時尚書右僕射營構大將高隆之被詔繕治三署樂器衣服及百戲之屬乃奏請業與共參其事四年與兼騎常侍李諧兼吏部郎盧元明使蕭衍衍散騎常侍朱异問業與曰魏洛中委粟山是南郊邪業與曰委粟是圓

丘非南郊异曰比聞郊丘異所是用鄭義我此中用王義業興曰然洛京郊丘
之處專用鄭解异曰若然女子逆降傍親亦從鄭以不業興曰此之一事亦不
專從若卿此閒用王義除禫應用二十五月何以王儉喪禮禫用二十七月也
异遂不答業興曰我昨見明堂四柱方屋都無五九之室當是裴頠所制明堂
上圓下方裴唯除室耳今此上不圓何也异曰圓方之說經典無文何怪於方
業與曰圓方之言出處甚明卿自不見見卿錄梁主孝經義亦云上圓下方卿
言豈非自相矛楯异曰若然圓方竟出何經業興曰出孝經援神契异曰緯候
之書何用信也業興曰卿若不信靈威仰叶光紀之類經典亦無出者卿復信
不异不答蕭衍親問業興曰聞卿善於經義儒玄之中何所通達業興曰少爲
書生止讀五典至於深義不辨通釋衍問詩周南王者之風繫之周公召南仁
賢之風繫之召公何名爲繫業興對曰鄭注儀禮云昔大王王季居于岐陽躬
行召南之教以興王業及文王行今周南之教以受命作邑於酆分其故地屬
之二公名爲繫衍又問若是故地應自統攝何由分封二公業與曰文王爲諸

侯之時所化之本國今既登九五之尊不可復守諸侯之地故分封二公衍又問乾卦初稱潛龍二稱見龍至五飛龍初可名爲虎問意小乖業與對學識膚淺不足仰酬衍又問尚書正月上日受終文祖此是何正業與對此是夏正月衍言何以得知業與曰案尚書中候運行篇云日月營始故知夏正衍又問堯時以何月爲正業與對自堯以上書典不載實所不知衍又云寅賓出日即是正月日中星鳥以殷仲春即是二月此出堯典何得云堯時不知用何正也業與對雖三正不同言時節者皆據夏時正月周禮仲春二月會男女之無夫家者雖自周書月亦夏時堯之日月亦當如此但所見不深無以辨析明問衍又曰禮原壤之母死孔子助其沐椁原壤叩木而歌曰久矣不託音貍首之班然執女手之卷然孔子聖人而與原壤爲友業與對孔子即自解言親者不失其爲親故者不失其爲故又問原壤何處人業與對曰鄭注云原壤孔子幼少之舊故是魯人衍又問孔子聖人所存必可法原壤不孝有逆人倫何以存故舊之小節廢不孝之大罪業與對曰原壤所行事自彰著幼少之交非是今始既

無大故何容棄之孔子深敦故舊之義於理無失衍又問孔子聖人何以書原壤之事垂法萬代業興對曰此是後人所錄非孔子自制猶合葬於防如此之類禮記之中動有百數衍又問易曰太極是有無業興對所傳太極是有素不玄學何敢輒酬還兼散騎常侍加中軍大將軍後罷議事省詔右僕射高隆之及諸朝士與業興等在尚書省議定五禮興和初又爲甲子元曆時見施用復預議麟趾新制武定元年除國子祭酒仍侍讀三年出除太原太守齊獻武王每出征討時有顧訪五年齊文襄王引爲中外府諮議參軍後坐事禁止業興乃造九宮行棊曆以五百爲章四千四十爲部九百八十七爲斗分還以己未爲元始終相維不復移轉與今曆法術不同至於氣序交分景度盈縮不異也七年死於禁所年六十六業興愛好墳籍鳩集不已手自補治躬加題帖其家所有垂將萬卷覽讀不息多有異聞諸儒服其淵博性豪俠重意氣人有急難委之歸命便能容匿與其好合傾身無吝若有相乖忤便即疵毀乃至聲色加以謗罵性又躁隘至於論難之際高聲攘振無儒者之風每語人云但道我好

雖知妄言故勝道惡務進忌前不顧後患時人以此惡之至於學術精微當時莫及

子崇祖武定中太尉外兵參軍

崇祖弟遵祖太昌中業與傳其長子伯以授之齊受禪例降

史臣曰古語云容體不足觀勇力不足恃族姓不足道先祖不足稱然而顯聞四方流聲後裔者其惟學乎信哉斯言也梁越之徒篤志不倦自求諸己遂能聞道下風稱珍席上或聚徒千百或服冕乘軒咸稽古之力也

魏書卷八十四

珍倣宋版印

魏書卷八十四考證

列傳第七十二○魏收書儒林傳亡用高氏小史補之刁沖盧景裕傳全錄北史史氏論全用隋書儒林傳論

梁越等傳敘顯祖天安初○天監本誤作太太安係高宗文成帝年號今從帝紀改正

李業興傳以世行趙匪歷○趙匪本書律歷志作趙敺北史同

魏書卷八十四考證

珍倣宋版印

齊　魏收　撰

列傳文苑第七十三

袁躍　裴敬憲　盧觀　封肅　邢臧　裴伯茂　邢昕　温子昇

夫文之爲用其來日久自昔聖達之作賢喆之書莫不統理成章蘊氣標致其流廣變諸非一貫文質推移與時俱化淳于出齊有雕龍之目靈均逐楚著嘉禍之章漢之西京馬揚爲首稱東都之下班張爲雄伯曹植信魏世之英陸機則晉朝之秀雖同時並列分途爭遠永嘉之後天下分崩夷狄交馳文章殄滅昭成太祖之世南收燕趙網羅俊乂逮高祖馭天銳情文學蓋以頡頏漢徹掩踔曹丕氣韻高豔才藻獨構衣冠仰止咸慕新風肅宗歷位文雅大盛學者如牛毛成者如麟角孔子曰才難不其然乎

袁躍字景騰陳郡人尚書翻弟也博學儁才性不矯俗篤於交友翻每謂人曰

躍可謂我家千里駒也釋褐司空行參軍歷位尚書都兵郎中加員外散騎常侍將立明堂躍乃上議當時稱其博洽蠕蠕主阿那瓌亡破來奔朝廷矜之送復其國既而每使朝貢辭旨頗不盡禮躍爲朝臣書與瓌陳以禍福言辭甚美後遷車騎將軍太傅清河王懌文學雅爲懌所愛賞懌之文表多出於躍卒贈冠軍將軍吏部郎中所制文集行於世無子兄飜以子聿脩繼

聿脩字叔德七歲遭喪居處禮若成人九歲州辟主簿性深沉有鑒識清靖寡欲與物無競姨夫尚書崔休深所知賞年十八領本州中正兼尚書度支郎中齊受禪除太子庶子以本官行博陵太守

裴敬憲字孝虞河東聞喜人也益州刺史宣第二子少有志行學博才清撫訓諸弟專以讀誦爲業澹於榮利風氣俊遠郡徵功曹不就諸府辟命先進其弟世人嘆美之司州牧高陽王雍舉秀才射策高第除太學博士性和雅未嘗失色於人工隸草解音律五言之作獨擅於時名聲甚重後進共宗慕之中山闕將之部朝賢送於河梁賦詩言別皆以敬憲爲最其文不能贍逸而有清麗之

美少有氣病年三十三卒人物甚悼之敬憲世有仁義於鄉里孝昌中蜀賊陳雙熾所過殘暴至敬憲宅輒相約束不得焚燒爲物所伏如此永興三年贈中書侍郎謚曰文

盧觀字伯舉范陽涿人也少好學有儁才舉秀才射策甲科除太學博士著作佐郎與太常少卿李神儁光祿大夫王誦等在尚書上省撰定朝儀拜尚書儀曹郎中孝昌元年卒

封肅字元邕渤海人尚書回之兄子也早有文思博涉經史太傅崔光見而賞焉位太學博士修起居注兼廷尉監爲還園賦其辭甚美正光中京兆王西征引爲大行臺郎中委以書記還除尚書左中兵郎中卒肅性恭儉不妄交遊唯與崔勵勵從兄鴻尤相親善所製文章多亡失存者十餘卷

邢臧字子良河間人光祿少卿虬長孫也幼孤早立操尚博學有藻思年二十一神龜中舉秀才問策五條考上第爲太學博士正光中議立明堂臧爲裴頠一室之議事雖不行當時稱其理博出爲本州中從事雅爲鄉情所附永安初

徵爲金部郎中以疾不赴轉除東牟太守時天下多事在職少能廉白臧獨清
愼奉法吏民愛之隴西李延寔莊帝之舅以太傅出除青州啓臧爲屬領樂安
內史有惠政後除濮陽太守尋加安東將軍臧和雅信厚有長者之風爲時人
所愛敬爲特進甄琛行狀世稱其工與裴敬憲盧觀兄弟並結交分曾共讀回
文集臧獨先通之撰古來文章并敘作者氏族號曰文譜未就病卒時賢悼惜
之其文筆凡百餘篇贈鎭北將軍定州刺史謚曰文
子恕涉學有識悟
裴伯茂河東人司空中郎叔義第二子少有風望學涉羣書文藻富贍釋褐奉
朝請大將軍京兆王繼西討引爲鎧曹參軍南討絳蜀陳雙熾爲行臺長孫承
業行臺郎中承業還京師留伯茂仍知行臺事以平薛鳳賢等賞平陽伯再遷
散騎常侍典起居注太昌初爲中書侍郎永熙中出帝兄子廣平王贊盛選賓
僚以伯茂爲文學後加中軍大將軍伯茂好飲酒頗涉踈傲久不徙官曾爲豁
情賦其序略曰余攝養舛和服餌寡術自春徂夏三嬰湊疾雖桐君上藥有時

致効而草木下性實榮衿抱故復究覽莊生具體齊物物我兩忘是非俱遣斯人之達吾所師焉故作是賦所以托名豁情寄之風謠矣天平初遷鄴又爲遷都賦文多不載二年因內宴伯茂侮慢殿中尙書章武王景哲景哲遂申啓稱伯茂棄其本列與監同行以梨擊案傍汙冠服禁庭之內令人挈衣詔付所司後竟無坐伯茂先出後其伯仲規與兄景融別居景融貧窘伯茂了無賑恤殆同行路世以此貶薄之卒年三十九知舊歎惜焉伯茂永年劇飲不已乃至傷性多有愆失未亡前數日忽云吾得密信將被收掩乃與婦乘車西逃避後因顧指壁中言有官人追逐其妻方知其病卒後殯於家園友人常景李渾王元景盧元明魏季景李騫等十許人於墓傍置酒設祭哀哭涕泣一飲一酹曰裴中書魂而有靈知吾曹也乃各賦詩一篇李騫以魏收亦與之友寄以示收收時在晉陽乃同其作論敘伯茂其十字云臨風想玄度對酒思公榮時人以伯茂性侮傲謂收詩頗得事實贈散騎常侍衞將軍度支尙書雍州刺史重贈吏部尙書謚曰文伯茂曾撰晉書竟未能成無子兄景融以第二子孝才繼

邢昕字子明河間人尚書巒弟偉之子幼孤見愛於祖母李氏好學早有才情
蕭寶夤以車騎大將軍開府討關中以子明爲東閤祭酒委以文翰在軍解褐
盪寇將軍累遷太尉記室參軍吏部尚書李神儁奏昕修起居注太昌初除中
書侍郎加平東將軍光祿大夫時言冒竊官級爲中尉所劾免官乃爲述躬賦
未幾受詔與祕書監常景典儀注事出帝行釋奠禮昕與校書郎裴伯茂等俱
爲錄義永熙末昕入爲侍讀與温子昇魏收參掌文詔遷鄴乃歸河間天平初
與侍中從叔子才魏季景魏收同徵赴都尋還鄉里既而復徵時蕭衍使兼散
騎常侍劉孝儀等來朝貢詔昕兼正員郎迎於境上司徒孫騰引爲中郎尋除
通直常侍加中軍將軍既有才藻兼長几案自孝昌之後天下多務世人競以
吏工取達文學大衰司州中從事宋遊道以公斷見知時與昕嘲謔昕謂之曰
世事同知文學外遊道有慚色興和中以本官副李象使於蕭衍昕好忤物人
謂之牛是行也談者謂之牛象鬭於江南齊文襄王攝選擬昕爲司徒右長史
未奏遇疾卒士友悲之贈車騎將軍都官尚書冀州刺史諡曰文所著文章自

有集錄

温子昇字鵬舉自云太原人晉大將軍嶠之後也世居江左祖恭之劉義隆彭城王義康戸曹避難歸國家于濟陰寃句因爲其郡縣人焉家世寒素父暉兗州左將軍府長史行濟陰郡事子昇初受學於崔靈恩劉蘭精勤以夜繼晝晝夜不倦長乃博覽百家文章清婉爲廣陽王淵賤客在馬坊教諸奴子書作侯山祠堂碑文常景見而善之故詣淵謝之景曰頃見温生淵怪問之景曰温生是大才士淵由是稍知之熙平初中尉東平王匡博召辭人以充御史同時射策者八百餘人子昇與盧仲宣孫搴等二十四人爲高第於時預選者爭相引決匡使子昇當之皆受屈而去搴謂人曰朝來靡旗亂轍者皆子昇逐北遂補御史時年二十二臺中文筆皆子昇爲之以憂去任服闋還爲朝請後李神儁行荊州事引兼錄事參軍被徵赴省神儁表留不遣吏部郎中李奬退表不許曰昔伯瑜之不應留王朗所以發歎宜速遣赴無踵彥雲前失於是還員正光末廣陽王淵爲東北道行臺召爲郎中軍國文翰皆出其手於是才名轉盛黃

門郎徐紇受四方表啓答之敏速於淵獨沉思曰彼有温郎中才藻可畏高車破走珍寶盈滿子昇取絹四十疋及淵爲葛榮所害子昇亦見羈執榮下都督和洛興與子昇舊識以數十騎潛送子昇得達冀州還京李楷執其手曰卿今得免足使夷甫慚德自是無復宦情閉門讀書厲精不已建義初爲南主客郎中修起居注曾一日不直上黨王天穆時錄尚書事將加捶撻子昇遂逃遁天穆甚怒奏人代之莊帝曰當世才子不過數人豈容爲此便相放黜乃寢其奏及天穆將討邢杲召子昇同行子昇未敢應天穆謂人曰吾欲收其才用豈懷前忿也今復不來便須南走越北走胡耳子昇不得已而見之加伏波將軍爲行臺郎中天穆深加賞之元顥入洛天穆召子昇問曰卽欲向京師爲隨我北渡對曰主上以虎牢失守致此狼狽元顥新入人情未安今往討之必有征無戰王若剋復京師奉迎大駕桓文之舉也捨此北渡竊爲大王惜之天穆善之而不能用遣子昇還洛顥以爲中書舍人莊帝還宮爲顥任使者多被廢黜而子昇復爲舍人天穆每謂子昇曰恨不用卿前計除正員郎仍舍人及帝殺尒

朱榮也子昇預謀當時赦詔子昇詞也榮入內遇子昇把詔書問是何文書子昇顏色不變曰勅榮不視之尒朱兆入洛子昇懼禍逃匿永熙中爲侍讀兼舍人鎮南將軍金紫光祿大夫遷散騎常侍中軍大將軍後領本州大中正蕭衍使張皐寫子昇文筆傳於江外衍稱之曰曹植陸機復生於北土恨我辭人數窮百六陽夏太守傅標使吐谷渾見其國主牀頭有書數卷乃是子昇文也濟陰王暉業嘗云江左文人宋有顏延之謝靈運梁有沈約任昉我子昇足以陵顏轢謝含任吐沈楊遵彥作文德論以爲古今辭人皆負才遺行澆薄險忌唯邢子才王元景溫子昇彬彬有德素齊文襄王引子昇爲大將軍府諮議參軍子昇前爲中書郎嘗詣蕭衍客館受國書自以不修容止謂人曰詩章易作逋峭難爲文襄館客元僅曰諸人當賀推子昇合陳辭子昇久忸怩乃推陸操焉及元僅劉思逸荀濟等作亂文襄疑子昇知其謀方使之作獻武王碑文既成乃餓諸晉陽獄食敝襦而死棄尸路隅沒其家口太尉長史宋遊道收葬之又爲集其文筆爲三十五卷子昇外恬靜與物無競言有準的不妄毀譽而內深

險事故之際好預其間所以終致禍敗又撰永安記三卷無子

史臣曰古之人所貴名不朽者蓋重言之尙存又加之以才名其爲貴顯固其宜也自餘或位下人微居常亦何能自達及其靈虵可握天網俱頓並編緗素咸貫儒林雖其位可下其身可殺千載之後貴賤一焉非此道也孰云能致凡百士子可不務乎

魏書卷八十五

魏書卷八十五考證

列傳第七十三○魏收書闕後人所補

封肅傳肅性恭儉不妄交遊唯與崔勵○勵北史作勸

魏書卷八十五考證

珍倣宋版印

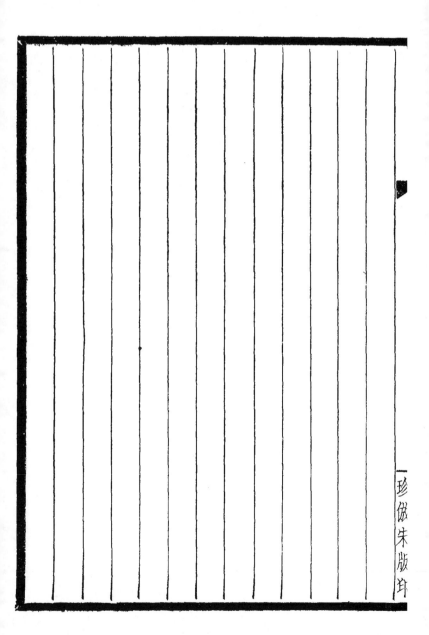

魏書卷八十六

齊　魏　收　撰

列傳孝感第七十四

趙琰　長孫慮　乞伏保　孫益德　董洛生　楊引

閻元明　吳悉達　王續生　李顯達　張昇　倉跋

王崇　郭文恭

經云孝德之本孝悌之至通於神明此蓋生人之大者淳風既遠世情惟薄孔門有以責衣錦詩人所以思素冠且生盡色養之天終極哀思之地若乃誠達泉魚感通鳥獸事匪常論斯蓋希矣至如溫牀扇席灌樹負土時或加人咸爲度俗今書趙琰等以孝感爲目焉

趙琰字叔起天水人父溫爲楊難當司馬初符氏亂琰爲乳母攜奔壽春年十四乃歸孝心色養飪熟之節必親調之皇輿中京師儉婢簡粟糶之琰遇見切責勑留輕粃償送子應冀州娉室從者於路遇得一羊行三十里而琰知之令

送於本處又過路傍主人設羊羹琰訪知盜殺卒辭不食遣人買耜刃得剩六
耜卽令送還刃主刃主高之義而不受琰命委之而去初爲兗州司馬轉團城
鎭副將還京爲淮南王他府長史時禁制甚嚴不聽越關葬於舊兆琰積三十
餘年不得葬二親及蒸嘗拜獻未曾不嬰慕卒事每於時節不受子孫慶賀年
餘耳順而孝思彌篤慨歲月推移還窆無期乃絕鹽粟斷諸滋味食麥而已年
八十卒遷都洛陽子應等乃還鄉葬焉
應弟煦字賓育好音律以善歌聞於世位秦州刺史
長孫慮代人也母因飲酒其父真呵叱之誤以杖擊便卽致死真爲縣囚執處
以重坐慮列辭尙書云父母忿爭本無餘惡直以謬誤一朝橫禍今母喪未殯
父命旦夕慮兄弟五人並各幼稚慮身居長今年十五有一女弟始向四歲更
相鞠養不能保全父若就刑交墜溝壑乞以身代老父命使嬰弱衆孤得蒙存
立尙書奏云慮於父爲孝子於弟爲仁兄尋究情狀特可矜感高祖詔特恕其
父死罪以從遠流

乞伏保高車部人也父居顯祖時爲散騎常侍領牧曹尚書賜爵寧國侯以忠
謹慎密常在左右出內詔命賜宮人河南宗氏亡後賜以宮人申氏宋太子左
率申坦兄女也歲餘居卒申撫養伏保性嚴肅捶罵切至而伏保奉事孝謹初
無恨色襲父侯爵例降爲伯稍遷左中郎將每請祿賜在外公私尺丈所用無
不白知出爲無善鎮將申年餘八十伏保手製馬輿親自扶接申欣然隨之申
亡伏保解官奉喪還洛復爲長兼南中郎將卒

孫益德樂安人也其母爲人所害益德童幼爲母復仇還家哭於殯以待縣官
高祖文明太后以其幼而孝決又不逃罪特免之

董洛生代人也居父喪過禮詔遣祕書中散溫紹伯奉璽書慰之令自抑割以
全孝道又詔其宗親使相喻獎勿令有滅性之譏

楊引鄉郡襄垣人也三歲喪父爲叔所養母年九十三卒引年七十五哀毀過
禮三年服畢恨不識父追服斬衰食粥麤服誓終身命經十三年哀慕不改爲
郡縣鄉閭三百餘人上狀稱美有司奏宜旌賞復其一門樹其純孝詔別勑集

書標楊引至行又可假以散員之名

閻元明河東安邑人也少而至孝行著鄉閭太和五年除北隨郡太守元明以違離親養與言悲慕母亦慈念泣淚喪明元明悲號上訴許歸奉養一見其母母目便開刺史呂壽恩列狀上聞詔下州郡表爲孝門復其租調兵役令終母年母亡服終心喪積載每忌日悲慟傍隣昆弟雍和尊卑諧穆安貧樂道白首同歸又猗氏縣人令狐仕兄弟四人早喪父泣慕十載奉養其母孝著鄉邑而力田積粟博施不已又河東郡人楊風等七百五十人列稱樂戶皇甫奴兄弟雖沉屈兵伍而操尚彌高奉養繼親甚著恭孝之稱又東郡小黃縣人董吐渾兄養事親至孝三世同居閨門有禮景明初畿內大使王凝奏請標異詔從之吳悉達河東聞喜人也弟兄三人年並幼小父母爲人所殺四時號慕悲感鄉隣及長報仇避地永安昆弟同居四十餘載閨門和睦讓逸競勞雖於儉年糊饘不繼賓客經過必傾所有每守宰殯喪私辦車牛送終葬所隣人孤貧窘困者莫不解衣輟糧以相賑恤鄉閭五百餘人詣州稱頌焉刺史以悉達兄弟行

著鄉里板贈悉達父渤海太守悉達後欲改葬亡失墳墓推尋弗獲號哭之聲晝夜不止叫訴神祇忽於悉達足下地陷得父銘記因遷葬曾祖已下三世九喪傾盡資業不假於人哀感毀悴有過初喪有司奏聞標閭復役以彰孝義時有齊州人崔承宗其父於宋世仕漢中母喪因殯彼後青徐歸國遂爲隔絕承宗性至孝萬里投險偷路負喪還京師黃門侍郎孫惠蔚聞之曰吾於斯人見廉范之情矣於是弔贈盡禮如舊相識

王續生滎陽京縣人也遭繼母憂居喪杖而後起及終禮制鬢髮盡落有司奏聞世宗詔標旌門閭甄其徭役

李顯達潁川陽翟人也父喪水漿不入口七日鬢髮墮落形體枯悴六年廬於墓側哭不絕聲殆於滅性州牧高陽王雍以狀奏靈太后詔表其門閭

張昇滎陽人居父母喪鬢髮墜落水漿不入口吐血數升詔表門閭

倉跋滎陽京縣人也喪母水漿不入口五日吐血數升居憂毀瘠見稱州里有司奏聞出帝詔標門閭

王崇字乾邕陽夏雍丘人也兄弟並以孝稱身勤稼穡以養二親仕梁州鎮南府主簿母亡杖而後起鬢髮墮落未及葬柩殯宅西崇廬於殯所晝夜哭泣鳩鴿羣至有一小鳥素質墨眸形大如雀栖於崇廬朝夕不去母喪始闋復丁父憂哀毀過禮是年陽夏風雹所過之處禽獸暴死草木摧折至崇田畔風雹便止禾麥十頃竟無損落及過崇地風雹如初咸稱至行所感崇雖除服仍居墓側於其堂前生草一根莖葉甚茂人莫能識至冬中復有鳥巢於崇屋乳養三子毛羽成長馴而不驚守令聞之親自臨視州以聞奏標其門閭

郭文恭太原平遙人也仕爲太平縣令年踰七十父母喪亡文恭孝慕罔極乃居祖父墓次晨夕拜跪跣足負土培祖父二墓寒暑竭力積年不已見者莫不哀歎尚書聞奏標其門閭

史臣曰塞天地而横四海者唯孝而已矣然則始敦孝敬之方終極哀思之道厥亦多緒其心一焉蓋上智稟自然之質中庸有企及之義及其成名其理一也趙琰等或出公卿之緒藉禮教以資或出茅簷之下非奬勸所得乃有負土

成墳致毀滅性雖乖先王之典制亦觀過而知仁矣

魏書卷八十六

珍倣宋版印

魏書卷八十六考證

列傳第七十四〇魏收書孝感傳亡惟張昇事出宗諫史目與北史小異高氏小史不載昇事迹按小史孝感節義良吏列女閹官五傳敘目并傳與正史及諸書目次序前後不同惟楊九齡經史目錄與小史同九齡撰錄皆在殷仲藏宗諫等後是時正史已不完往往取小史爲据故同之

魏書卷八十六考證

魏書卷八十七

齊　魏　收　撰

列傳節義第七十五

于什門　段進　石文德　汲固　王玄威
婁提　劉渴侯　朱長生　于提　馬八龍
門文愛　晁清　劉侯仁　石祖興　邵洪哲
王榮世　胡小虎　孫道登　李几　張安祖
王閭

大義重於至聞自日人慕之者蓋希行之者實寡至於輕生蹈節臨難如歸殺身成仁死而無悔自非耿介苦心之人鬱怏激氣之士亦何能若斯僉列之傳名節義云

于什門字什門代人也太宗時爲謁者使喻馮跋及至和龍住外舍不入使人謂跋曰大魏皇帝有詔須馮主出受然後敢入跋使人牽逼令入見跋不拜跋令

人按其項什門曰馮主拜受詔吾自以賓主致敬何須苦見逼也與跋往復聲
氣厲然初不撓屈既而跋止什門什門於羣衆之中回身背跋被袴後襠以辱
之既見拘留隨身衣裳敗壞略盡蟣虱被體跋遺以衣服什門拒而不受和龍
人皆歎曰雖古烈士無以過也歷二十四年後馮文通上表稱臣乃送什門歸
拜治書侍御史世祖下詔曰什門奉使和龍值狂豎肆虐勇志壯厲不爲屈節
雖昔蘇武何以加之賜羊千口帛千匹進爲上大夫策告宗廟頒示天下咸使
聞也
段進不知何許人也世祖初爲白道守將蠕蠕大檀入塞圍之力屈被執進抗
聲大駡遂爲賊殺世祖愍之追贈安北將軍賜爵顯美侯謚曰莊
石文德河中蒲坂人也有行義真君初縣令黄宣在任喪亡宣單貧無期親文
德祖父苗以家財殯葬持服三年奉養宣妻二十餘載及亡又衰絰斂祔率禮
無闕自苗逮文德刺史守令卒官者制服送之五世同居閨門雍睦又梁州上
言天水白石縣人趙令安孟蘭彊等四世同居行著州里詔並標牓門閭

汲固東郡梁城人也爲兗州從事刺史李式坐事被收吏民皆送至河上時式子憲生始滿月式大言於衆曰程嬰杵臼何如人也固曰今古豈殊遂便潛還不復回顧徑來入城於式婦閨抱憲歸藏之及捕者收憲屬有一婢產男母以婢兒授之事尋泄固乃攜憲逃遁遇赦始歸憲即爲固長育至十餘歲恆呼固夫婦爲郎婆後高祐爲兗州刺史嘉固節義以爲主簿

王玄威恆農北陝人也顯祖崩玄威立草廬於州城門外衰裳蔬粥哭踴無時刺史苟頹以事表聞詔令問狀玄威稱先帝統御萬國慈澤被於蒼生含氣之類莫不仰賴玄威不勝悲慕中心如此不知禮式詔問玄威欲有所訴聽爲表列玄威云聞諱悲號竊謂臣子同例無所求謁及至百日乃自竭家財設四百人齋會忌日又設百僧供至大除日詔送白紬袴褶一具與玄威釋服下州令表異焉

婁提代人也顯祖時爲內三郎顯祖暴崩提謂人曰聖主升遐安用活爲遂引佩刀自刺幾至於死文明太后詔賜帛二百匹時有敕勒部人蛭拔寅兄地于

坐盜食官馬依制命死拔寅自誣己殺兄又云實非弟殺兄弟爭死辭不能定

高祖詔原之

劉渴侯不知何許人也稟性剛烈太和中爲徐州後軍以力死戰衆寡不敵遂

禽瞋目大罵終不降屈爲賊所殺高祖贈立忠將軍平州刺史上庸侯賜絹千

匹穀千斛有嚴季者亦爲軍校尉與渴侯同殿勢窮被執終不降屈後得逃還

除立節將軍賜爵五等男

朱長生及于提並代人也高祖時以長生爲員外散騎常侍與提俱使高車至

其庭高車主阿伏至羅責長生等拜長生拒之曰我天子使安肯拜下土諸侯

阿伏至羅乃不以禮待長生以金銀寶器奉之至羅既受獻長生曰爲臣內附

宜盡臣禮何得口云再拜而實不拜呼出帳命衆中拜阿伏至羅慚其臣下大

怒曰帳中何不教我拜而辱我於大衆奪長生等獻物內之叢石之中兵脇之

曰汝能爲我臣則活如其不降殺汝長生與于提瞋目厲聲責之曰豈有天子

使人拜汝夷我寧爲魏鬼不爲汝臣至羅彌怒絕其飲食從行者三十人皆降

至羅乃給以肉酪惟長生與提不從乃各分徙之積三歲乃得還高祖以長生等守節遠同蘇武甚嘉之拜長生河內太守于提隴西太守並賜爵五等男從者皆爲令長

馬八龍武邑武強人也輕財重義友人武遂縣尹靈哲在軍喪亡八龍聞卽奔赴負屍而歸以家財殯葬爲制緦服撫其孤遺恩如所生州郡表列詔表門閭

門文愛汲郡山陽人也早孤供養伯父母以孝謹聞伯父亡服未終伯母又亡文愛居喪持服六年哀毁骨立鄉人魏仲賢等相與標其孝義

晁清遼東人也祖暉濟州刺史潁川公清襲祖爵例降爲伯爲梁城戍將蕭衍攻圍糧盡城陷清抗節不屈爲賊所殺世宗褒美贈樂陵太守諡曰忠子榮賓襲

劉侯仁豫州人也城人白早生殺刺史司馬悅據城南叛悅息朏走投侯仁賊雖重加購募又嚴其捶撻侯仁終無漏泄朏遂免禍事寧有司奏其操行請免府籍敘一小縣詔可

石祖興常山九門人也太守田文彪縣令和真等喪亡祖興自出家絹二百餘匹營護喪事州郡表列高祖嘉之賜爵二級爲上造後拜寧陵令卒吏部尚書李韶奏其節義請加贈諡以奬來者靈太后令如所奏有司諡曰恭

邵洪哲上谷沮陽人也縣令范道榮先自眴城歸款以除縣令道榮鄉人徐孔明妄經公府訟道榮非勳道榮坐除名羇旅孤貧不能自理洪哲不勝義憤遂代道榮詣京師明申曲直經歷寒暑不憚劬勞道榮卒得復雪又北鎮反亂道榮孤單無所歸附洪哲兄伯川復率鄉人來相迎接送達幽州道榮感其誠節訴省申聞詔下州郡標其里閭

王榮世陽平館陶人也爲三城戍主方城縣子蕭衍攻圍力窮知不可全乃先焚府庫後殺妻妾及賊陷城與戍副鄧元興等俱以不屈被害肅宗下詔褒美忠節進榮世爵爲伯贈齊州刺史元興開國子贈洛州刺史

胡小虎河南河陰人也少有武氣正光末爲統軍於晉壽孝昌中蕭衍將樊文熾等寇邊益州刺史邴虯遣長史和安固守小劍文熾圍之虯命小虎與統軍

崔珍寶同往防拒文熾掩襲小虎珍寶並擒之文熾攻小劍未陷乃將珍寶至城下使謂和安曰南軍彊盛北救不來豈若歸款取其富貴和安命射之乃退復逼小虎與和安交言小虎乃慷慨謂安曰我柵不防爲賊所虜觀其兵士勢不足言努力堅守魏行臺傅梁州遣將已至賊以刀毆擊言不得終遂害之三軍無不歎其壯節哀其死亡賊尋奔敗禽其次將蕭世澄陳文緒等一十一人行臺魏子建壯其氣概啓以世澄購其屍柩乃獲骸骨歸葬

孫道登彭城呂縣人也永安初爲蕭衍將韋休等所虜面縛臨刃巡遠村塢令其招降鄉曲道登厲聲唱呼但當努力賊無所能賊遂屠戮之又荊州被圍行臺宗靈恩遣使宗女等四人入城曉喻爲賊將所獲執女等巡城令其改辭女等大言天軍垂至堅守莫降賊忿各刳其腹然後斬首二州表其節義道登等並賜五品郡五等子爵聽子弟承襲遣使詣所在弔祭

李几博陵安平人也七世共居同財家有二十二房一百九十八口長幼濟濟風禮著聞至於作役卑幼競進鄉里嗟美標其門閭

張安祖河陽人也襲世爵山北侯時有元承貴曾爲河陽令家貧且赴尙書求選逢天寒甚遂凍死路側一子年幼停屍門巷棺斂無託安祖悲哭盡禮買木爲棺手自營作斂殯周給朝野嘉歎尙書聞奏標其門閭

王閭北海密人也數世同居有百口又太山劉業興四世同居魯郡蓋儁六世同居並共財產家門雍睦鄉里敬異有司申奏皆標其門閭

史臣曰于什門等或臨危不撓視死如歸或赴險如夷惟義所在其大則光國隆家其小則損己利物故其盛烈所著與河海而爭流峻節所標共松柏而俱茂並蹈履之所致身歿名立豈徒然哉

魏書卷八十七

魏書卷八十七考證

列傳第七十五○魏收書亡後人所補

于什門等傳敘大義重於至聞自日人慕之者蓋希行之者實寡○首九字訛

舛不可推尋

魏書卷八十七考證

珍倣宋版印

魏書卷八十八

齊　魏　收　撰

列傳良吏第七十六

張恂　鹿生　張應　宋世景　路邕　閻慶胤　明亮

杜纂　裴佗　竇瑗　羊敦　蘇淑

罷侯置守歷年永久統以方牧仍世相循所以寬猛為用庇民調俗但廉平常迹聲問難高適時應務招響必速是故搏擊為侯起不旋踵儒弱貽咎錄用無時此則已然於前世矣後之為吏與世沉浮叔季澆漓姦巧多緒所以蒲密無為之化難見其人有魏初拓中州兼幷疆域河南關右遺黎未純擁節分符多出豐沛政術治風未能咸允雖動貽大戮而貪虐未悛亦由網漏吞舟時挂一目高祖肅明綱紀賞罰必行肇革舊軌時多奉法世宗優游而治寬政遂往太和之風頗以陵替肅宗馭運天下淆然其於移風革俗之美浮虎還珠之政九州百郡無所聞焉且書其為時所稱者以著良吏云爾

張恂字洪讓上谷沮陽人也隨兄袞歸國參代王軍事恂言於太祖曰金運失御劉石紛紜慕容竊號山東苻姚盜器秦隴遂使三靈乏響九域曠君大王樹基玄朔重明積聖自北而南化被燕趙今中土遺民望雲冀潤宜因斯會以建大業太祖深器異厚加禮焉皇始初拜中書侍郎幃幄密謀頗預參議從將軍奚牧略地晉川拜鎮遠將軍賜爵平皐子出爲廣平太守恂招集離散勸課農桑民歸之者千戶遷常山太守恂開建學校優顯儒士吏民歌詠之於時喪亂之後罕能克厲惟恂當官清白仁恕臨下百姓親愛之其治爲當時第一太祖聞而嘉歎太宗卽位賜帛三百匹徵拜太中大夫神瑞三年卒年六十九恂性清儉不營產業身死之日家無餘財太宗悼惜之贈征虜將軍并州刺史平皐侯謚曰宣

子純字道尚襲爵鎮遠將軍平皐子坐事爵除

純弟代字定燕陳留北平二郡太守卒贈冠軍將軍營州刺史謚曰惠侯代所歷著清稱有父之遺風

代子長年中書博士出爲寧遠將軍汝南太守有郡民劉崇之兄弟分析家貧惟有一牛爭之不決訟於郡庭長年見之悽然曰汝曹當以一牛故致此競脫有二牛各應得一豈有訟理卽以家牛一頭賜之於是郡境之中各相誡約咸敦敬讓太和初卒於家

子琛字寶貴少有孝行歷武騎常侍羽林監太子翊軍校尉卒

子略武定中左光祿大夫

鹿生濟陰乘氏人父壽興沮渠牧犍庫部郎生再爲濟南太守有治稱顯祖嘉其能特徵赴季秋馬射賜以驄馬加以青服彰其廉潔前後在任十年時三齊始附人懷苟且蒲博終朝頗廢農業生立制斷之聞者嗟善後歷徐州任城王澄廣陵侯元衍征東安南二府長史帶淮陽太守郯城鎮將年七十四正始中卒追贈龍驤將軍兗州刺史

張應不知何許人延興中爲魯郡太守應履行貞素聲績著聞妻子樵采以自供高祖深嘉其能遷京兆太守所在清白得吏民之忻心焉

宋世景廣平人河南尹翻之第三弟也少自修立事親以孝聞與弟道璵下帷誦讀博覽羣言尤精經義族兄弁甚重之舉秀才對策上第拜國子助教還彭城王勰開府法曹行參軍勰愛其才學雅相器敬高祖亦嘉之遷司徒法曹行參軍世景明刑理著律令裁決疑獄剖判如流轉尚書祠部郎彭城王勰每稱之曰宋世景精識尚書僕射才也臺中疑事右僕射高肇常以委之世景既才長從政加之夙勤不怠兼領數曹深著稱績頻爲左僕射源懷引爲行臺郎巡察州鎮十有餘所黜陟賞罰莫不咸允還徙十鎮別置諸戍明設亭候以備北虜懷大相委重還而薦之於世宗曰宋世景文武才略當今寡儔清平忠直亦少其比陛下若任之以機要終不減李沖也世宗曰朕亦聞之尚書令廣陽王嘉右僕射高肇吏部尚書中山王英共薦世景爲國子博士尋薦爲尚書右丞王顯與宋弁有隙毀之於世宗故事寢不報尋加伏波將軍行滎陽太守鄭氏豪橫號爲難治濟州刺史鄭尚弟遠慶先爲苑陵令多所受納百姓患之世景下車召而謂之曰與卿親宜假借吾未至之前一不相問今日之後終不相捨

而遠慶行意自若世景繩之以法遠慶懼棄官亡走於是寮屬畏威莫不改肅終日坐於廳事未嘗寢息縣史三正及諸細民至即見之無早晚之節來者無不盡其情抱皆假之恩顏屏人密語民間之事巨細必知發姦擿伏有若神明嘗有一吏休滿還郡食人雞豚又有一幹受人一帽又食二雞世景叱之曰汝何敢食甲乙雞豚取丙丁之帽吏幹叩頭伏罪於是上下震悚莫敢犯禁坐弟道瑱事除名世景友于之性過絕於人及道瑱死哭之哀切酸感行路形容毀悴見者莫不歎愍歲餘母喪遂不勝哀而卒世景嘗撰晉書竟未得就

子季儒遺腹生弱冠太守崔楷辟爲功曹起家太學博士明威將軍曾至譙宋之間爲文弔嵇康甚有理致後夜寢室壞壓殞年二十五時人咸傷惜之

路邕陽平清淵人世宗時積功勞除齊州東魏郡太守有惠政靈太后詔曰邕蒞政清勤善綏民俗比經年儉郡內饑饉羣庶嗷嗷將就溝壑而邕自出家粟賑賜貧窘民以獲濟雖古之良守何以尚茲宜見寵錫以垂獎勸可賜龍廄馬一匹衣一襲被褥一具班宣州鎮咸使聞知邕以善治民稍遷至南青州刺史

而卒

閭慶胤不知何許人爲東秦州敷城太守在政五年清勤厲俗頻年饑饉慶胤歲常以家粟千石賑恤貧窮民賴以濟其部民楊寶龍等一千餘人申訟美政有司奏曰案慶胤自蒞此郡惠政有聞又能自以己粟賑恤饑饉乃有子愛百姓之義如不少加優賚無以厲彼貪殘又案齊州東魏郡太守路邕在郡治能與之相埒語其分贍又亦不殊而聖旨優隆賜以衣馬求情即理謂合同賞靈太后卒無褒賞焉

明亮字文德平原人性方厚有識幹自給事中歷員外常侍延昌中世宗臨朝堂親自黜陟授亮勇武將軍亮進曰臣本官常侍是第三清今授臣勇武其號至濁且文武又殊請更改授世宗曰今依勞行賞不問清濁卿何得乃復以清濁爲辭亮曰聖明在上清濁故分臣既屬聖明是以敢啓世宗曰九流之內人咸君子雖文武號殊佐治一也卿何得獨欲乖衆妄相清濁所請未可但依前授亮曰今江左未賓書軌宜一方爲陛下授命前驅拓定吳會官爵陛下之所

輕賤命微臣之所重陛下方收所重何惜所輕世宗笑曰卿欲爲朕拓定江表揃平蕭衍揃平拓定非勇武莫可今之所授是副卿言辭勇及武自相矛楯亮曰臣欲仰稟聖規運籌而定何假勇武方乃成功世宗曰謀勇二事體本相須若勇而無謀則勇不獨擧若謀而無勇則謀不孤行必須兼兩乃能制勝何得云偏須運籌而不復假勇乎亮曰請改授平遠將軍世宗曰運籌用武然後遠人始平卿但用武平之何患不得平遠也亮乃陳謝而退後除陽平太守清白愛民甚有惠政聲績之美顯著當時朝廷嘉其風化轉汲郡太守爲治如前譽宣遠近二郡民吏迄今追思之卒孝昌初贈左將軍南青州刺史初亮之在陽平屬相州刺史中山王熙起兵討元义時幷州刺史城陽王徽亦遣使詣亮密同熙謀熙敗亮詭其使辭由是徽音獲免二年詔追前效重贈平東將軍濟州刺史拜其子希遠奉朝請

亮從弟遠儀同開府從事中郎

杜纂字榮孫常山九門人也少以清苦自立時縣令齊羅喪亡無親屬收瘞纂

以私財殯葬由是郡縣摽其門閭後居父喪盡禮郡舉孝廉補豫州司士稍除積努將軍領衆詣淮迎降民楊椬等修立楚鎮招納山蠻李天保等五百戶從征新野除騎都尉又從駕壽春勅纂緣淮慰勞豫州刺史田益宗率戶歸國使纂詣廣陵安慰初附賑給田廩從征新野及南陽平以功賜爵井陘男賞帛五百匹數日之中散之知友時人稱之又詣赭陽武陰二郡課種公田隨供軍費除南秦州武都太守正始中遷漢陽太守並以清白爲名又隨都督楊椿等詣南秦軍前招慰逆氐還除虎賁中郎將領太倉令遭母憂去職久之除伏波將軍復爲太倉令尋除寧遠軍陰陵戍主延昌中京師儉勅纂監京倉賑給民廩肅宗初拜征虜將軍清河內史性儉約尤愛貧老至能問民疾苦對之泣涕勸督農桑親自檢視勤者賞以物帛惰者加以罪譴弔死問生甚有恩紀還以本將軍除東益州刺史無御邊威略羣氐反叛以失民和徵還遷太府少卿除平陽太守後將軍太中大夫正光末清河人房通等三百人頌纂德政乞重臨郡詔許之孝昌中爲葛榮圍逼纂以郡降榮榮令纂入信都慰喻都督李瑾欲斬

刺史元孚德纂還出又勸榮以水灌城榮遂以纂爲常山太守至郡未幾榮滅定州刺史薛曇尙以纂老舊令護博陵鉅鹿二郡纂以疾辭少時卒於家纂所歷任好行小惠蔬食敝衣多涉誣矯而輕財潔己終無受納爲百姓所思號爲良守永熙中贈平北將軍殷州刺史天平四年重贈本將軍定州刺史

裴佗字元化河東聞喜人其先因晉亂避地涼州苻堅平河西東歸桑梓因居解縣焉父景惠州別駕佗容貌魁偉隤然有器望少治春秋杜氏毛詩周易並舉其宗致舉秀才以高第除中書博士轉司徒參軍司空記室揚州任城王澄開府倉曹參軍入爲尙書倉部郎中行河東郡事所在有稱績還拜尙書考功郎中河東邑中正世宗親臨朝堂拜員外散騎常侍中正如故轉司州治中以風聞爲御史所彈尋會赦免轉征虜將軍中散大夫爲趙郡太守爲治有方威惠甚著猾吏姦民莫不改肅所得俸祿分恤貧窮轉前將軍東荊州刺史郡民戀仰傾境餞送至今追思之尋加平南將軍蠻酋田盤石田敬宗等部落萬餘家恃衆阻險不賓王命前後牧守雖屢征討未能降款佗至州單使宣慰示以

禍福敬宗等聞佗宿德相率歸附於是闔境清晏寇盜寢息邊民懷之襁負而
至者千餘家尋加撫軍將軍又遷中軍將軍在州數載以疾乞還永安二年卒
遺令不聽請贈不受賻襚諸子皆遵行之佗性剛直不好俗人交游其投分者
必當時名勝清白任真不事家產宅不過三十步又無田園暑不張蓋寒不衣
裘其貞儉若此六子
讓之字士禮武定末中書侍郎
讓之弟諏之字士正早有才學司徒記室參軍天平末入於關西
竇瑗字世珍遼西遼陽人自言本扶風平陵人漢大將軍竇武之曾孫崇爲遼
西太守子孫遂家焉曾祖堪慕容氏漁陽太守祖表馮文通成周太守入國父
冏舉秀才早卒普泰初瑗啓以身階級爲父請贈詔贈征虜將軍平州刺史瑗
年十七便荷帙從師游學十載始爲御史轉奉朝請兼太常博士拜大將軍太
原王介朱榮官因是爲榮所知遂表留瑗爲北道大行臺左丞以軍功賜爵陽
洛男除員外散騎常侍瑗以拜榮官賞新昌男因從榮東討葛榮事平封容城

縣開國伯食邑五百戶後除征虜將軍通直散騎常侍仍左丞瑗乞以容城伯讓兄叔珍詔聽以新昌男轉授之叔珍由是位至太山太守尒朱世隆等立長廣王曄爲主南赴洛陽至東郭外世隆等遣瑗奏廢之瑗執鞭獨入禁內奏曰天人之望皆在廣陵願行堯舜之事曄遂禪焉由是除征南將軍金紫光祿大夫敷奏偘然前廢帝甚重之出帝時爲廷尉卿及釋奠開講瑗與散騎常侍溫子昇給事黃門侍郎魏季景通直散騎常侍李業興並爲摘句天平中除鎮東將軍金紫光祿大夫尋除廣宗太守治有清白之稱廣宗民情凶戾前後累政咸見告訟惟瑗一人終始全潔轉中山太守加征東將軍聲譽甚美爲吏民所懷及齊獻武王班書州郡誡約牧守令長稱瑗政績以爲勸厲焉後授使持節本將軍平州刺史在州政如治郡又爲齊獻武王丞相府右長史瑗無軍府斷割之才不堪稱職又行晉州事既還京師上表曰臣在平州之日蒙班麟趾新制卽依朝命宣示所部士庶忻仰有若三章臣聞法象巍巍乃大舜之事政道郁郁亦隆周之軌故元首股肱可否相濟聲教之聞於此爲證伏惟陛下應圖

臨寓握紀承天克構洪基會昌寶曆式張琴瑟且調宮羽去甚刪泰革弊還澆
俾高祖之德不墜於地畫一既歌萬國歡躍臣伏讀至三公曹第六十六條母
殺其父子不得告告者死再三返覆之未得其門何者案律子孫告父母祖父
母者死又漢宣云子匿父母孫匿大父母皆勿論蓋謂父母祖父母小者攘羊
甚者殺害之類恩須相隱律抑不言法理如是足見其直未必指母殺父止子
不言也若父殺母乃是夫殺妻母卑於父此子不告是也而母殺父不聽子告
臣誠下愚輒以爲惑昔楚康王欲殺令尹子南其子棄疾爲王御士而上告焉
對曰泄命重刑臣不爲也王遂殺子南其徒曰行乎曰吾與殺吾父行將焉入
曰臣乎曰殺父事讎吾不忍乃縊而死注云棄疾自謂不告父爲與殺謂王爲
讎皆非禮春秋譏焉斯蓋門外之治以義斷恩知君殺父而子不告是也母之
於父同在門內恩無可掩義無斷割知母將殺理應告父如其已殺宜聽告官
今母殺父而子不告便是知母而不知父識比野人義近禽獸且母之於父作
合移天既殺己之天復殺子之天二天頓毀豈容頓默此母之罪義不在赦下

珍倣宋版印

手之日母恩即離仍以母道不告鄙臣所以致惑今聖化淳洽穆如韶夏食椹懷音梟獍猶變況承風稟教識善知惡之民哉脫下愚不移事在言外如或有之可臨時議罪何用豫制斯條用爲訓誡誠恐千載之下談者諠譁以明明大朝有尊母卑父之論以臣管見實所不取如在淳風厚俗必欲行之且君父一也父者子之天被殺事重宜附父謀反大逆子得告之條父一而已至情可見竊惟聖主有作明賢贊成光國寧民厥用爲大非下走頑蔽所能上測但受恩深重輒獻瞽言儻蒙收察乞付評議詔付尚書三公郎封君義立判云身體髮膚受之父母生我勞悴續莫大焉子於父母同氣異息終天靡報在情一也今忽欲論其尊卑辨其優劣推心未忍訪古無據母殺其父子復告母母由告死便是子殺天下未有無母之國不知此子將欲何之案春秋莊公元年不稱即位文姜出故服虔注云文姜通兄齊襄與殺公而不反父殺母出隱痛深諱期而中練思慕少殺念至於母故經書三月夫人遜於齊既有念母深諱之文明無讎疾告列之理且聖人設法所以防淫禁暴極言善惡使知而避之若臨事

議刑則陷罪多矣惡之甚者殺父害君著之律令百王罔革此制何嫌獨求削
去既於法無違於事非害宣布有年謂不宜改瑗復難云尋局判云子於父母
同氣異息終天靡報在情一也今欲論其尊卑辨其優劣推心未忍訪古無據
瑗以爲易曰天尊地卑乾坤定矣又曰乾天也故稱父坤地也故稱母又曰乾
爲天爲父坤爲地爲母禮喪服經曰爲父斬衰三年爲母齊衰期尊卑優劣顯
在典章何言訪古無據局判云母殺其父子復告母母由告死便是子殺天下
未有無母之國不知此子將何欲之瑗案典律未聞母殺其父而子有隱母之
義既不告母便是與殺父天下豈有無父之國此子獨得有所之乎局判又云
案春秋莊公元年不稱卽位文姜出故服虔注云文姜通於兄齊襄與殺公而
不反父殺母出隱痛深諱期而中練思慕少殺念至於母故經書三月夫人遜
於齊既有念母深諱之文明無讎疾告列之理瑗尋注義隱痛深諱者以父爲
齊所殺而母與之隱痛父死深諱母出故不稱卽位非爲諱母與殺也是以下
文以義絕其罪不爲與殺明矣公羊傳曰君殺子不言卽位隱之也期而中練

父憂少衰始念於母略書夫人遜於齊是內諱出奔猶爲罪文傳曰不稱姜氏絕不爲親禮也注云夫人有與殺桓之罪絕不爲親得尊父之義善莊公思大義絕有罪故曰禮也以大義絕有罪得禮之衷明有讎疾告列之理但春秋桓莊之際齊爲大國通於文姜魯公謫之文姜以告齊襄使公子彭生殺之魯既弱小而懼於齊是時天子衰微又無賢霸故不敢讎之又不敢告列惟得告於齊曰無所歸咎惡於諸侯請以公子彭生除之齊人殺公子彭生案即此斷雖有援引卽以情推理尚未遣惑事遂停寢除大宗正卿尋加衛將軍宗室以其寒士相與輕之瑗案法推治無所顧避甚見讎疾官雖通顯貧窘如初清尚之操爲時所重領本州大中正以本官兼廷尉卿卒官贈本將軍太僕卿濟州刺史諡曰明

羊敦字元禮太山鉅平人梁州刺史祉弟子也性尚閑素學涉書史以父靈引死王事除給事中出爲本州別駕公平正直見有非法敦終不判署後爲尙書左侍郎徐州撫軍長史永安中轉廷尉司直不拜拜洛陽令後爲鎮南將軍金

紫光祿大夫遷太府少卿轉衞將軍廣平太守治有能名姦吏跼蹐秋毫無犯

雅性清儉屬歲饑饉家餽未至使人外尋陂澤採藕根而食之遇有疾苦家人

解衣質米以供之然其為治亦尚威嚴朝廷以其清白賜穀一千斛絹一百匹

興和初卒年五十二吏民奔哭莫不悲慟贈都督徐兗二州諸軍事衞大將軍

吏部尚書兗州刺史諡曰貞武定初齊獻武王以敦及中山太守蘇淑在官奉

法清約自居宜見追褒以厲天下乃上言請加旌錄詔曰昔五袴興謠兩岐致

詠皆由仁覃千里化洽一邦故廣平太守羊敦故中山太守蘇淑並器業和隱

幹用貞濟善政聞國清譽在民方藉良才遂登高秩先後凋亡朝野傷悼追旌

清德蓋惟舊章可各賞帛一百匹穀五百斛班下郡國咸使聞知

子隱武定末開府行參軍

蘇淑字仲和武邑人也立性敦謹頗涉經傳兄壽興坐事為閹官壽興後為河

間太守賜爵晉陽男及壽興將卒遂冒養淑為子熙平中襲其爵除司空士曹

參軍尋轉太學博士厲威將軍員外散騎侍郎轉奉車都尉領殿中侍御史因

使於冀州會高乾邕執刺史元嶷據城起義淑贊成其事乾邕以淑行武邑郡未幾尒朱汝歸疑率兵將至淑於郡逃還京師後除左將軍大中大夫行河陰令出除樂陵內史淑在郡綏撫甚有民譽始經二周謝病乞解有詔聽之民吏老幼訴乞淑者甚衆後歷滎陽太守亦有能名加中軍將軍司空從事中郎與和二年拜中山太守三年卒於郡淑清心愛下所歷三郡皆爲吏民所思當時稱爲良二千石武定初贈衞大將軍都官尚書瀛州刺史謚曰懿齊獻武王追美清操與羊敦同見優賞

子子且襲武定中齊獻武王廟丞

史臣曰闕

魏書卷八十八

魏書卷八十八考證

竇瑗傳遼西遼陽人○遼陽北史作陽洛本書地形志遼西郡領縣三有陽樂無遼陽令以下文以軍功賜爵陽洛男證之應從北史但陽樂陽洛未知孰是

魏書卷八十八考證

珍倣宋版印

魏書卷八十九

齊　魏收　撰

列傳酷吏第七十七

于洛侯　胡泥　李洪之　高遵　張赦提　羊祉

崔暹　酈道元　谷楷

淳風既喪姦黠萌生法令滋章刑禁多設爲吏罕仁恕之誠當官以威猛爲濟魏氏以戎馬定王業武功平海內治任刑罰肅厲爲本猛酷之倫所以列之今史

于洛侯代人也以勞舊爲秦州刺史而貪酷安忍州人富熾奪民呂勝脛纏一具洛侯輒鞭富熾一百截其右腕百姓王隴客刺殺民王羌奴王愈二人依律罪死而已洛侯生拔隴客舌刺其本并刺胸腹二十餘瘡隴客不堪苦痛隨刀戰動乃立四柱磔其手足命將絕始斬其首支解四體分懸道路見之者無不傷楚闔州驚震人懷怨憤百姓王元壽等一時反叛有司糾劾高祖詔使者於

州刑人處宣告兵民然後斬洛侯以謝百姓

胡泥代人也歷官至司衞監賜爵永城侯泥率勤禁中不憚豪貴殿中尙書叔孫侯頭應內直而闕於一時泥以法繩之侯頭恃寵遂與口諍高祖聞而嘉焉賜泥衣服一襲出爲幽州刺史假范陽公以北平陽尼碩學遂表薦之還平東將軍定州刺史以暴虐刑罰酷濫受納貨賄徵還戮之將就法也高祖臨太華殿引見遣侍臣宣詔責之遂就家賜自盡

李洪之本名文通恆農人少爲沙門晚乃還俗眞君中爲狄道護軍賜爵安陽男會永昌王仁隨世祖南征得元后姊妹二人洪之以宗人潛相餉遺結爲兄弟遂便如親頗得元后在南兄弟名字乃改名洪之及仁坐事誅元后入宮得幸於高宗生顯祖元后臨崩昭太后問其親因言洪之爲兄與相訣經日具條列南方諸兄珍之等手以付洪之遂號爲顯祖親舅太安中珍之等兄弟至都與洪之相見敘元后平生故事計長幼爲昆季以外戚爲河內太守進爵任城侯威儀一同刺史河內北連上黨南接武牢地險人悍數爲劫害長吏不能禁

洪之至郡嚴設科防募斬賊者便加重賞勸農務本盜賊止息誅鋤奸黨過爲酷虐後爲懷州刺史封汲郡公徵拜內都大官河西羌胡領部落反叛顯祖親征命洪之與侍中東郡王陸定總統諸軍輿駕至幷州詔洪之爲河西都將討山胡皆保險拒戰洪之築壘於石樓南白鷄原以對之諸將悉欲進攻洪之乃開以大信聽其復業胡人遂降顯祖嘉之遷拜尚書外都大官後爲使持節安南將軍秦益二州刺史至治設禁姧之制有帶刃行者罪與劫同輕重品格各有條章於是大饗州中豪傑長老示之法制乃夜密遣騎分部覆諸要路有犯禁者輒捉送州宣告斬決其中枉見殺害者百數赤葩渴郎羌深居山谷雖相羈縻王人罕到洪之芟山爲道廣十餘步示以軍行之勢乃興軍臨其境山人驚駭洪之將數十騎至其里閭撫其妻子問其疾苦因資遺之衆羌喜悅求編課調所入十倍於常洪之善御戎夷頗有威惠而刻害之聲聞於朝野初洪之微時妻張氏助洪之經營資產自貧至貴多所補益有男女幾十人洪之後得劉氏劉芳從妹洪之欽重而疎薄張氏爲兩宅別居偏厚劉室由是二妻妬競

互相訟詛兩宅母子往來如讎及莅西州以劉自隨洪之素非廉清每多受納
時高祖始建祿制法禁嚴峻司察所聞無不窮糾遂鏁洪之赴京高祖臨大華
庭集羣官有司奏洪之受贓狼藉又以酷暴高祖親臨數之以其大臣聽在家
自裁洪之志性慷慨多所堪忍疹疾灸療艾炷圍將二寸首足十餘處一時俱
下而言笑自若接賓不輟及臨自盡沐浴換衣防卒扶持將出却入遍遶家庭
如是再三泣歎良久乃臥而引藥始洪之託爲元后兄公私自同外戚至此罪
後高祖乃稍對百官辨其誣假而諸李猶善相視恩紀如親洪之始見元后計
年爲兄及珍之等至洪之以元后素定長幼其呼拜坐皆如家人暮年數延攜
之宴飲醉酣之後攜之時或言及本末洪之則起而加敬笑語自若富貴赫奕
當舅戚之家遂棄宗專附珍之等後頗存振本屬而猶不顯然劉氏四子長子
神自有傳

高遵字世禮渤海蓚人父濟滄水太守遵賤出兄矯等常欺侮之及父亡不令
在喪位遵遂馳赴平城歸從祖兄中書令允允乃爲遵父舉哀以遵爲喪主京

邑無不弔集朝貴咸識之徐歸奔赴免喪尤爲營宦路得補樂浪王侍郎遵感
成益之恩事尤如諸父涉歷文史頗有筆札進中書侍郎詣長安刊燕宣王廟
碑進爵安昌子及新製衣冠高祖恭薦宗廟遵形貌莊潔音氣雄暢常兼太祝
令跪贊禮事爲俯仰之節粗合儀矩由是高祖識待之後與游明根高閭李沖
入議律令親對御坐時有陳奏以積年之勞賜粟帛牛馬出爲立忠將軍齊州
刺史建節歷本州宗鄉改觀而矯等彌妬毀之遵性不廉清在中書時每假歸
山東必借備騾馬將從百餘屯逼民家求絲縑不滿意則詬罵不去彊相徵求
旬月之間縑布千數邦邑苦之遵既臨州本意未弭選召寮吏多所取納又其
妻明氏家在齊州母弟舅甥共相憑屬爭求貨利嚴暴非理殺害甚多貪酷之
響帝頗聞之及車駕幸鄴遵自州來朝會有赦宥遵臨還州請辭帝於行宮引
見誚讓之遵自陳無負帝厲聲曰若無遷都赦必無高遵矣又卿非惟貪惏又
虐於刑法謂何如濟陰王猶不免於法卿何人而爲此行自今宜自謹約還州
仍不悛革齊州人孟僧振至洛訟遵詔廷尉少卿劉述窮鞫皆如所訴先是沙

門道登過遵遵以道登荷寵於高祖多奉以貨深託仗之道登屢因言次申啓救遵帝不省納遂詔述賜遵死時遵子元榮詣洛訟寃猶恃道登不時還赴道登知事決方乃遣之遵恨其妻不與訣別處沐浴引椒而死

元榮學尙有文才長於几案位兼尙書右丞爲西道行臺至高平鎮遇城獻被害

遵弟次文雖無位宦而貲財巨萬遵每責其財又結憾於遵吉凶不相往反時論責之

張赦提中山安喜人也性雄武有規畫初爲虎賁中郞時京畿盜魁自稱豹子虎子並善弓馬遂領逃連及諸畜牧者各爲部帥於靈丘鴈門間聚爲劫害至乃斬人首射其口刺人臍引腸遶樹而共射之以爲戲笑其爲暴酷如此軍騎掩捕久弗能獲行者患焉赦提設防遏追窮之計宰司善之以赦提爲逐賊軍將乃求驍勇追之未幾而獲虎子豹子及其黨與盡送京師斬於闕下自是淸靜其靈丘羅思祖宗門豪溢家處隘險多止亡命與之爲劫顯祖怒之孥戮其

家而思祖家黨相率寇盜叔提應募求捕逐乃以叔提爲游徼軍將前後禽獲殺之略盡因而濫有屠害尤爲忍酷旣資前稱又藉此功除冠軍將軍幽州刺史假安喜侯叔提克己厲約遂有清稱後頗縱妻段氏多有受納令僧尼因事通請貪虐流聞中散李真香出使幽州採訪牧守政績真香驗案其罪叔提懼死欲逃其妻姑爲太尉東陽王丕妻恃丕親貴自許詣丕申訴求助謂叔提曰當爲訴理幸得申雪願且寬憂不爲異計叔提以此差自解慰段乃陳列真香昔嘗因假而過幽州知叔提有好牛從索不果今臺使心協前事故威逼部下拷楚過極橫以無辜證成誣罪執事恐有不盡使駕部令趙秦州重往究訊事狀如前處叔提大辟高祖詔賜死於第將就盡召妻而責之曰貪濁穢吾者卿也又安吾而不得免禍九泉之下當爲仇讎矣又有華山太守趙霸酷暴非理大使崔光奏霸云不遵憲度威虐任情至乃手擊吏人寮屬奔走不可以君人字下納之軌物輒禁止在州詔免所居官

羊祉字靈祐太山鉅平人晉太僕卿琇之六世孫也父規之宋任城令世祖南

討至鄒山規之與魯郡太守崔邪利及其屬縣徐通愛猛之等俱降賜爵鉅平子拜鴈門太守祉性剛愎好刑名爲司空令輔國長史襲爵鉅平子侵盜公資私營居宅有司案之抵死高祖特恕遠徙後還景明初爲將作都將加左軍將軍四年持節爲梁州軍司討叛氐正始二年王師伐蜀以祉假節龍驤將軍益州刺史出劍閣而還又以本將軍爲秦梁二州刺史加征虜將軍天性酷忍又不清潔坐掠人爲奴婢爲御史中尉王顯所彈免高肇南征祉復被起爲光祿大夫假平南將軍持節領步騎三萬先驅趣涪未至世宗崩班師夜中引軍山有二徑軍人迷而失路祉便斬隊副楊明達梟首路側爲中尉元昭所劾會赦免後加平北將軍未拜而卒贈安東將軍兗州刺史太常少卿元端博士劉臺龍議謚曰祉志存埋輪不避彊禦及贊戎律熊武斯裁仗節撫藩邊夷識德化沾殊類襁負懷仁謹依謚法布德行剛曰景宜謚爲景侍中侯剛給事黃門侍郎元纂等駮曰臣聞惟名與器弗可妄假定謚準行必當其迹按祉志性急酷所在過威布德罕聞暴聲屢發而禮官虛述謚之爲景非直失於一人實毀朝

則請還付外準行更量虛實靈太后令曰依駮更議元端臺龍上言竊惟謚者行之迹狀者迹之稱然尚書銓衡是司釐品庶物若狀與迹乖應抑而不受錄其實狀然後下寺依謚法準狀科上豈有捨其行迹外有所求去狀去稱將何亦準檢祉以母老辭藩乃降手詔云卿綏撫有年聲實兼著安邊寧境實稱朝望及其歿也又加顯贈言祉誠著累朝效彰內外作牧岷區字萌之績縣聞詔冊褒美無替倫望然君子使人器之義無求備德有數德優劣不同剛而能克所爲德焉謹依謚法布德行剛曰景謂前議爲允司徒右長史張烈主簿李瑒刺稱按祉歷宦累朝當官允稱委捍西南邊隅靖遏準行易名獎誠攸在竊謂無虧體例尚書李韶又述奏以府寺爲允靈太后可其奏祉自當官不憚彊禦朝廷以爲剛斷時有檢覆每令出使好慕名利頗爲深文所經之處人號天狗下及出將臨州並無恩潤兵民患其嚴虐焉

崔暹字元欽本云清河東武城人也世家于滎陽潁川之間性猛酷少仁恕奸猾好利能事勢家初以秀才累遷南兗州刺史盜用官瓦贓污狼籍爲御史中

尉李平所糾免官後行豫州事尋卽真坐遣子析戸分隸三縣廣占田宅藏匿
官奴障吝陂葦侵盜公私爲御史中尉王顯所彈免官後累遷平北將軍瀛州
刺史貪暴安忍民庶患之嘗出獵州北單騎至於民村井有汲水婦人暹令飲
馬因問曰崔瀛州何如婦人不知其暹也答曰百姓何罪得如此癩兒刺史暹
默然而去以不稱職被解還京武川鎭反詔暹爲都督隸大都督李崇討之違
崇節度爲賊所敗單騎潛還禁於廷尉以女妓園田貨元乂獲免建義初遇害
於河陰贈司徒公冀州刺史追封武津縣公
子瓚字紹珍位兼尙書左丞卒瓚妻莊帝妹也後封襄城長公主故特贈瓚冀
州刺史
子茂字祖昂襲祖爵
酈道元字善長范陽人也青州刺史範之子太和中爲尙書主客郎御史中尉
李彪以道元秉法清勤引爲治書侍御史累遷輔國將軍東荊州刺史威猛爲
治蠻民詣闕訟其刻峻坐免官久之行河南尹尋卽真肅宗以沃野懷朔薄骨

律武川撫冥柔玄懷荒禦夷諸鎮並改爲州其郡縣戍名令準古城邑詔道元持節兼黃門侍郎與都督李崇籌宜置立裁減去留儲兵積粟以爲邊備未幾除安南將軍御史中尉道元素有嚴猛之稱司州牧汝南王悅嬖近左右丘念常與臥起及選州官多由於念念匿於悅第時還其家道元收念付獄悅啓靈太后請全之敕赦之道元遂盡其命因以劾悅是時雍州刺史蕭寶夤反狀稍露悅等諷朝廷遣爲關右大使遂爲寶夤所害死於陰盤驛亭道元好學歷覽奇書撰注水經四十卷本志十三篇又爲七聘及諸文皆行於世然兄弟不能篤穆又多嫌忌時論薄之

谷楷昌黎人濮陽公渾曾孫稍遷奉車都尉時沙門法慶反於冀州雖大軍討破而妖帥尙未梟除詔楷詣冀州追捕皆擒獲之楷眇一目而性甚嚴忍前後奉使皆以酷暴爲名時人號曰瞎虎尋爲城門校尉卒

史臣曰士之立名其途不一或以循良進或以嚴酷顯故寬猛相資德刑互設然不嚴而化君子所先于洛侯等爲惡不同同歸於酷肆其毒螫多行殘忍殘

人肌膚同諸木石輕人性命甚於芻狗長惡不悛鮮有不及故或身嬰罪戮或憂恚值隕異途皆斃各其宜焉凡百君子以爲有天道矣

魏書卷八十九

魏書卷八十九考證

列傳第七十七○魏收書亡後人所補

張赦提傳今臺使心協前事威逼部下拷楚過極○心協北史作止挾心字應從此書挾字應從北史

魏書卷八十九考證

珍倣宋版印

魏書卷九十

齊　魏　收　撰

列傳逸士第七十八

眭夸　馮亮　李謐　鄭修

蓋兼濟獨善顯晦之殊其事不同由來久矣昔夷齊獲全於周武華矞不容於太公何哉求其心者許以激貪之用督其迹者以為束教之風而肥遁不反代有人矣夷情得喪忘懷累有比夫邁德弘道匡俗庇民可得而小不可得而忽也自叔世澆浮淳風殆盡錐刀之末競入成羣而能冥心物表介然離俗望古獨適求友千齡亦異人矣何必御霞乘雲而追日月窮極天地始為超遠哉今錄眭夸等為逸士傳

眭夸一名昶趙郡高邑人也祖邁晉東海王越軍謀掾後沒石勒為徐州刺史父邃字懷道慕容寶中書令夸少有大度不拘小節躭志書傳未曾以世務經心好飲酒浩然物表年三十遭父喪鬚鬢致白每一悲哭聞者為之流涕高尚

不仕寄情丘壑同郡李順願與之交夸拒而不許邦國少長莫不憚之少與崔
浩爲莫逆之交浩爲司徒奏徵爲其中郎辭疾不赴州郡逼遣不得已入京都
與浩相見延留數日惟飲酒談敘平生不及世利浩每欲論屈之竟不能發言
其見敬憚如此浩後遂投詔書於夸懷亦不開口夸曰桃簡卿已爲司徒何足
以此勞國士也吾便於此將別桃簡浩小名也浩慮夸即還時乘一騾更無兼
騎浩乃以夸騾內之廐中冀相維縶夸遂託鄉人輸租者謬爲御車乃得出關
浩知而歎曰眭夸獨行士本不應以小職辱之又使其人仗策復路吾當何辭
以謝也時朝法甚峻夸既私還將有私歸之咎浩仍相左右始得無坐經年送
夸本騾兼遺以所乘馬爲書謝之夸更不受其騾馬亦不復書及浩誅爲之素
服受鄉人弔唁經一時乃止歎曰崔公既死誰能更容眭夸遂作朋友篇辭義
爲時人所稱婦父鉅鹿魏攀當時名達之士未嘗備壻之禮情同朋好或人謂
夸曰吾聞有大才者必居貴仕子何獨在桑榆乎遂著知命論以釋之年七十
五卒葬日赴會者如市無子

馮亮字靈通南陽人蕭衍平北將軍蔡道恭之甥也少博覽諸書又篤好佛理隨道恭至義陽會中山王英平義陽而獲焉英素聞其名以禮待接亮性清淨至洛隱居崧高感英之德以時展勤及英亡亮奔赴盡其哀慟世宗嘗召以爲羽林監領中書舍人將令侍講十地諸經固辭不拜又欲使衣幘入見亮苦求以幅巾就朝遂不彊逼還山數年與僧徒禮誦爲業蔬食飲水有終焉之志會逆人王敞事發連山中沙門而亮被執赴尚書省十餘日詔特免雪亮不敢還山遂寓居景明寺勑給衣食及其從者數人後思其舊居復還山室亮既雅愛山水又兼巧思結架巖林甚得栖游之適頗以此聞世祖給其工力令與沙門統僧暹河南尹甄琛等周視崧高形勝之處遂造閑居佛寺林泉既奇營製又美曲盡山居之妙亮時出京師延昌二年冬因遇篤疾世宗勑以馬輿送令還山居崧高道場寺數日而卒詔贈帛二百匹以供凶事遺誡兄子綜斂以衣帢左手持板右手執孝經一卷置尸盤石上去人數里外積十餘日乃焚於山以灰燼處起佛塔經藏初亮以盛冬喪時連日驟雪窮山荒澗鳥獸飢窘僵尸山

野無所防護時壽春道人惠需每旦往看其屍拂去塵霰禽蟲之迹交橫左右而初無侵毀衣服如本惟風吹帽巾又以亮識舊南方法師信大栗十枚言期之將來十地果報開亮手以置把中經宿乃爲蟲鳥盜食皮殼在地而亦不傷肌體焚燎之日有素霧蓊鬱迴繞其傍自地屬天彌朝不絕山中道俗營助者百餘人莫不異焉

李謐字永和涿郡人相州刺史安世之子少好學博通諸經周覽百氏初師事小學博士孔璠數年後璠還就謐請業同門生爲之語曰青成藍藍謝青師何常在明經謐以公子徵拜著作郎辭以授弟郁詔許之州再舉秀才公府二辟並不就惟以琴書爲業有絕世之心覽考工記大戴禮盛德篇以明堂之制不同遂著明堂制度論曰余謂論事辨物當取正於經典之真文援證定疑必有驗於周孔之遺訓然後可以稱準的矣今禮文殘缺聖言靡存明堂之制誰使正之是以後人紛糾競與異論五九之說各信其習是非無準得失相半故歷代紛紜靡所取正乃使裴頠云今羣儒紛糾互相掎摭就令其象可得而圖其

所以居用之禮莫能通也爲設虛器耳況漢氏所作四維之个復不能令各處其辰愚以爲尊祖配天其義明著廟宇之制理據未分直可爲殿屋以崇嚴父之祀其餘雜碎一皆除之斯豈不以羣儒舛互並乖其實據義求衷莫適可從哉但恨典文殘滅求之靡據而已矣乃復遂去室牖諸制施之於教未知其所隆政求之於情未可喻其所以必須惜哉言乎仲尼有言曰賜也爾愛其羊我愛其禮余以爲隆政必須其禮豈彼一羊哉推此而論則聖人之於禮殷勤而重之裴頠之於禮任意而忽之是則頠賢於仲尼矣以斯觀之裴氏之子以不達而失禮之旨也余竊不自量頗有鄙意據理尋義以求其真貴合雅衷不苟偏信乃藉之以禮傳考之以訓注博採先賢之言廣搜通儒之說量其當否參其同異棄其所短收其所長推義察圖以折厥衷豈敢必善聊亦合其言志矣凡論明堂之制者雖衆然校其大略則二途而已言五室者則據周禮考工之記以爲本是康成之徒所執言九室者則案大戴盛德之篇以爲源是伯喈之倫所持此之二書雖非聖言然是先賢之中博見洽通者也但各記所聞未能

全正可謂既盡美矣未盡善也而先儒不能考其當否便各是所習卒相非毀豈達士之確論哉小戴氏傳禮事四十九篇號曰禮記雖未能全當然多得其衷方之前賢亦無愧矣而月令玉藻明堂三篇頗有明堂之義余故採掇二家參之月令以爲明堂五室古今通則其室居中者謂之太廟太室之東者謂之青陽當太室之南者謂之明堂當太室之西者謂之總章當太室之北者謂之玄堂四面之室各有夾房謂之左右个三十六戶七十二牖矣室个之形今之殿前是其遺像耳个者卽寢之房也但明堂與寢施用既殊故房个之名亦隨事而遷耳今粗書其像以見鄙意案圖察義略可驗矣故檢之五室則義明於考工校之戶牖則數協於盛德考之施用則事著於月令求之閏也合周禮與玉藻既同夏殷又符周秦雖乖衆儒儻或在斯矣考功記曰周人明堂度以九尺之筵東西九筵南北七筵堂崇一筵五室凡室二筵室中度以几堂上度以筵余謂記得之於五室而謬於堂之修廣何者當以理推之令愜古今之情也夫明堂者蓋所以告月朔布時令宗文王祀五帝者也然營構之範自當因宜

創制耳故五室者合於五帝各居一室之義且四時之祀皆據其方之正又聽朔布令咸得其月之辰可請施政及記二三俱允求之古義竊爲當矣鄭康成漢末之通儒後學所宗正釋五室之位謂土居中木火金水各居四維然四維之室既乖其正施令聽朔各失厥衷左右之个棄而不顧乃反文之以美說飾之以巧辭言水木用事交於東北木火用事交於東南火土用事交於西南金水用事交於西北既依五行當從其用事之交出何經典可謂攻於異端言非而博疑誤後學非所望於先儒也禮記玉藻曰天子聽朔於南門之外閏月則闔門左扉立於其中鄭玄注曰天子之廟及路寢皆如明堂制明堂在國之陽每月就其時之堂而聽朔焉卒事反宿路寢亦如之閏月非常月聽其朔於明堂門下還處路寢門終月也而考工記周人明堂玄注曰或舉王寢或舉明堂互言之以明其制同也其同制之言皆出鄭注然則明堂與寢不得異矣而尙書顧命篇曰迎子釗南門之外延入翼室此之翼室卽路寢矣其下曰大貝賁鼓在西房垂之竹矢在東房此則路寢有左右房見於經史者也禮記喪大記

曰君夫人卒於路寢小斂婦人髽帶麻於房中鄭玄注曰此蓋諸侯禮帶麻於房中則西南天子諸侯左右房見於注者也論路寢則明其左右言明堂則闕其左右个同制之說還相矛楯通儒之注何其然乎使九室之徒奮筆而爭鋒者豈不由處室之不當哉記云東西九筵南北七筵五室凡室二筵置五室於斯堂雖使班倕構思王爾營度則不能令三室不居其南北也然則三室之間便居六筵之地而室壁之外裁有四尺五寸之堂焉豈有天子布政施令之所宗祀文王以配上帝之堂周公負扆以朝諸侯之處而室戶之外僅餘四尺而已哉假在儉約爲陋過矣論其堂宇則偏而非制求之道理則未愜人情其不然一也余恐爲鄭學者苟求必勝競生異端以相訾抑云二筵者乃室之東西耳南北則狹焉余故備論之曰若東西二筵則室戶之外爲丈三尺五寸矣南北戶外復如此則三室之中南北裁各丈二尺耳記云四房兩夾窗若爲三尺之戶二尺之窗窗戶之間裁盈一尺繩樞甕牖之室蓽門圭竇之堂尚不然矣假令復欲小廣之則四面之外闊狹不齊東西既深南北更淺屋宇之制不爲

通矣驗之衆塗略無算焉且凡室二筵丈八地耳然則戶牖之間不踰二尺也禮記明堂天子負斧扆南向而立鄭玄注曰設斧於戶牖之間而鄭氏禮圖說扆制曰縱廣八尺畫斧文於其上今之屏風也以八尺扆置二尺之間此之叵通不待智者較然可見矣且若二筵之室爲四尺之戶則戶之兩頰裁各七尺耳全以置之猶自不容矧復戶牖之間哉其不然二也又復以世代驗之卽虞夏尚朴殷周稍文制造之差每加崇飾而夏后世室堂修二七周人之制反更促狹豈是夏禹卑宮之意周監郁郁之美哉以斯察之其不然三也又云堂崇一筵便基高九尺而壁戶之外裁四尺五寸於營制之法自不相稱其不然四也又云室中度以几堂上度以筵而復云凡室二筵而不以几還自相違其不然五也以此驗之記者之謬抑可見矣盛德篇云明堂凡九室三十六戶七十二牖上圓下方東西九仞南北七筵堂高三尺也余謂盛德篇得之於戶牖失之於九室何者五室之制傍有夾房面各有戶戶有兩牖此乃因事立則非拘異術戶牖之數固自然矣九室者論之五帝事旣不合施之時令又失其辰左

右之个重置一隅兩辰同處參差出入斯乃義無所據未足稱也且又堂之修廣裁六十三尺耳假使四尺五寸爲外之基其中五十四尺便是五室之地計其一室之中僅可一丈置其戶牖則於何容之哉若必小而爲之以容其數則令帝王側身出入斯爲怪矣此匪直不合典制抑亦可哂之甚也余謂其九室之言誠亦有由然竊以爲戴氏聞三十六戶七十二牖弗見其制靡知所置便謂一室有四戶之窗計其戶牖之數卽以爲九室耳或未之思也蔡伯喈漢末之時學士而見重於當時卽識其修廣之不當而必未思其九室之爲謬更修而廣之假其法象可謂因僞飾辭順非而澤諒可歎矣余今省彼衆家委心從善庶探其衷不爲苟異但是古非今俗間之常情愛遠惡近世中之恆事而千載之下獨論古制驚俗之談固延多誚脫有深賞君子者覽而揣之儻或存焉謐不飲酒好音律愛樂山水高尚之情長而彌固一遇其賞悠爾忘歸乃作神士賦歌曰周孔重儒教莊老貴無爲二途雖如異一是買聲兒生乎意不愜死名用何施可心聊自樂終不爲人移脫尋余志者陶然正若斯延昌四年卒年

三十二遐邇悼惜之其年四門小學博士孔璠等學官四十五人上書曰竊見故處士趙郡李謐十歲喪父哀號罷隣人之相幼事兄瑒恭順盡友于之誠十三通孝經論語毛詩尚書曆數之術尤盡其長州閭鄉黨有神童之號年十八詣學受業時博士卽孔璠也覽始要終論端究緒授者無不欣其言矣於是鳩集諸經廣校同異比三傳事例名春秋叢林十有二卷爲璠等判析隱伏垂盈百條滯無常滯纖毫必舉通不長通有枉斯屈不苟言以違經弗飾辭而背理辭氣磊落觀者忘疲每曰丈夫擁書萬卷何假南面百城遂絕跡下帷杜門却掃棄產營書手自刪削卷無重複者四千有餘矣猶括次專家搜比讜議隆冬達曙盛暑通宵雖仲舒不闚園君伯之閉戶高氏之遺漂張生之忘食方之斯人未足爲喻謐嘗詣故太常卿劉芳推問音義語及中代興廢之由芳乃歎曰君若遇高祖侍中太常非僕有也前河南尹黃門侍郎甄琛內贊近機朝野傾目于時親識求官者答云趙郡李謐躭學守道不悶于時常欲致言但未有次耳諸君何爲輕自媒衒謂其子曰昔鄭玄盧植不遠數千里詣扶風馬融今汝

明師甚邇何不就業也又謂朝士曰甄琛行不媿時但未薦李謐以此負朝廷耳又結宇依巖憑崖鑿室方欲訓彼青衿宣揚墳典冀西河之教重興北海之風不墜而祐善空聞暴疾而卒邦國銜殄悴之哀儒主結摧梁之慕況璠等或服議下風或親承音旨師儒之義其可默乎事奏詔曰謚屢辭徵辟志守沖素儒隱之操深可嘉美可遠傍惠康近準玄晏謚曰貞靜處士并表其門閭以旌高節遣謁者奉冊於是表其門曰文德里曰孝義云

鄭修北海人也少隱於岐南几谷中依巖結宇獨處淡然屏迹人事不交世俗耕食水飲皮冠草服雅好經史專意玄門前後州將每徵不至岐州刺史魏蘭根頻遣致命修不得已暫出見蘭根尋還山舍蘭根申表薦修肅宗詔付雍州刺史蕭寶夤訪實以聞會寶夤作逆事不行

史臣曰古之所謂隱逸者非伏其身而不見也非閉其言而不出也非藏其智而不發也蓋以恬淡爲心不皦不昧安時處順與物無私者也眭夸輩忘懷纓冕畢志丘園或隱不違親貞不絕俗或不教而勸虛往實歸非有自然純德其

孰能至於此哉

魏書卷九十

珍傲朱版印

魏書卷九十考證

列傳第七十八○魏收書亡史臣論全用隋書隱逸傳論

眭夸傳以時展勤○勤北史作覲

魏書卷九十考證

珍倣宋版印

魏書卷九十一

齊　魏　收　撰

列傳術藝第七十九

蓋小道必有可觀況往聖標曆數之術先王垂卜筮之典論察有法占候相傳觸類長之其流遂廣工藝紛綸理非抑止今列於篇亦所以廣聞見也

晁崇字子業遼東襄平人也家世史官崇善天文術數知名於時爲慕容垂太史郎從慕容寶敗於參合獲崇後乃赦之太祖愛其伎術甚見親待從平中原拜太史令詔崇造渾儀曆象日月星辰還中書侍郎令如故天興五年月暈左角蝕將盡崇奏曰占爲角蟲將死時太祖既剋姚平於柴壁以崇言之徵遂命諸軍焚車而反牛果大疫輿駕所乘巨犗數百頭亦同日斃於路側自餘首尾

相繼是歲天下之牛死者十七八麋鹿亦多死崇弟懿明辯而才不及崇也以
善北人語內侍左右爲黃門侍郎兄弟並顯懿好矜容儀被服僭度言音類太
祖左右每聞其聲莫不驚竦太祖知而惡之後其家奴告崇與懿叛又與闕一字
臣王次多潛通招引姚興太祖銜之及興寇平陽車駕擊破之太祖以奴言爲
實還次晉陽執崇兄弟並賜死

崇兄子暉太祖時給事諸曹稍遷給事中賜爵長平侯征虜將軍濟州刺史假
寧東將軍潁川公劉駿鎮東平郡徙戍近境暉上表求擊之高宗不許暉乃爲
書以大義責之卒

子林襲爵林卒子清襲事在節義傳

暉從弟繼太祖時稍遷中書侍郎給事中中堅將軍賜爵襄平子除魏郡太守
卒

子世宗襲爵卒

子元和襲卒

張淵不知何許人明占候曉內外星分自云嘗事苻堅堅欲南征司馬昌明淵勸不行堅不從果敗又仕姚興父子爲靈臺令姚泓滅入赫連昌昌復以淵及徐辯對爲太史令世祖平統萬淵與辯俱見獲世祖以淵爲太史令數見訪問神䴥二年世祖將討蠕蠕淵與徐辯皆謂不宜行與崔浩爭於世祖前語在浩傳淵專守常占而不能鉤深致遠故不及浩後爲驃騎軍謀祭酒嘗著觀象賦曰易曰天垂象見吉凶聖人則之又曰觀乎天文以察時變觀乎人文以化成天下然則三極雖殊妙本同一顯昧雖遐契齊影響尋其應感之符測乎冥通之數天人之際可見明矣夫機象冥緬至理幽玄豈伊管智所能究暢然歌詠之來偶同風人目閱羣宿能不歌吟是時也歲次析木之津日在翼星之分閶闔晨鼓而蕭瑟流火夕曛以摧頹游氣眇其高搴辰宿煥焉華布覩時逝懷川上之感步秋林同宋生之戚歎巨艱之未終抱殷憂而不寐遂彷徨於窮谷之裏杖策陟神巖之側乃仰觀太虛縱目遠覽吟嘯之頃懍然增懷不覽至理拔自近情嘗韻發於宵夜不任詠歌之末遂援管而爲賦其辭曰

陟秀峯以遐眺望靈象於九霄 陟昇遐遠九霄九天也 覩紫宮之環周嘉帝坐之獨標 紫宮垣十五星在北斗北天皇大帝一星在紫宮中天帝位尊故言獨標也 瞻華蓋之蔭藹何虛中之迢迢 華蓋七星杠九星合十六星在大帝上迢迢高遠之貌 觀閣道之穹隆想靈駕之電飄 閣道六星在王良東北天帝之所乘躡靈駕之所由從電飄疾也 爾乃縱目遠覽傍極四維北鑒機衡南覩太微 四維四方之維機衡謂北斗星太微宮十星在翼軫北 三台皦皦以雙列皇座冏冏以垂暉 三台凡六星兩兩而居起文昌極太微皇座一星在太微星中皦皦冏冏皆星光明之貌也 虎賁執銳於前階常陳屯聚於後闈 三台謂之太階虎賁一星在下台南故言前階常陳七星如畢狀在皇座北皆宿衛天帝前後備非常闈門宮中之門也 遂回情旋首次目文昌 文昌七星在北斗魁前別一宮之名皆相位次也 仰見造父爰及王良 造父五星在傳舍河中造父周穆王御死精上爲星王良五星在奎北王良者晉大夫善御九方湮之子良一名郵無正爲趙簡子御死精託於星爲天帝之馭官 傅說登天而乘尾奚仲託精於津陽 傅說一星在尾後傅說殷時隱於巖中殷王武丁夢得賢人圖畫其象求而得之卽立爲相死精上爲星乘尾在龍駟之閒奚仲四星在天津北近河傍太古時造車輿者死而精上爲星水北曰陽在河北故曰津陽也 織女朗列於河湄牽牛煥然而舒光 織女三星在紀星東端牽牛六星在河鼓南世人復以河鼓爲牽牛 五車亭柱於畢陰兩河俠井而相望 五車三柱都十四星在畢東北在宿北故謂之陰兩河南河北河六星俠東井東西遙相對故曰相望也 灼灼羣位落落幽紀設官分職罔不悉置 灼灼落落皆星光明希疏之貌羣位謂天設三

公九卿之官皇后嬪御之位分謂分其所司而各有所典罔無悉盡言無不盡備官職亦有之也儲貳副天庭延三吏儲貳謂太子一星在帝座北三吏三公星在太微宮中也論道納言各有攸司論道謂三公坐而論道納言謂尚書獻可替否將相次序以衛守九卿珠連而內侍太微宮十星皆有上將上相次將次相之位九卿三星在太微庭中行列似珠之相連而內侍天街分中外之境四七列九土之異天街二星昴畢間近月星陰陽之所分中國之境界天街以西屬外國旄頭氈褐引弓之民皆屬焉天街以東屬中國縉紳之士冠帶之倫皆屬焉四七二十八宿角亢鄭國兗州氐房心陳國豫州尾箕燕國幽州斗牛吳國揚州女虛危齊國青州營室東壁衛國并州奎婁魯國徐州胃昴畢趙國冀州觜參魏國益州井鬼秦國雍州柳星張周國洛陽三河翼軫楚國荊州天有十二次日月之所經歷地有十二州王侯之所國方土所出之物各有殊異不同者左則天紀槍棓攝提大角二咸防奢七公理獄天紀九星在貫索東天槍三星在北斗杓東天棓五星在女牀東北攝提六星俠大角大角一星在攝提間二咸東咸四星在房東北西咸四星在房西北此星主防奢淫詔佞之事七公七星在招搖東接近貫索貫索爲天獄刑獄失中則七公評議理其冤枉庫樓烱烱以灼明騎官騰驤而奮足庫樓十星在大角南騎官二十七星在氐南騎官典乘故曰騰驤也天市建肆於房心帝座磲落而電燭天市二十四星在房心北帝座一星在天市中心於前則老人天社淸廟所居老人一星在弧南常以春秋分候之天社六星亦在弧南淸廟十四星在張南明堂配帝靈臺考符明堂三星在太微西南角外靈臺三星在明堂西丈人極陽而慌忽子孫嘒嘒於參嵎丈人二星在軍市西南星在南方故稱極陽慌忽謂星細小遠邈難見老子曰忽兮慌兮其中有象慌兮忽兮其中有物子二

星在丈人東嘒小貌孫二星在子東詩曰嘒彼小星三五在東此之謂乎天狗接狼以吠守野鷄伺晨於參墟天狗七星在狼北野鷄一星在參東南天市中街主警怖故曰吠守鷄能候時故曰伺晨右則少微軒轅皇后之位嬪御相次尊卑有秩少微四星在太微西南北列白衣處士之位軒轅十七星在七星北有皇后嬪御之位尊卑相次皆秩序之也御宮典儀女史執筆御宮四星在鉤陳左傍此星主典司禮儀威容步趨之事女史一星在柱下史北女史記識晝夜昏明節漏省時在鉤陳右傍內平秉禮以伺邪天牢禁愆而察失內平四星在中宮南有邪媚之事以禮正之天牢六星在北斗魁下有過失則懲其愆也於後則有車府傳舍匏瓜天津車府七星在天津東傳舍五星在華蓋上匏瓜五星在麗珠北天津九星在匏瓜北扶匡照曜麗珠珮珍扶匡七星在天津東麗珠五星在須女北麗桂衣珠珮珍后夫人之盛飾其星主皇后之服也人星麗玄以閑逸哭泣連屬而趨墳人星五星在車府南麗附玄天言人星近於閑逸易曰日月星辰麗於天石氏經曰人星優游人乃安寧哭二星在虛南泣三星在哭東墳墓四星在危南哭泣星行列趨向墳墓故曰連屬河鼓震雷以礡礚騰蛇蟠縈而輪菌河鼓十二星在南斗北此星昏中南方而震雷易曰鼓之以雷霆此之謂也此星主聲音故曰礡礚騰蛇二十二星在營室北形狀似蛇故曰輪菌於是周章高眄還旋辰極辰極北極既覲鉤陳中禁復覩天帝休息鉤陳六星在紫宮中天皇大帝之所居諸宮別館及天牀星皆是休息寢臥而游也漸臺可昇離宮可即漸臺離宮皆天宮臺之名漸臺四星在織女東足下離宮六星與營室相連言天帝或升漸臺而觀或就離宮而游即就也禮記曰即宮于宗周也酒旗建醇醪之旌女牀列窈窕之色酒旗三星在軒轅左角天設置酒官

為飲燕之事故建牙旗為擲女牀二星在紀星東北端奉侍天王之女侍衛天王必有關雎窈窕之美無妬忌之心乃可侍衛天王左右故言列窈窕之色也輦道屈曲以微煥附路立于雲閣之側輦道五星在織女西足屈曲而細小故言微煥也附路一星在閣道傍言天帝出入由閣道附路豫防敗傷故言立於雲閣之側其列星之表五車之間乃有咸池鴻沼玉井天淵建樹百果竹林在焉列宿之外謂之表咸池三星在天潢東鴻沼二十三星在須女北玉井四星在參左足下天淵十星在鼈星東南建樹百果星在胃南竹林二十五星在園西南江河炳著於上穹素氣霏霏其帶天江天江星天江四星在尾北言天江星乃炳然著見於天上素氣者天河白氣素白霏霏然帶著於天也神龜曜甲於清泠龍魚攡光以暎連神龜龜星也有五星在尾南龜知來事故稱神在河中故言清泠魚龍謂魚一星在尾後河中尾為龍宿故言龍魚此星在河中以魚星之映水有光曜也又有南門鼓吹器府之官奏彼絲竹為帝娛懽南門鼓吹二星在庫樓南翼西南器府三十二星在軫南器府典掌絲竹之事以娛樂天帝也熊羆綿絡於天際虎豹儵煜而暉爛虎豹熊羆四星在狼星傍弧精引弓以持滿狼星搖動於霄端狼一星在參東南弧九星在狼東南狼星傳云天下兵起則弧弓張天其外則有燕秦齊趙列國之名外謂一別宿之外復有諸國之名齊一星在九坎東趙二星在齊北鄭一星在趙北越一星在鄭北周二星在越東秦二星在周東代二星在秦南晉一星在代南韓一星在晉西魏一星在韓北楚一星在韓西燕一星在楚南諸列國之名凡有十二星也雷電霹靂雨落雲征征行也雷電六星在營室南霹靂五星在土公西南雲雨四星在霹靂南陳車策駕於氐南天駟騁步於太清陳車三星在氐南房星一名天

馳園苑周回以曲列倉廩區別而殊形天園十四星在苑南天苑十六星在昴畢南天倉六星在婁南天廩四星在昴南言形象殊別不同也內則尚書大理太一天一之宮尚書五星在紫微宮門內東南維大理二星在紫微宮中太一天一各一星相近在紫宮門南柱下著術傳示無窮柱下史一星在北極東六甲候大帝之所須內廚進御膳於皇躬六甲在華蓋下內廚二星在紫宮西南角外天船橫漢以普濟積水候災于其中天船九星在大陵北積水一星在天船中陰德播洪施以恤不足四輔翼皇極而闡玄風陰德二星在尚書西四輔四星俠北極播布洪大玄天也陰德之官必有陽報夫陰施陽報自然之常數貧窮困死生民之極艱以至困乏[illegible]死遺陰德之終故窮者不希周恤而惠與自至施者無求於報而酬答自來斯乃冥中之理大象豈虛構其曜哉四輔星既翼佐北極之樞又能闡揚天帝之風教故言闡玄風也恢恢太虛寥寥帝庭恢恢寥寥皆廣大清虛之貌老子曰天網恢恢疏而不失帝謂太微宮也五座並設爰集神靈五座謂太微宮中五帝座也黃帝靈威仰位東方赤帝赤熛怒位南方白帝白招矩位西方黑帝汁光紀位北方黃帝含樞紐位中央五帝各異並集諸神之宮與之謀國事孝經援神契曰並設神靈集謀此之謂也乃命熒惑伺彼驕盈熒惑常以十月十一月入太微受制伺無道之國故曰伺彼驕盈也執法刺舉於南端五侯議疑於水衡太微南門謂之執法刺舉者刺姦惡舉有功五侯五星在東北東井為水衡辨疑獄五侯議而評之也金火時出以成緯七宿匡衞而為經金火熒惑太白也七宿謂[illegible]方七宿天文謂五星為緯二十八宿為經故舉金火七宿為言則五星二十八宿可知也言五星出入伏見有時不常出也暐曄昱其並曜粲若三春之榮言星辰布曜若春日之榮

華也觀夫天官之羅布故作則於華京言天官羅布於上王者法效於下論語曰惟天為大惟堯則之也及其災
異之興出無常所言災異出無常宿隨其善惡而處之假使鄭國有事則變見角亢也歸邪繽紛飛流霅舉如星非星
如雲非雲謂之歸邪夾以微氣故稱繽紛飛飛星也流流星也飛星與流星各異飛星焱去而迹絕流星迹存而不滅霅舉者似焱霅長妖星起則
殃及晉平虵乘龍則禍連周楚春秋魯襄公十年春正月戊子妖星出於婺女見於中維婺女屬齊申為晉分梓慎見妖星出
知晉侯以戊子日死虵乘龍謂襄公二十八年歲星次天津於玄枵十五度在虛下歲星主木位在東體合房心故名龍虛在坎坎子位次玄枵龜虵之類歲
星失次行虛之外出其下故曰虵乘龍龍位壽星宋鄭之分梓慎見虵乘龍知饑在宋鄭然裨竈以為周王及楚子皆死二人推變不同所見各異梓慎裨竈
古之良史也或取證於逢公或推變於衡午逢公齊邑姜之先言逢公死時亦有此星見梓慎推星以此方之知晉平公將
死衡午謂虛宿對午午為張翼張翼周楚之分裨竈占知周王楚子死故言推變於衡午乃有欽明光被塡逆水府昔堯遭洪水塡
星逆行入水府書曰欽明文思光被萬邦洪波滔天功隆大禹言洪水既出堯命鮌治之而功不成乃復命禹治而平之禹有濟世之難
治水之功書曰洪水滔天又曰禹錫玄圭告厥成功此則冥數之大運非治綱之失緒言堯遭洪水致塡星逆行之異非不
德所致此乃運數應爾也蓋象外之妙不可以麤理尋重玄之內難以熒燎覩言玄理微妙不可知見也
至於精靈所感迅踰駭響荊軻慕丹則白虹貫日而不徹昔荊軻慕燕太子丹之義入秦為刺客雖
至精感上而事竟不捷衛生畫策則太白食昴而摛朗昔衛先生為秦畫策於長平昭王疑而不信太白有食昴之變魯

陽指麾而曜靈爲之回駕魯陽古之賢人以手麾日能再回也嚴陵來游而客氣著於乾象昔光武爲白衣時與嚴陵相厚善及登帝位陵來入見太史奏曰客星犯帝座光武詔曰乃嚴子陵非客斯皆至感動於神祇誠應效於既往爾乃四氣鱗次斗建辰移雖無聲言三光是知言四時代謝不常每月斗移建一辰天無聲言語止以星辰見變譴以示人也星中定於昏明影度以之不差測水旱於未然占方來之安危孟春正月昏參中旦尾中仲春之月昏弧中旦建星中季春之月昏七星中旦牽牛中孟夏之月昏翼中旦婺女中仲夏之月昏亢中旦危中季夏之月昏心中旦奎中孟秋之月昏建星中旦畢中仲秋之月昏牽牛中旦觜觿中季秋之月昏虛中旦柳中孟冬之月昏危中旦七星中仲冬之月昏東壁中旦軫中季冬之月昏婁中旦氐中冬至之日建八尺之標影長一丈三尺五寸也夏至之日影長一尺六寸也影長爲水影短爲旱也陰精乘箕則大飈暮鼓西南入畢則淫雨滂沲陰精月也東北失道入箕則多風移而西南失道入畢則多雨雨三日爲淫雨詩云月麗于畢俾滂沲矣書曰星有好風星有好雨此之謂也譬有晉鍾之應銅山風雲之從班螭言雲從龍風從虎同氣相求同類相應蜀山崩而晉鍾鳴也若夫冥車潛駕時乘六虬大儀回運萬象俱流六虬六龍易曰時乘六龍以御天此皆是天回運轉北斗俄其西傾羣星忽以匿幽幽暗也望舒縱轡以騁度靈輪浹旦而過周望舒一月也月日行十三度十九分度之七周天凡三百六十五度四分度之一爾一天一日一夜運轉過周一度浹匝也至旦曉而過匝故曰浹旦而過周也乃凝神遠矚矖目八荒察之無象視之眇茫狀若渾元之未判別又似浮海而

覩滄浪幽遐迥以希夷寸眸焉能究其傍凝神精不動也言極遠傍視茫然若造化之始元氣未分似浮海遠望而不見其邊論語曰乘桴浮於海老子曰聽之不聞其聲名曰希視之不見其形名曰夷於是乎夜對山水栖心高鏡遠尋終古攸然獨詠美景星之繼晝大唐堯之德感瑞應圖曰景星大如半月生於晦朔助月光明當堯之時有此星見故美堯之德能致之也嘉黃星之靡鋒明虞舜之不競昔舜將受禪於堯先有星見員而無鋒芒言舜當用土德王天下星見而無芒角者示揖讓而受不以兵事爭競也疇呂尚之宵夢善登輔而翼聖昔太公未遇文王時釣魚於磻溪夜夢得北斗輔星神告尚以伐紂之意事見尚書中候篇也欽管仲之察微見虛危而知命昔管仲與鮑叔牙商賈於南陽見三星聚虛危之分知齊將有霸王遂共戮力來投齊地也歎熒惑之舍心高宋景之守政當春秋時熒惑守心景公不從史韋之言熒惑退舍而延二十年壯漢祖之入秦奇五緯之聚映昔漢祖入秦五星聚於東井秦之分爾乃歷象既周相佯巖際相佯倘佯也尚書曰歷象日月星辰尋圖籍之所記著星變乎書契覽前代之將淪咸譴告於昏世言先代之君將淪亡天必告災異之徵也桀斬諫以星孛紂酖荒而致彗夫景星見則太平應彗孛作而禍亂興天之常也昔夏桀無道斬關龍逢而極惡孛星見湯伐之放於鳴條之野殷紂設炮烙之形彗星出武王懸之白旗也恆不見以周衰枉虵行而秦滅昔魯莊公十年夏四月恆星不見自是以後周室衰微枉矢出虵行而無尾自昔項羽入關有此變見漢書諒人事之有由豈妖災之虛設言天以冥應玄象爲變要由人事豈妖災而已誠庸王之難悛故明君之所

察言庸君闇主玄象譴告不能改行自新以答天變賢君明主則不然見天災異灈而修德也堯無爲猶觀象而況德非乎先哲夫唐堯至治猶歷象璇璣闚七政況德不及古而不觀之乎

先是太祖太宗時太史令王亮蘇坦世祖後破和龍得馮文通太史令閔盛高祖時太史令趙樊生並知天文後太史趙勝趙翼趙洪慶胡世榮胡法通等二族世業天官者又有容城令徐路善占候世宗時坐事繫冀州獄別駕崔隆宗就禁慰問路曰昨夜驛馬星流計赦即時應至隆宗先信之遂遣人試出城候焉俄而赦至時人重之永安中詔以恆州民高崇祖善天文每占吉凶有驗特除中散大夫永熙中詔通直散騎常侍孫僧化與太史令胡世榮張龍趙洪慶及中書舍人孫子良等在門下外省校比天文書集甘石二家星經及漢魏以來二十三家經占集爲五十五卷後集諸家撮要前後所上雜占以類相從日月五星二十八宿中外官圖合爲七十五卷

僧化者東莞人識星分案天占以言災異時有所中普泰中尒朱世隆惡其多言遂繫於廷尉免官永熙中出帝召僧化與中散大夫孫安都共撰兵法未就

而帝入關遂罷元象中死於晉陽時有河閒信都芳字玉琳好學善天文算數甚爲安豐王延明所知延明家有羣書欲抄集五經算事爲五經宗及古今樂事爲樂書又聚渾天欹器地動銅烏漏刻候風諸巧事并圖畫爲器準並令芳算之會延明南奔芳乃自撰注後隱於并州樂平之東山太守慕容保樂聞而召之芳不得已而見焉於是保樂弟紹宗薦之於齊獻武王以爲中外府田曹參軍芳性清儉質樸不與物和紹宗給其騾馬不肯乘騎夜遣婢侍以試之芳忿呼毆擊不聽近己狷介自守無求於物後亦注重差勾股復撰史宗仍自注之合數十卷武定中卒

殷紹長樂人也少聰敏好陰陽術數游學諸方達九章七曜世祖時爲算生博士給事東宮西曹以藝術爲恭宗所知太安四年夏上四序堪輿表曰臣以姚氏之世行學伊川時遇游遁大儒成公興從求九章要術興字廣明自云膠東人也山居隱跡希在人閒興時將臣南到陽翟九崖巖沙門釋曇影閒與卽北還臣獨留住依止影所求請九章影復將臣向長廣東山見道人法穆法穆時

共影爲臣開述九章數家雜要披釋章次意況大旨又演隱審五藏六府心髓血脈商功大算端部變化玄象土圭周髀練精銳思蘊習四年從穆所聞粗皆髣髴穆等仁矜特垂憂閔復以先師和公所注黃帝四序經文三十六卷合有三百二十四章專說天地陰陽之本其第一孟序九卷八十一章說陰陽配合之原第二仲序九卷八十一章解四時氣王休殺吉凶第三叔序九卷八十一章明日月辰宿交會相生爲表裏第四季序九卷八十一章具釋六甲刑禍福德以此等文傳授於臣山神禁嚴不得齎出尋究經年粗舉綱要山居險難無以自供不堪窘迫心生懈怠以甲寅之年日維鶉火月呂林鍾景氣鬱盛感物懷歸奉辭影等自爾至今四十五載歷觀時俗堪輿八會逕世已久傳寫謬誤吉凶禁忌不能備悉或考良日而值惡會舉吉用凶多逢殃咎又史遷郝振中吉大儒亦各撰注流行於世配會大小序述陰陽依如本經猶有所闕臣前在東宮以狀奏聞奉被景穆皇帝聖詔敕臣撰錄集其要最仰奉明旨謹審先所見四序經文抄撮要略當世所須吉凶舉動集成一卷上至天子下及庶人又

貴賤階級尊卑差別吉凶所用罔不畢備未及內呈先帝晏駕臣時狽狽幾至不測停廢以來迄由八載思欲上聞莫能自徹加年夕齒頽餘齡旦暮每懼殞填仆溝壑先帝遺志不得宣行夙夜悲憤理難違匿依先撰錄奏謹以上聞請付中祕通儒達士定其得失事若可施乞即班用其四序堪輿遂大行於世

王早勃海南皮人也明陰陽九官及兵法尤善風角太宗時喪亂之後多相殺害有人詣早求問勝術早爲設法令各無咎由是州里稱之時有東莞鄭氏因爲同縣趙氏所殺其後鄭氏執得讎人趙氏又剋明晨會宗族當就墓所刑之趙氏求救於早早爲占候幷授以一符曰君今且還選壯士七人令一人爲主者佩此符於雞鳴時伏在仇家宅東南二里許平旦當有十人跟隨向西北行中有二人乘黑牛一黑牛最在前一黑牛應第七但捉取第七者將還事必無他趙氏從之果如其言乃是鄭氏五男父也諸子並爲其族所宗敬故和解二家趙氏竟免後早與客清晨立於門內遇有卒風振樹早語客曰依法當有千里外急使日中將有兩匹馬一白一赤從西南來至即取我逼我不聽與妻子

別語訖便入召家人隣里辭別語訖浴帶書囊日中出門候使如期果有二馬一白一赤從涼州而至即促早上馬遂詣行宮時世祖圍涼州未拔故許彥薦之早彥師也及至詔問何時當得此城早對曰陛下但移據西北角三日內必剋世祖從之如期而剋輿駕還都時久不雨世祖問早曰何時當雨早曰今日申時必大雨比至未時猶無片雲世祖召早詰之早曰願更少時至申時雲氣四合遂大雨滂沲世祖甚善之而早苦以疾辭乞歸鄉里詔許之遂終於家或言許彥以其術勝恐終妨己故譖令歸耳

耿玄鉅鹿宋子人也善卜占坐於室內有客扣門玄已知其姓字并所齎持及來問之意其所卜筮十中八九別有林占世或傳之而性不和俗時有王公欲求其筮者玄則拒而不許每云今既貴矣更何所求而復卜也欲望意外乎代京法禁嚴切王公聞之莫不驚悚而退故玄多見憎忿不爲貴勝所親官至鉅鹿太守顯祖高祖時有渤海高道㨗清河趙法逞並有名於世世宗肅宗時奉車都尉清河魏道虔奉車都尉周恃魏郡太守章武高月光月光弟明月任玄

智雍州人潘捺並長於陰陽卜筮故玄於日者之中最爲優洽冠軍將軍濮陽賈元紹章武呂肫濟北馮道安河內馮懷海東郡李文殊並工於法術而道虔月光文殊爲優其餘不及浮陽孟剛饒安王領郡爲銓錄風角章武顏惡頭爲卜筮亦用耿玄林占當時最知名范陽人劉弁亦有名於世

劉靈助燕郡人師事劉弁好陰陽占卜而麤疎無賴常去來燕恆之界或時負販或復劫盜賣術於市後自代至秀容因事尒朱榮榮性信卜筮靈助所占屢中遂被親待爲榮府功曹參軍建義初榮於河陰王公卿士悉見屠害時奉車都尉盧道虔兄弟亦相率朝於行宮靈助以其州里衞護之由是朝士與諸盧相隨免害者數十人榮入京師超拜光祿大夫封長子縣開國伯食邑七百戶尋進爵爲公增邑通前千戶後從榮討擒葛榮特除散騎常侍撫軍將軍幽州刺史又從大將軍上黨王天穆討邢杲時幽州流民盧城人最爲兇悍遂令靈助兼尚書軍前慰勞之事平而元顥入洛天穆渡河靈助先會尒朱榮於太行及將攻河內令靈助筮之靈助曰未時必尅時已向中士衆疲怠靈助曰時至

矣榮鼓之將士騰躍即便剋陷及至北中榮攻城不獲以時盛暑議欲且還以待秋涼莊帝詔靈助筮之靈助曰必當破賊詔曰何日靈助曰十八十九間果如其言車駕還宮領幽州大中正尋加征東將軍增邑五百戶進爵爲燕郡公詔贈其父僧安爲幽州刺史尋兼尚書左僕射慰勞幽州流民於濮陽頓丘因率民北還與都督侯淵等討葛榮餘黨韓婁滅之於薊仍釐州務加車騎將軍又爲幽幷營安四州行臺及尒朱榮死莊帝幽崩靈助本寒微一朝至此自謂方術堪能動衆又以尒朱有誅滅之兆靈助遂自號燕王車騎大將軍開府儀同三司大行臺爲莊帝舉義兵靈助馴養大鳥稱爲己瑞妄說圖讖言劉氏當王又云欲知避世入鳥村遂刻氈爲人象畫桃木爲符書作詭道厭祝之法民多信之於時河西人紇豆陵步藩舉兵逼晉陽尒朱兆頻戰不利故靈助唱言尒朱自然當滅不須我兵由是幽瀛滄冀之民悉從之從之者夜悉舉火爲號不舉火者諸村共屠之以普泰元年三月率衆至博陵之安國城與叱列延慶侯淵尒朱羽生等戰戰敗被擒斬於定州傳首洛陽支分其體初靈助每云三

月末我必入定州尒朱亦必滅及將戰靈助自筮之卦成不吉以手折蓍棄之於地云此何知也尋見擒果以三月入定州而齊獻武王以明年閏三月破西胡於韓陵山遂滅兆等永熙二年贈使持節散騎常侍都督幽瀛冀三州諸軍事驃騎大將軍尚書左僕射開府儀同三司幽州刺史謚曰恭

子宗輝襲興和中開府屬齊受禪例降

江式字法安陳留濟陽人六世祖瓊字孟琚晉馮翊太守善蟲篆詁訓永嘉大亂瓊棄官西投張軌子孫因居涼土世傳家業祖彊字文威太延五年涼州平內徙代京上書三十餘法各有體例又獻經史諸子千餘卷由是擢拜中書博士卒贈敦煌太守父紹興高允奏爲祕書郎掌國史二十餘年以謹厚稱卒於趙郡太守式少專家學數年之中常夢兩人時相教授及寤每有記識初拜司徒長史兼行參軍檢校御史尋除殄寇將軍符節令以書文昭太后尊號謚冊特除奉朝請仍符節令式篆體尤工洛京宮殿諸門板題皆式書也延昌三年三月式上表曰臣聞庖羲氏作而八卦列其畫軒轅氏興而龜策彰其彩古史

倉頡覽二象之爻觀鳥獸之跡別創文字以代結繩用書契以維事宣之王庭則百工以敘載之方冊則萬品以明迄于三代厥體頗異雖依類取制未能悉殊倉氏矣故周禮八歲入小學保氏教國子以六書一曰指事二曰象形三曰諧聲四曰會意五曰轉注六曰假借蓋是史頡之遺法也及宣王太史史籀著大篆十五篇與古文或同或異時人卽謂之籀書至孔子定六經左丘明述春秋皆以古文厥意可得而言其後七國殊軌文字乖別暨秦兼天下丞相李斯乃奏蠲罷不合秦文者斯作倉頡篇中車府令趙高作爰歷篇太史令胡母敬作博學篇皆取史籀大篆或頗省改所謂小篆者也於是秦燒經書滌除舊典官獄繁多以趣約易始用隸書古文由此息矣隸書者始皇使下杜人程邈附於小篆所作也以邈徒隸卽謂之隸書故秦有八體一曰大篆二曰小篆三曰刻符書四曰蟲書五曰摹印六曰署書七曰殳書八曰隸書漢興有尉律學復教以籀書又習八體試之課最以爲尚書史吏民上書省字不正輒舉劾焉又有草書莫知誰始考其書形雖無厥誼亦是一時之變通也孝宣時召通倉頡

讀者獨張敞從之受涼州刺史杜鄴沛人爰禮講學大夫秦近亦能言之孝平時徵禮等百餘人說文字於未央宮中以禮爲小學元士黃門侍郎楊雄採以作訓纂篇及亡新居攝自以應運制作使大司空甄豐校文字之部頗改定古文時有六書一曰古文孔子壁中書也二曰奇字卽古文而異者三曰篆書云小篆也四曰佐書秦隸書也五曰繆篆所以摹印也六曰鳥蟲所以幡信也壁中書者魯恭王壞孔子宅而得禮尚書春秋論語孝經也又北平侯張倉獻春秋左氏傳書體與孔氏相類卽前代之古文矣後漢郎中扶風曹喜號曰工篆小異斯法而甚精巧自是後學皆其法也又詔侍中賈逵修理舊文殊藝異術王教一端苟有可以加於國者靡不悉集逵卽汝南許慎古文學之師也後慎嗟時人之好奇歎儒俗之穿鑿惋文毀於譽痛字敗於訾更詭任情變亂於世故撰說文解字十五篇首一終亥各有部屬包括六藝羣書之詁評釋百氏諸子之訓天地山川草木鳥獸昆蟲雜物奇怪珍異王制禮儀世間人事莫不畢載可謂類聚羣分雜而不越文質彬彬最可得而論也左中郎將陳留蔡邕採

李斯曹喜之法爲古今雜形詔於太學立石碑刊載五經題書楷法多是邕書也後開鴻都書畫奇能莫不雲集于時諸方獻篆無出邕者魏初博士清河張揖著埤倉廣雅古今字詁究諸埤廣綴拾遺漏增長事類抑亦於文爲益者然其字詁方之許慎篇古今體用或得或失矣陳留邯鄲淳亦與揖同時博古開藝特善倉雅許氏字指八體六書精究閑理有名於揖以書教諸皇子又建三字石經於漢碑之西其文蔚炳三體復宣校之說文篆隸大同而古字少異又有京兆韋誕河東衛覬二家並號能篆當時臺觀榜題寶器之銘悉是誕書咸傳之子孫世稱其妙晉世義陽王典祠令任城呂忱表上字林六卷尋其況趣附託許慎說文而按偶章句隱別古籀奇惑之字文得正隸不差篆意也忱弟靜別放故左校令李登聲類之法作韻集五卷宮商觮徵羽各爲一篇而文字與兄便是魯衛音讀楚夏時有不同皇魏承百王之季紹五運之緒世易風移文字改變篆形謬錯隸體失真俗學鄙習復加虛巧談辯之士又以意說炫惑於時難以釐改故傳曰以衆非非行正信哉得之於斯情矣乃曰追來爲歸巧

言爲辯小兒爲𩲸神虫爲蠶如斯甚衆皆不合孔氏古書史籀大篆許氏說文石經三字也凡所關古莫不惆悵焉嗟夫文字者六藝之宗王教之始前人所以垂今今人所以識古故曰本立而道生孔子曰必也正名乎又曰述而不作書曰予欲觀古人之象皆言遵修舊史而不敢穿鑿也臣六世祖瓊家世陳留往晉之初與從父兄應元俱受學於衞覬古篆之法倉雅方言說文之誼當時並收善譽而祖官至太子洗馬出爲馮翊郡值洛陽之亂避地河西數世傳習斯業所以不墜也世祖太延中皇威西被牧犍內附臣亡祖文威杖策歸國奉獻五世傳掌之書古篆八體之法時蒙褒錄敘列於儒林官班文省家號世業暨臣闇短識學庸薄漸漬家風有忝無顯但逢時來恩出願外每承澤雲津厠霑漏潤驅馳文閣參預史官題篆宮禁猥同上哲旣竭愚短欲罷不能是以敢藉六世之資奉遵祖考之訓竊慕古人之軌企踐儒門之轍輒求撰集古來文字以許慎說文爲主爰採孔氏尚書五經音注籀篇爾雅三倉凡將方言通俗文祖文宗埤倉廣雅古今字詁三字石經字林韻集諸賦文字有六書之誼者

皆以次類編聯文無復重糾爲一部其古籀奇惑俗隸諸體咸使班於篆下各有區別詁訓假借之誼僉隨文而解音讀楚夏之聲並逐字而注其所不知者則闕如也脫蒙遂許冀省百氏之觀而同文字之域典書祕書所須之書乞垂敕給幷學士五人嘗習文字者助臣披覽書生五人專令抄寫侍中黃門國子祭酒一月一監評議疑隱庶無紕繆所撰名目伏聽明旨詔曰可如所請幷就太常冀兼教八書史也其有所須依請給之名目待書成重聞式於是撰集字書號曰古今文字凡四十卷大體依許氏說文爲本上篆下隸又除宣威將軍符璽郎尋加輕車將軍正光中除驍騎將軍兼著作佐郎正史中字疑 四年卒贈右將軍巴州刺史其書竟未能成

式兄子征虜將軍順和亦工篆書先是太和中兗州人沈法會能隸書世宗之在東宮敕法會侍書已後隸迹見知於閭里者甚衆未有如崔浩之妙

周澹京兆鄠人也爲人多方術尤善醫藥爲太醫令太宗嘗苦風頭眩澹治得愈由此見寵位至特進賜爵成德侯神瑞二年京師饑朝議將遷都於鄴澹與

博士祭酒崔浩進計論不可之意太宗大然之曰唯此二人與朕意同也詔賜澹浩妾各一人御衣一襲絹五十匹綿五十斤泰常四年卒諡曰恭時有河南人陰貞家世爲醫與澹並受封爵清河李潭亦以善鍼見知

子驢駒襲傳術延興中位至散令

李修字思祖本陽平館陶人父亮少學醫術未能精究世祖時奔劉義隆於彭城又就沙門僧坦研習衆方略盡其術針灸授藥莫不有効徐兗之間多所救恤四方疾苦不遠千里竟往從之亮大爲廳事以舍病人停車輿於下時有死者則就而棺殯親往弔視其仁厚若此累遷府參軍督護本郡士門宿官咸相交昵車馬金帛酬賚無貲修兄元孫隨畢衆敬赴平城亦遵父業而不及以功賜爵義平子拜奉朝請修略與兄同晚入代京歷位中散令以功賜爵下蔡子遷給事中太和中常在禁內高祖文明太后時有不豫修侍鍼藥治多有效賞賜累加車服第宅號爲鮮麗集諸學士及工書者百餘人在東宮撰諸藥方百餘卷皆行於世先是咸陽公高允雖年且百歲而氣力尚康高祖文明太后時

令修診視之一旦奏言允脉竭氣微大命無遠未幾果亡遷洛爲前軍將軍領
太醫令後數年卒贈威遠將軍青州刺史
子天授襲汶陽令醫術又不逮父
徐謇字成伯丹陽人家本東莞與兄文伯等皆善醫藥謇因至青州慕容白曜
平東陽獲之表送京師顯祖欲驗其所能乃置諸病人於幕中使謇隔而脉之
深得病形兼知色候遂被寵遇爲中散稍遷內侍長文明太后時問治方而不
及李修之見任用也謇合和藥劑攻救之驗精妙於修而性甚秘忌承奉不得
其意者雖貴爲王公不爲措療也高祖後知其能及還洛稍加眷幸體小不平
及所寵馮昭儀有疾皆令處治又除中散大夫轉右軍將軍侍御師謇欲爲高
祖合金丹致延年之法乃入居崧高採營其物歷歲無所成遂罷二十二年高
祖幸懸瓠其疾大漸乃馳驛召謇令水路赴行所一日一夜行數百里至診省
下治果有大驗高祖體少瘳內外稱慶九月車駕發豫州次于汝濱乃大爲謇
設太官珍膳因集百官特坐謇于上席遍陳餚觴于前命左右宣謇救攝危篤

振濟之功宜加酬賚乃下詔曰夫神出無方形稟有礙憂喜乖適理必傷生朕
覽萬機長鍾革運思芒芒而無怠身忽忽以興勞仲秋動痾心容頓竭氣體羸
瘠玉几在慮侍御師右軍將軍徐成伯馳輪太室進療汝蕃方窮丹英藥盡芝
石誠術兩輸忠妙俱至乃令沉勞勝愈篤瘵克痊論勤語效實宜褒錄昔晉武
暴疾程和應增封辛疢數朝錢爵大墜況疾深於曩辰業難於疇日得不重加
陟賞乎宜順羣望錫以山河且其舊逕高秩中暫解退比雖銓用猶未闕二字準
舊量今事合顯進可鴻臚卿金鄉縣開國伯食邑五百戶賜錢一萬貫又詔曰
錢府未充須以雜物絹二千匹雜物一百匹四十匹出御府穀二千斛奴婢十
口馬十匹一匹出驊騮牛十頭所賜雜物奴婢牛馬皆經內呈諸親王咸陽王
禧等各有別賚並至千匹從行至鄴高祖猶自發動謇日夕左右明年從詣馬
圈高祖疾勢遂甚戚戚不怡每加切誚又欲加之鞭捶幸而獲免高祖崩謇隨
梓宮還洛謇常有藥餌及吞服道符年垂八十鬢髮不白力未多衰正始元年
以老為光祿大夫加平北將軍卒延昌初贈安東將軍齊州刺史諡曰靖

子踐字景升小名靈寶襲爵歷官兗州平東府長史右中郎將建興太守

踐弟知遠給事中

成伯孫之才孝昌初爲蕭衍豫章王蕭綜北府主簿從綜鎮彭城綜降其下僚屬並奔散之才因入國武定中大將軍金紫光祿大夫昌安縣開國侯

王顯字世榮陽平樂平人自言本東海郯人王朗之後也祖父延和中南奔居于魯郊又居彭城伯父安上劉義隆時板行館陶縣世祖南討安上棄縣歸命與父母俱徙平城例敘陽都子除廣寧太守顯父安道少與李亮同師俱學醫藥粗究其術而不及亮也安上還家樂平頗參士流顯少歷本州從事雖以醫術自通而明敏有決斷才用初文昭皇太后之懷世宗也夢爲日所逐化而爲龍而繞后后寤而驚悸遂成心疾文明太后勅召徐謇及顯等爲后診脈謇云是微風入藏宜進湯加針顯云案三部脈非有心疾將是懷孕生男之象果如顯言久之召補侍御師尚書儀曹郎號稱幹事世宗自幼有微疾久未差愈顯攝療有効因是稍蒙眄識又罷六輔之初顯爲領軍于烈間通規策頗有密功

累遷游擊將軍拜廷尉少卿仍在侍御營進御藥出入禁內乞臨本州世宗曾許之積年未授因是聲問傳于遠近顯每語人言時旨已決必爲刺史遂除平北將軍相州刺史尋詔馳驛還京復掌藥又遣還州元愉作逆顯討之不利入除太府卿御史中尉顯前後歷職所在著稱糾折庶獄究其姦回出內惜慎憂國如家及領憲臺多所彈劾百寮肅然又以中尉屬官不悉稱職諷求更換詔委改選務盡才能而顯所舉或有請屬未皆得人於是衆口諠譁聲望致損後世宗詔顯撰藥方三十五卷班布天下以療諸疾東宮既建以爲太子詹事委任甚厚世宗每幸東宮顯常近侍出入禁中仍奉醫藥賞賜累加爲立館宇寵振當時延昌二年秋以營療之功封衛南伯四年正月世宗夜崩肅宗踐阼顯參奉璽策隨從臨哭微爲憂懼顯既蒙任遇兼爲法官恃勢使威爲時所疾朝宰託以侍療無效執之禁中詔削爵位臨執呼寃直閤以刀鐶撞其腋下傷中吐血至右衛府一宿死始顯布衣爲諸生有沙門相顯後當富貴誡其勿爲吏官吏官必敗由是世宗時或欲令其遂攝吏部每殷勤避之及世宗崩肅宗夜

即位受璽冊於儀須兼太尉乃吏部倉卒百官不具以顯兼吏部行事矣
崔彧字文若清河東武城人父勳之字寧國位大司馬外兵郎贈通直郎彧與兄相如俱自南入國相如以才學知名早卒彧少嘗詣青州逢隱逸沙門教以素問九卷及甲乙遂善醫術中山王英子略曾病王顯等不能療彧針之抽針即愈後位冀州別駕累遷寧遠將軍性仁恕見疾苦好與治之廣教門生令多救療其弟子清河趙約勃海郝文法之徒咸亦有名
彧子景哲豪率亦以醫術知名爲太中大夫司徒長史
蔣少游樂安博昌人也慕容白曜之平東陽見俘入於平城充平齊戶後配雲中爲兵性機巧頗能畫刻有文思吟詠之際時有短篇遂留寄平城以傭寫書爲業而名猶在鎮後被召爲中書寫書生與高聰俱依高允允愛其文用遂並薦之與聰俱補中書博士自在中書恆庇李沖兄弟子姪之門始北方不悉青州蔣族或謂少游本非人士又少游微因工藝自達是以公私人望不至相重唯高允李沖曲爲體練由少游舅氏崔光與李沖從叔衍對門婚姻也高祖文

明太后常因密宴謂百官曰本謂少游作師耳高允老公乃言其人士譽識如此然猶驟被引命屑屑禁闥以規矩刻繢爲務因此大蒙恩錫超等備位而亦不還陟也及詔尚書李沖與馮誕游明根高閭等議定衣冠於禁中少游巧思令主其事亦訪於劉昶二意相乖時致諍競積六載乃成始班賜百官冠服之成少游有效焉後於平城將營太廟太極殿遣少游乘傳詣洛量準魏晉基趾後爲散騎侍郎副李彪使江南高祖修船乘以其多有思力除都水使者遷前將軍兼將作大匠仍領水池湖泛戲舟楫之具及華林殿沼修舊增新改作金墉門樓皆所措意號爲妍美雖有文藻而不得伸其才用恆以剞劂繩尺碎劇忽忽徙倚園湖城殿之側識者爲之歎慨而乃坦爾爲己任不告疲恥又兼太常少卿都水如故景明二年卒贈龍驤將軍青州刺史謚曰質有文集十卷餘少游又爲太極立模範與董爾王遇等參建之皆未成而卒初高宗時郭善明甚機巧北京宮殿多其製作高祖時青州刺史侯文和亦以巧聞爲要舟水中立射滑稽多智辭說無端尤善淺俗委巷之語至可歡笑位樂陵濟南二郡太

守

世宗肅宗時豫州人柳儉殿中將軍關文備郭安興並機巧洛中製永寧寺九層佛圖安興爲匠也

高祖時有范寧兒者善圍碁曾與李彪使蕭賾賾令江南上品王抗與寧兒制勝而還又有浮陽高光宗善摴蒱趙國李幼序洛陽丘何奴並工握槊此蓋胡戲近入中國云胡王有弟一人遇罪將殺之弟從獄中爲此戲以上之意言孤則易死也世宗以後大盛於時

史臣曰陰陽卜祝之事聖哲之教存焉雖不可以專亦不可得而廢也徇於是者不能無非厚於利者必有其害詩書禮樂所失也鮮故先王重其德方術伎巧所失也深故往哲輕其藝夫能通方術而不詭於俗習技巧而必蹈於禮者幾于大雅君子故昔之通賢所以戒乎妄作晁崇張淵王早殷紹耿玄劉靈助皆術藝之士也觀其占候卜筮推步盈虛通幽洞微近知鬼神之情狀周澹李修徐謇王顯崔彧方藥特妙各一時之美也蔣少游以剞劂見知沒其學思藝

成爲下其近是乎

魏書卷九十一

珍倣宋版印

魏書卷九十一考證

列傳第七十九○此卷王顯以前魏收舊書崔彧蔣少游傳全出北史及小史

史臣論亦取北史藝術傳論而北史全用周隋書藝術傳論

張淵傳爰及王良注王良九方湮之子○莊子作九方歅

江式傳三曰諧聲○諧監本訛形各本同今改正

魏書卷九十一考證

魏書卷九十二

齊　魏　收　撰

列傳列女第八十

夫婦人之事存於織紝組紃酒漿醯醢而已至如嫫訓軒宮娥成舜業塗山三母克昌二邦殆非匹婦之謂也若乃明識列操文辯兼該聲自閨庭號顯列國子政集之於前元凱編之於後隨時綴錄代不乏人今書魏世可知者爲列女傳

中書侍郎清河崔覽妻封氏勃海人散騎常侍愷女也有才識聰辯彊記多所究知於時婦人莫能及李敷公孫文叔雖已貴重近世故事有所不達皆就而諮請焉

勃海封卓妻彭城劉氏女也成婚一夕卓官於京師後以事伏法劉氏在家忽然夢想知卓已死哀泣不輟諸嫂喻之不止經旬凶問果至遂憤歎而死時人比之秦嘉妻中書令高允念其義高而名不著爲之詩曰兩儀正位人倫肇甄爰制夫婦統業承先雖曰異族氣猶自然生則同室終契黃泉其一封生令達卓爲時彥內協黃中外兼三變誰能作配克應其選寔有華宗挺生淑媛其二京野勢殊山川乖互乃奉王命載馳在路公務既弘私義獲著因媒致幣遘止一暮其三率我初冠眷彼弱笄形由禮比情以趣諧忻願難常影跡易乖悠悠言邁戚戚長懷其四時值險屯橫離塵網伏鑕就刑身分土壤千里雖遐應如影響良嬪洞感發於夢想其五仰惟親命俯尋嘉好誰謂會淺義深情到畢志守窮誓不二醮何以驗之殞身是効其六人之處世孰不厚生必存於義所重則輕結忿鍾心

甘就幽冥永捐堂宇長辭母兄其七　茫茫中野翳翳孤丘葛藟冥蒙荊棘四周理
苟不昧神必俱游異哉貞婦曠世靡儔其八
鉅鹿魏溥妻常山房氏女也父堪慕容垂貴鄉太守房氏婉順高明幼有烈操
年十六而溥遇病且卒顧謂之曰人生如白駒過隙死不足恨但夙心往志不
聞於沒世矣良痛母老家貧供奉無寄赤子矇眇血祀孤危所以抱怨於黃墟
耳房垂泣而對曰幸承先人餘訓出事君子義在自畢有志不從命也夫人在
堂稚子襁褓顧當以身少相感長往之恨俄而溥卒及大斂房氏操刀割左耳
投之棺中仍曰鬼神有知相期泉壤流血滂然助喪者咸皆哀懼姑劉氏輟哭
而謂曰新婦何至於此房對曰新婦少年不幸實慮父母未量至情覬持此自
誓耳聞知者莫不感愴於時子緝生未十旬鞠育於後房之內未曾出門遂終
身不聽絲竹不預座席緝年十二房父母仍存於是歸寧父兄尚有異議緝竊
聞之以啓母房命駕紿云他行因而遂歸其家弗知之也行數十里方覺兄弟
來追房哀歎而不反其執意如此訓導一子有母儀法度緝所交游有名勝者

則身具酒飯有不及己者輒屏臥不餐須其悔謝乃食䜛誘嚴訓類皆如是年六十五而終緝事在序傳緝子悅爲濟陰太守吏民立碑頌德金紫光祿大夫高閭爲其文序云祖母房年在弱笄艱貞守志秉恭妻之操著自毀之誠又頌曰爰及處士遘疾夙凋伉儷秉志識茂行高殘形顯操誓敦久要誕茲令胤幽感乃昭溥未仕而卒故云處士焉

樂部郎胡長命妻張氏事姑王氏甚謹太安中京師禁酒張以姑老且患私爲醞之爲有司所糾王氏詣曹自告曰老病須酒在家私釀王所爲也張氏曰姑老抱患張主家事姑不知釀其罪在張主司疑其罪不知所處平原王陸麗以狀奏高宗義而赦之

平原鄃縣女子孫氏男玉者夫爲靈縣民所殺追執讎人男玉欲自殺之其弟止而不聽男玉曰女人出適以夫爲天當親自復雪云何假人之手遂以杖毆殺之有司處死以聞顯祖詔曰男玉重節輕身以義犯法緣情定罪理在可原其特恕之

清河房愛親妻崔氏者司郡崔元孫之女性嚴明高尚歷覽書傳多所聞知子景伯景光崔氏親授經義學行修明並爲當世名士景伯爲清河太守每有疑獄常先請焉貝丘民列子不孝吏欲案之景伯爲之悲傷入白其母母曰吾聞聞不如見山民未見禮教何足責哉但呼其母來吾與之同居其子置汝左右令其見汝事吾或應自改景伯遂召其母崔氏處之於榻與之共食景伯爲之溫凊其子侍立堂下未及旬日悔過求還崔氏曰此雖顏慚未知心愧且可置之凡經二十餘日其子叩頭流血其母涕泣乞還然後聽之終以孝聞其識度厲物如此竟以壽終

涇州貞女兕先氏許嫁彭老生爲妻娉幣旣畢未及成禮兕先率行貞淑居貧常自舂汲以養父母老生輒往逼之女曰與君禮命雖畢二門多故未及相見何由不稟父母擅見陵辱若苟行非禮正可身死耳遂不肯從老生怒而刺殺之取其衣服女尚能言臨死謂老生曰生身何罪與君相遇我所以執節自固者寧更有所邀正欲奉給君耳今反爲君所殺若魂靈有知自當相報言終而

絶老生持女珠瓔至其叔宅以告叔叔曰此是汝婦奈何殺之天不祐汝遂執送官太和七年有司劾以死罪詔曰老生不仁侵陵貞淑原其彊暴便可戮之而女守禮履節沒身不改雖處草萊行合古跡宜賜美名以顯風操其標墓旌善號曰貞女

姚氏婦楊氏者閹人苻承祖姨也家貧無產業及承祖爲文明太后所寵貴親姻皆求利潤唯楊獨不欲常謂其姊曰姊雖有一時之榮不若妹有無憂之樂姊每遺其衣服多不受彊與之則云我夫家世貧好衣美服則使人不安與之奴婢則云我家無食不能供給終不肯受常著破衣自執勞事時受其衣服多不著密埋之設有著者污之而後服承祖每見其寒悴深恨其母謂不供給之乃啓其母曰今承祖一身何所乏少而使姨如是母具以語之承祖乃遣人乘車往迎之則厲志不起遣人彊舁於車上則大哭言爾欲殺我也由是苻家內外皆號爲癡姨及承祖敗有司執其二姨至殿庭一姨致法以姚氏婦衣裳敝陋特免其罪其識機雖呂嬃亦不過也

滎陽京縣人張洪祁妻劉氏年十七夫亡遺腹生子三歲又沒其舅姑年老朝夕奉養率禮無違兄矜其少寡欲奪而嫁之劉氏自誓弗許以終其身

陳留董景起妻張氏景起早亡張時年十六痛夫少喪哀傷過禮形容毀頓永不沐浴蔬食長齋又無兒息獨守貞操期以闔棺鄉曲高之終見標異

漁陽太守陽尼妻高氏渤海人學識有文才高祖勑令入侍後宮幽后表啓悉其辭也

滎陽史映周妻同郡耿氏女年十七適於映周太和二十三年映周卒耿氏恐父母奪其志因葬映周哀哭而殞見者莫不悲歎屬大使觀風以狀具上詔標牓門閭

任城國太妃孟氏鉅鹿人尚書令任城王澄之母澄爲揚州之日率衆出討於後賊帥姜慶真陰結逆黨襲陷羅城長史韋纘倉卒失圖計無所出孟乃勒兵登陴先守要便激厲文武安慰新舊勸以賞罰喻之逆順於是咸有奮志親自巡守不避矢石賊不能剋卒以全城澄以狀表聞屬世祖崩事寢靈太后令曰

鴻功盛美實宜垂之永年乃勑有司樹碑旌美

荀金龍妻劉氏平原人也廷尉少卿劉叔宗之姊世宗時金龍爲梓潼太守郡帶關城戍主蕭衍遣衆攻圍值金龍疾病不堪部分衆甚危懼劉遂率厲城民修理戰具一夜悉成拒戰百有餘日兵士死傷過半戍副高景陰圖叛逆劉斬之及其黨與數十人自餘將士分衣減食勞逸必同莫不畏而懷之井在外城尋爲賊陷城中絶水渴死者多劉乃集諸長幼喻以忠節遂相率告訴於天俱時號叫俄而澍雨劉命出公私布絹及至衣服懸之城中絞而取水所有雜器悉儲之於是人心益固會益州刺史傅豎眼將至賊乃退散豎眼歎異具狀奏聞世宗嘉之正光中賞平昌縣開國子邑二百戶授子慶珍又得二子出身慶珍卒子純陁襲齊受禪爵例降

慶珍弟季武定末儀同開府司馬

貞孝女宗者趙郡柏人人趙郡太守李叔胤之女范陽盧元禮之妻性至孝聞於州里父卒號慟幾絶者數四賴母崔氏慰勉之得全三年之中形骸銷瘠非

人扶不起及歸夫氏與母分隔便飲食日損涕泣不絕日就羸篤盧氏合家慰喻不解乃遣歸寧還家乃復故如此者八九焉後元禮卒李追亡撫存禮無違者事姑以孝謹著母崔以神龜元年終於洛陽凶問初到舉聲慟絕一宿乃蘇水漿不入口者六日其姑慮其不濟親送奔喪而氣力危殆自范陽向洛八旬方達攀櫬號踊遂卒有司以狀聞詔曰孔子稱毀不滅性蓋爲其廢養絕類也李既非嫡子而孝不勝哀雖乖俯就而志厲義遠若不加旌異則無以勸引澆浮可追號曰貞孝女宗易其里爲孝德里標李盧二門以惇風俗

河東姚氏女字女勝少喪父無兄弟母憐而守養年六七歲便有孝性人言其父者聞輒垂泣隣伍異之正光中母死女勝年十五哭泣不絕聲水漿不入口者數日不勝哀遂死太守崔游申請爲營墓立碑自爲製文表其門閭比之曹娥改其里曰上虞里墓在郡城東六里大道北至今名爲孝女冢

滎陽刁思遵妻魯氏女也始笄爲思遵所娉未踰月而思遵亡其家矜其少寡許嫁已定魯聞之以死自誓父母不違其志遂經郡訴稱刁氏吝護寡女不使

歸寧魯乃與老姑徒步詣司徒府自告情狀普泰初有司聞奏廢帝詔曰貞夫節婦古今同尚可令本司依式標牓

史臣曰闕

魏書卷九十二

魏書卷九十二考證

魏書卷九十二〇魏收書不全

魏溥妻房氏傳所以抱怨於黃墟耳〇墟北史作壚黃壚黃泉也若黃墟乃地名

緝事在序傳緝子悅爲濟陰太守〇臣人龍按本書列傳自序魏悅即收之祖也今據此傳悅爲緝之子溥之孫而列傳自序則云彥子歆歆子悅位濟陰太守竊謂收自紀其高曾之名不應兩傳逈異殆序傳本闕亦後人所補故舛訛若此耶

魏書卷九十二考證

珍倣宋版印

魏書卷九十三

齊　魏收　撰

列傳恩倖第八十一

王叡　王仲興　寇猛　趙修　茹皓　趙邕

侯剛　鄭儼　徐紇

夫令色巧言矯情飾貌邀眄睞之利射咳唾之私此蓋苟進之常也故甚者刑身諭子其次舐痔嘗癰況乃散金秦貨輸錢漢爵又何怪哉若夫地窮尊貴嗜欲所攻聖達其猶病諸中庸固不能免男女性態其揆斯一二代之亡皆是物也據天下之圖持海內之命顧指如意高下在心此乃夏桀殷紂喪二邦秦母呂雉穢兩國也魏世王叡幸太和之初鄭儼寵孝昌之季主幼於前君稚於後乘閒宣淫殆無忌畏樹列朋黨蔽塞天聰高祖明聖外彰人神繫仰御之有術宗社弗墜肅宗不言垂拱潛濟罕方六合淆然至於隕覆且承顏色竊光寵勢等秋風氣同夏日亦何世而不有哉此周旦所以誡其朋詩人是爲疾羣小也

太宗時王車之徒雖云幸念皆宣力夷險誠效兼存未如趙修等出於近習趨走之地坐擅威刑勢傾都鄙得之非道君子所以賤之書其變態備禍福之由焉

王叡字洛誠自云太原晉陽人也六世祖橫張軌參軍晉亂子孫因居於武威姑臧父橋字法生解天文卜筮涼州平入京家貧以術自給歷仕終於侍御中散天安初卒贈平遠將軍涼州刺史顯美侯諡曰敬叡少傳父業而姿貌偉麗恭宗之在東宮見而奇之興安初擢爲太卜中散稍遷爲令領太史承明元年文明太后臨朝叡因緣見幸超遷給事中俄而爲散騎常侍侍中吏部尚書賜爵太原公於是內參機密外豫政事愛寵日隆朝士懾憚焉太和二年高祖及文明太后率百僚與諸方客臨虎圈有逸虎登門閣道幾至御座左右侍御皆驚靡叡獨執戟禦之虎乃退去故親任轉重三年春詔叡與東陽王丕同入八議永受復除四年遷尚書令進爵中山王加鎮東大將軍置王官二十二人中書侍郎鄭羲爲傅郎中令以下皆當時名士又拜叡妻丁氏爲妃及沙門法秀

謀逆事發多所牽引叡曰與其殺不辜寧赦有罪宜梟斬首惡餘從疑赦不亦
善乎高祖從之得免者千餘人叡出入帷幄太后密賜珍玩繒綵人莫能知率
常以夜帷車載往閹官防致前後巨萬不可勝數加以田園奴婢牛馬雜畜並
盡良美大臣及左右因是以受賚錫外示不私所費又以萬計及疾病高祖太
后每親視疾侍官省問相望於道及疾篤上疏曰臣聞忠於事君者節義著於
臨終孝於奉親者淳誠表於垂沒故孔明卒軍不忘全蜀之計曾參疾甚情存
善言之益雖則庸昧敢忘景行臣荷天地覆載之恩蒙大造生成之德漸風訓
於華年服道教於弱冠濯纓清朝垂周三紀受先帝非分之眷叨陛下殊常之
寵遂乃齊跡功舊內侍帷幄爵列諸王位班上等從容聞道與知國政誠思竭
盡力命以報所受不謂事與心違忽嬰重疾每屈輿駕親臨問之榮洽生平惠
流身後犬馬之誠銜佩罔極今所病遂篤慮必不起延首闕庭鯁戀終日仰恃
皇造宿眷之隆敢陳愚昧管窺之見臣聞爲治之要其略有五一者慎刑罰二
者任賢能三者親忠信四者遠讒佞五者行黜陟夫刑罰明明則姦宄息賢能用

則功績著親忠信則視聽審遠讒佞則疑間絶黜陟行則貪叨改是以欽恤惟

刑載在唐典知人則哲唯帝所難周書垂好德之文漢史列防姦之論考省幽
明先王大典又八表既廣遠近事殊撫荒裔宜待之以寬信綏華甸宜惠之以
明簡哀恤孤獨賑施困窮錄功舊赦小罪輕徭役薄賦斂修福業禁淫祀願聽
政餘暇賜垂覽察使子囊之誠重申於當世將墜之志獲用於明時尋薨時年
四十八高祖文明太后親臨哀慟賜溫明祕器宕昌公王遇監護喪事贈衞大
將軍太宰并州牧謚曰宣王內侍長董醜奴營墳墓將葬於城東高祖登城樓
以望之京都文士爲作哀詩及誄者百餘人乃詔爲叡立祀於都南二十里大
道右起廟以時祭薦并立碑銘置守祀五家又詔褒叡圖其捍虎狀於諸殿命
高允爲之讚京都士女諂稱叡美造新聲而絃歌之名曰中山王樂詔班樂府
合樂奏之初叡女妻李沖兄子延實次女又適趙國李恢子華女之將行也先
入宮中其禮略如公主王女之儀太后親御太華殿寢其女於別帳叡與張祐
侍坐叡所親及兩李家丈夫婦人列於東西廊下及車引太后送過中路時人

竊謂天子太后嫁女叡之葬也假親姻義舊衰絰縞冠送喪者千餘人皆舉聲慟泣以要榮利時謂之義孝叡既貴乃言家本太原晉陽遂移屬焉故其兄弟封爵多以并州郡縣薨後重贈叡父橋侍中征西將軍左光祿大夫儀同三司武威王諡曰定追策叡母賈氏爲妃立碑於墓左父子並葬城東相去里餘遷洛後更徙葬太原晉陽

子襲字元孫年十四以父任擢爲中散仍總中部叡薨高祖詔襲代領都曹爲尚書令領吏部曹中部如其品職依典承襲文明太后令曰都曹尚書曹百寮之首民所具瞻襲年少智思未周其都曹尚書令可權記使閑習政事後用不晚終太后世寵念如初襲王爵例降爲公太后崩後襲仍在高祖左右然禮遇稍薄不復關與時事久之出爲鎮西將軍秦州刺史又轉并州刺史十七年輿駕詣洛路幸其治供帳粗辦境內清靜高祖頗嘉之而民庶多爲立銘置于大路虛相稱美或曰襲所教也高祖聞而問之對不以實因是面被責讓尚書奏免其官詔唯降號二等二十年以事爲中尉所糾會赦免語在常景傳景明二

年卒贈平南將軍豫州刺史諡曰質

子忻襲爵爲太尉汝南王悅記室參軍建義初河陰遇害贈散騎常侍安北將軍肆州刺史諡曰穆

子子暄襲爵武定末齊州驃騎府功曹參軍齊受禪例降

忻弟誕字永安龍驤將軍正平太守亦於河陰遇害贈撫軍將軍幷州刺史

子希雲舉秀才早亡

誕弟殖字永興司空城局參軍

子祖幹司徒行參軍幷州刺史

殖弟永業司空參軍事

襲弟椿字元壽少以父任拜祕書中散尋以父憂去職後除羽林監謁者僕射母喪解任正始初拜中散出爲太原太守加鎮遠將軍坐事免椿僮僕千餘園宅華廣聲妓自適無乏於時或有勸椿仕者椿笑而不答雅有巧思凡所營製可爲後法由是正光中元乂將營明堂辟雍欲徵椿爲將作大匠椿聞而以疾

固辭孝昌中尒朱榮既據并肆以汾州胡逆表加椿征虜將軍都督尉勞汾胡
汾胡與椿比州服其聲望所在降下事寧授右將軍太原太守以預立莊帝之
勞封遼陽縣開國子食邑三百戶尋轉封真定縣開國侯食邑七百戶除持節
本將軍華州刺史尋轉使持節散騎常侍殷州刺史元曄立除都官尚書固辭
不拜永熙中行冀州事尋除使持節散騎常侍車騎將軍瀛州刺史時有風雹
之變詔書廣訪讜言椿乃上疏曰伏奉詔書以風雹厲威上動天睠訪讜辭於
百辟詔輿誦於四海宸衷懇切備在絲綸祗承兢感心焉靡厝伏惟陛下啓籙
應期馭育萬物承綴旒之艱運纂纖絲之危緒忘餐日昃求衣未明俾上帝下
臨愍茲荼蓼永濟溝壑而滄浪降戾作害中秋上帝照臨義不虛變竊惟風爲
號令皇天所以示威雹者氣激陰陽有所交諍殆行令殊節舒急失中之所致
也昔澍雨千里寔緣教祀之誠炎精三舍寧非善言之力讜不空發徵豈謬應
誰謂蓋高實符人事伏願陛下留心曲覽垂神遠察禮賢登士博舉審官擢申
滯怨振窮省役使夫滋水沒川之彥畢居朝右儀表丹青之位未或虛加圜土

絶五毒之民掞日息千門之費巖巖廊署無不遇之士忪忪惸獨荷酒帛之恩則物見昭蘇人知休泰徐奏薰風之曲無論鴻鴈之歌豈不天人幸甚鬼神咸抃椿性嚴察下不容姦所在吏民畏之重足天平末更滿還鄉初椿於宅構起廳事極爲高壯時人忽云此乃太原王宅豈是王太原宅椿往爲本郡世皆呼爲王太原未幾尒朱榮居椿之宅榮封太原王焉至於齊獻武王之居晉陽霸朝所在人士輻輳椿禮敬親知多所拯接後以老病遂辭疾客居趙郡之西鯉魚祠山興和二年春卒時年六十二贈使持節都督冀瀛二州軍事驃騎大將軍尚書左僕射太尉公冀州刺史謚曰文恭及葬齊獻武王親自弔送椿妻鉅鹿魏悅之次女明達有遠操多識往行前言隨夫在華州兄子建在洛遇患聞而星夜馳赴膚容虧損親類歎尚之尒朱榮妻北鄉郡長公主深所禮敬永安中詔以爲南和縣君內足於財不以華飾爲意撫兄子牧情同己子存拯親類所在周洽椿名位終始魏有力焉元象中卒贈鉅鹿郡君椿無子以兄孫叔明爲後

叔明太尉參軍事儀同開府祭酒死於晉陽無子以弟子暄子爲後

叡弟諶字厚誠爲給事中安南將軍祠部尚書賜爵上黨公加散騎常侍領太史事例降爲侯遷太常卿出爲持節安東將軍兗州刺史還除光祿大夫卒於官贈帛五十匹

子翔字元鳳少以聰敏循良詔充內侍自太和初與李沖等奏決庶事迄于十六年賞賜前後累千萬是時政事多決於文明太后后好細察而翔恭謹愼密甚被知任遷洛兼給事黃門侍郎尚書左丞襲爵還輔國將軍太府少卿出爲濟州刺史卒贈大將軍肆州刺史子超襲

超字和善奉朝請幷州治中超愛好人物輕財重義性豪華能自奉養每食必窮水陸之味年三十四卒

子景覽襲武定中衞將軍右光祿大夫齊受禪例降

景覽弟景招開府集曹參軍

超弟穆字思泰元象中上黨太守卒

穆弟綽字思和員外散騎侍郎上黨王天穆以爲北道行臺郎中尒朱榮代天穆爲大行臺仍爲吏部郎以預奉莊帝之勳封猗氏縣開國侯邑五百戶永安末除征西將軍豳州刺史不之任元曄立轉除驃騎大將軍幷州刺史與和中卒

綽弟爽司徒中兵參軍

諶弟魏誠爲東宮學生拜給事中賜爵中都侯加龍驤將軍卒贈安南將軍冀州刺史謚曰恭

子靜字元安少有公幹拜中散襲爵例降爲伯除員外郎羽林監兼尚書郎以明法除廷尉評轉游擊將軍加冠軍將軍岐州刺史趙郡王謐虐害城民怨叛詔靜以驛慰喻咸卽降下以奉使稱旨賜帛五百匹除趙郡太守以母老固辭不拜又授征虜將軍廷尉少卿有當官之稱坐公事左遷中散大夫以母憂去職孝昌初詔兼廷尉卿尋行定州事並固辭不起二年夏除長兼廷尉卿尋行定州事至冬病卒年五十七贈撫軍將軍幷州刺史謚曰貞無子以從子伯豫

爲後
伯豫襲爵武定中冀州開府錄事參軍齊受禪例降
魏誠弟亮字平誠承明初擢爲中散告沙門法秀反還冠軍將軍賜爵永寧侯
加給事中出爲安西將軍泰州刺史後轉陝州刺史坐事免卒於家
亮子洪壽早卒
子元景正光中許復先爵降爲伯卒無子
洪壽弟嶷字安壽除奉朝請稍遷中散大夫以疾歸鄉里遂移居上黨年七十
一卒
子夷字景預有文才少工詩詠知名於世未官而卒
叡叔隆保冠軍將軍姑臧侯卒追贈安東將軍幷州刺史鉅鹿公謚曰靖
王仲興趙郡南欒人也父天德起自細微至殿中尚書仲興幼而端謹以父任
早給事左右太和中殿內侍御中散武騎侍郎給事中出入禁內十餘年轉冗
從僕射猶參密近爲齊帥從駕征新野有功除折衝將軍屯騎校尉又命率千

餘騎破賊於鄧城除振威將軍越騎校尉賜帛千匹高祖於馬圈自不豫大漸迄於崩仲興頗預侍護達魯陽世宗即位轉左中郎將仍齊帥及帝親政與趙修並見寵任遷光祿大夫領武衞將軍仲興雖與修並而畏慎自退不若修之倨傲無禮咸陽王禧之出奔也當時上下微爲駭震世宗於乾脯山追仲興馳入金墉城安慰後與領軍于勁共參機要因自理馬圈侍疾及入金墉之功乞同元賞遂封上黨郡開國公食邑二千戶自拜武衞及受封之日車駕每臨饗其宅世宗游幸仲興常侍從不離左右外事得徑以聞百寮亦聳體而承望焉兄可久以仲興故自散爵爲徐州征虜府長史帶彭城太守仲興世居趙郡自以寒微云舊出京兆霸城故爲雍州大中正尙書後以仲興開國公賞報過優北海王詳嘗面啓奏請降減事久不決可久在徐州恃仲興寵勢輕侮司馬梁郡太守李長壽遂至忿諍彭城諸沙門共相和解未幾復有所競可久乃令僮僕邀毆長壽遂折其脅州以表聞北海王詳因百寮朝集厲色大言曰徐州名藩先帝所重朝廷云何簡用上佐遂令致此紛紜以徹荒外豈不爲國醜辱也

衆亦莫有應者仲興是後漸疎不得徑入左右世宗乃下詔奪其封邑出除平北將軍幷州刺史卒贈安東將軍青州刺史

寇猛上谷人也祖父平城猛少以姿幹充虎賁稍遷羽林中郎從高祖征南陽以擊賊不進免官世宗踐位復敘用愛其膂力置之左右爲千牛備身歷轉遂至武衞將軍出入禁中無所拘忌自以上谷寇氏得補燕州大中正而不能甄別士庶也家漸富侈宅宇高華妾隸充溢微榮弟姪然不及茹皓仲興也卒贈平北將軍燕州刺史

趙修字景業趙郡房子人父惠安後名謐都曹史積勞補陽武令修貴追贈威烈將軍本郡太守及葬復贈龍驤將軍定州刺史修本給事東宮爲白衣左右頗有膂力世宗踐阼仍充禁侍愛遇日隆然天性闇塞不閑書疏是故不參文墨世宗親政旬月之閒頻有轉授歷員外通直散騎常侍鎮東將軍光祿卿每受除設宴世宗親幸其宅諸王公卿士百寮悉從世宗親見其母修能劇飲至於逼勸觴爵雖北海王詳廣陽王嘉等皆亦不免必致困亂每適郊廟修常驂

陪出入華林恆乘馬至于禁內咸陽王禧誅其家財貨多賜高肇及修修之葬父也百寮自王公以下無不弔祭酒犢祭奠之具塡塞門街於京師爲制碑銘石獸石柱皆發民車牛傳致本縣財用之費悉自公家凶吉車乘將百兩道路供給亦皆出官時將馬射世宗留修過之帝如射宮修又驂乘輅車旒竿觸東門而折修恐不逮葬日驛赴窆期左右求從及特遣者數十人修道路嬉戲殆無感容或與賓客姦掠婦女保觀從者噂喈喧譁詬詈無節莫不畏而惡之是年又爲修廣增宅舍多所并兼洞門高堂房廡周博崇麗擬於諸王其四面隣居賂入其地者侯天盛兄弟越次出補長史大郡修起自賤伍暴致富貴奢傲無禮物情所疾因其在外左右或諷糾其罪自其葬父還也舊寵少薄初王顯祇附於修後因忿鬩密伺其過規陷戮之而修過短都不悛防顯積其前後愆咎列修葬父時路中淫亂不軌又云與長安人趙僧擲謀匿玉印事高肇甄琛等構成其罪乃密以聞始琛及李憑等曲事於修無所不至懼相連及爭共糾擿助攻治之遂乃詔曰小人難育朽棘不彫長惡不悛豈容撫養散騎常侍鎭

東將軍領扈左右趙修昔在東朝選充臺皂幼所經見長難遺之故纂業之初
仍引西禁雖地微器陋非所宜採然識早念生遂陞名級自蒙洗濯兇昏日甚
驟使薦播恩加輕慢不識人倫之體不悟深淺之方陵獵王侯輕觕卿相門賓
巷士拜叩不接囂氣豪心仍懷鄙塞比聽葬父侈暴繼聞居京造宅殘虐徒旅
又廣張形勢妄生矯託與雍州人趙僧擲等陰相傳納許受玉印不軌不物日
月滋甚朕猶愍其宿隸每加覆護而擅威弄勢侏張不已法家耳目並求憲網
雖欲捨之辟實難爽然楚履既墜江君徘徊鍾牛一聲東向改釁修雖小人承
侍在昔極辟之奏欲加未忍可鞭之一百徙敦煌爲兵其家宅作徒卽仰停罷
所親在內者悉令出禁朕昧於處物育玆豺虎顧尋往謬有愧臣民便可時勑
申沒以謝朝野是日修詣領軍于勁第與之摴蒱籌未及畢而羽林數人相續
而至稱詔呼之修驚起隨出路中執引修馬詣領軍府琛與顯監決其罰先具
問事有力者五人更迭鞭之占令必死旨決百鞭其實三百修素肥壯腰背博
碩堪忍楚毒了不轉動鞭訖卽召驛馬促之令發出城西門不自勝舉縛置鞍

中急驅馳之其母妻追隨不得與語行八十里乃死初于后之入修之力也修死後領軍于勁猶追感舊意經恤其家自餘朝士昔相宗承者悉棄絕之示己之踈遠焉

茹皓字禽奇舊吳人也父讓之本名要隨劉駿巴陵王休若爲將至彭城是時南土飢亂遂寓居淮陽上黨皓年十五六爲縣金曹吏有姿貌謹惠南徐州刺史沈陵見而善之自隨入洛陽舉充高祖白衣左右世宗踐阼皓侍直禁中稍被寵接世宗嘗拜山陵路中欲引與同車皓奮衣將昇黃門侍郎元匡切諫乃止及世宗親政皓眷賚日隆又以馬圈之勞當擬補員外將軍時趙修亦被幸妬害之求出皓爲外守皓亦慮見危禍不樂內官遂超授濮陽太守加厲威將軍其父因皓訟理舊勳先除兗州陽平太守賜以子爵父子剖符名邦郡境相接皓忻然於去內不以疎外爲慼及趙修等敗竟獲全免雖起微細爲守乃清簡寡事世宗幸鄴講武皓啓求朝趣解郡授左中郎將領直閣寵待如前皓既宦達自云本出鴈門鴈門人諂附者乃因薦皓於司徒請爲肆州大中正府省

以聞詔特依許還驍騎將軍領華林諸作皓性微工巧多所興立爲山於天淵池西採掘北邙及南山佳石徙竹汝頴羅蒔其間經搆樓館列於上下樹草栽木頗有野致世宗心悅之以時臨幸還冠軍將軍仍驍騎將軍皓貴寵日升關與政事太傅北海王詳以下咸祗憚附之皓弟年尚二十擢補員外郎皓娶僕射高肇從妹於世宗爲從母迎納之日詳親詣之禮以馬物皓又爲弟聘安豐王延明妹延明恥非舊流不許詳勸彊之云欲覔官職如何不與茹皓婚姻也延明乃從焉皓頗敏慧折節下人而潛自經營陰有納受貨產盈積起宅宮西朝貴弗之及也是時世宗雖親萬務皓率常居內留宿不還傳可門下奏事未幾轉光祿少卿意殊不已方欲陳馬圈從先帝之勞更希進舉初修皓之寵北海王詳皆附納之又直閤將軍劉胄本爲詳所薦常感詳恩密相承望並共來往高肇素疾諸王常規陷害既知詳與皓等交關相暱乃搆之世宗云皓等將有異謀世宗乃召中尉崔亮令奏皓胄常季賢陳掃靜四人擅勢納賄及私亂諸事即日執皓等皆詣南臺翌日奏處罪其晚就家殺之皓妻被髮出堂哭而

迎皓皓徑入哭別食椒而死皓子懷朗仕至南青州刺史與和初以罪賜死子姪徙邊

胄字元孫河間人始爲北海王詳所舉六輔時出守本郡與皓俱赴鄴宮講武亦自乞留至洛久不敘用詳又爲啓晚乃拜將軍直閣

季賢起於主馬世宗初好騎乘因是獲寵位至殿中將軍司藥丞仍主厩閑與茹皓通知庶事勢望漸隆引其兄爲朝請直寢娶武昌王鑒妹季賢又將娶洛州刺史元拔女並結託帝戚以爲榮援云

掃靜徐義恭並彭城舊營人掃靜能爲世宗典櫛梳義恭善執衣服並以巧便旦夕居中愛幸相侔官敘不異掃靜妻義恭姊也情相遺薄室家不諧義恭恆忿恨之親經世宗訴其欺侮世宗以其左右兩護之二人皆承奉茹皓亦並加接眷而掃靜偏爲親密與皓常在左右略不歸休皓敗掃靜亦死於家義恭小心謹慎謙退少語皓等死後彌見幸信長侍左右典掌祕密世宗不豫義恭晝夜扶侍崩于懷中靈太后臨政義恭諂附元乂又有淫宴多在其宅爲嘗藥次

御出爲東秦州刺史建義後歷內外顯職武定初卒於驃騎大將軍左光祿大夫

趙邕字令和自云南陽人潔白明鬚眉曉了恭敏司空李沖之貴寵也邕以少年端謹出入其家頗給按磨奔走之役沖亦深加接念令與諸子游處人有束帶謁於沖者時託之以自通高祖太和中給事左右至殿中監世宗卽位及親政猶居本任微與趙修結爲宗援然亦不甚相附也邕稍遷至殿中將軍猶帶監職邕父怡太和中歷郢州刺史停家久之以邕寵召拜太常少卿尋爲荆州大中正出除征虜將軍荆州刺史怡乃致其母喪葬於宛城之南趙氏舊墟以老乞解州任還拜光祿大夫轉金紫光祿卒贈鎭東將軍相州刺史世宗每出入郊廟修恆以常侍侍中陪乘而邕兼奉車都尉執轡同載時人竊論號爲二趙以趙出南陽徙屬荆州邕轉給事中南陽中正以父爲荆州大中正乃罷轉長兼散騎侍郎領左右直長出入禁中復爲荆州大中正邕弟尙中書舍人出除南陽太守怡辭荆州也尙求解郡與父俱還未至京師逆除步兵校尉邕祖

嶽舊葬代京喪自平城還葬南陽贈平遠將軍青州刺史世宗崩邕兼給事黃門俄轉太府卿出除平北將軍幽州刺史在州貪縱與范陽盧氏爲婚女父早亡其叔許之而母不從母北平陽氏攜女至家藏避規免邕乃拷掠陽叔遂至於死陽氏訴冤臺遣中散大夫孫景安研檢事狀邕坐處死會赦得免猶當除名自理經年臨淮王彧時爲廷尉久不斷決孝昌初卒

侯剛字乾之河南洛陽人其先代人也本出寒微少以善於鼎俎進飪出入久之拜中散累遷冗從僕射嘗食典御世宗以其質直賜名剛焉稍遷奉車都尉右中郎將領刀劍左右加游擊將軍城門校尉遷武衞將軍仍領典御又加通直散騎常侍詔曰太和之季蟻寇侵疆先皇於不豫之中命師出討撫戎暴露觸御乖和朕屬當監國弗獲隨侍而左右服事唯藉忠勤剛於違和之中辛勤行飪追遠錄誠宜先推敘其以剛爲右衞大將軍後領太子中庶子世宗崩剛與侍中崔光迎肅宗於東宮尋除衞尉卿封武陽縣開國侯邑千二百戶俄爲侍中撫軍將軍恆州大中正還衞將軍表讓侍中詔不許進爵爲公以給侍之

勞加賞散伯熙平初除左衞將軍餘官如故侍中游肇出爲相州剛言於靈太后曰昔高氏擅權游肇抗衡不屈先帝所知四海同見而出牧一藩未盡其美宜還引入以輔聖主太后善之剛寵任既隆江陽王繼尚書長孫稚皆以女妻其子司空任城王澄以其起由膳宰頗竊侮之云此近爲我舉食然公坐對集敬遇不虧後剛坐掠殺試射羽林爲御史中尉元匡所彈廷尉處剛大辟尚書令任城王澄爲之言於靈太后侯剛歷仕前朝事有可取纖芥之疵未宜便致於法靈太后乃引見廷尉卿裴延儁少卿袁飜於宣光殿問曰剛因公事掠人邂逅致死律文不坐卿處其大辟竟何所依飜對曰案律邂逅不坐者謂情理已露而隱避不引必須箠撻取其款言謂撾撻以理之類至於此人問則具首正宜依犯結案不應橫加箠朴兼剛口唱打殺撾築非理本有殺心事非邂逅處之大辟未乖憲典太后曰卿等且還當別有判於是令曰廷尉執處侯剛於法如猛剛既意在爲公未宜便依所執但輕剿民命理無全捨可削封三百戶解尚衣典御剛於是頗爲失意剛自太和進食遂爲典御歷兩都三帝二太后

將三十年至此始解未幾加散騎常侍御史中尉元匡之廢也太后訪代匡者剛爲太傅清河王懌所舉遂除車騎將軍領御史中尉常侍衞尉如故及領軍元乂執政擅權樹結親黨剛長子乂之妹夫乃引剛爲侍中左衞將軍還領尚食典御以爲枝援俄加車騎大將軍領左右復前削之封尋加儀同復領御史中尉剛啓軍旅稍與國用不足求以封邑俸粟賑給征人肅宗許之孝昌元年除領軍餘官如故初元乂之解領軍也靈太后以乂腹心尙多恐難卒制故權以剛代之示安其意尋出爲散騎常侍冀州刺史將軍儀同三司剛行在道詔曰剛因緣時會恩隆自久擢於凡品越昇顯爵往以微勤賞同利建寵靈之極超絕夷等曾無犬馬識主之誠方懷梟獍返噬之志與權臣元乂婚姻朋黨虧違典制長直禁中一出一入迭爲姦防又與劉騰共爲心膂間隔二宮逼脅內外且位居繩憲糾察是司宜立格言勢同鷹隼方嚴楚撻枉服貞良專任凶威以直爲曲不忠不道深暴民聽附下罔上事彰幽顯莫大之罪難從宥原封爵之科理宜貶奪可征虜將軍餘悉削黜剛終于家永安中贈司徒公

剛長子詳自奉朝請稍遷通直散騎侍郎冠軍將軍主衣都統剛以上谷先有侯氏於是始家焉正光中又請以詳爲燕州刺史將軍如故欲爲家世之基尋進後將軍五年拜司徒左長史領嘗藥典御燕州太中正與和中驃騎將軍殷州刺史還朝久而卒

鄭儼字季然滎陽人容貌壯麗初爲司徒胡國珍行參軍因緣爲靈太后所幸時人未之知也還員外散騎侍郎直後靈太后廢蕭寶夤西征以儼爲開府屬孝昌初太后反政儼請使還朝復見寵待拜諫議大夫中書舍人領嘗食典御晝夜禁中寵愛尤甚儼每休沐太后常遣閹童隨侍儼見其妻唯得言家事而已與徐紇俱爲舍人儼以紇有智數仗爲謀主紇以儼寵幸既盛傾身承接共相表裏勢動內外城陽王徽與之合當時政令歸於儼等遷通直郎散騎常侍平東將軍武衞將軍華林都將右衞將軍散騎常侍中軍將軍中書令車騎將軍舍人常侍如故肅宗崩事出倉卒天下咸言儼計也尒朱榮舉兵向洛以儼紇爲辭榮逼京師儼走歸鄉里儼從兄仲明先爲滎陽太守至是儼與仲明

欲據郡起衆尋爲其部下所殺與仲明俱傳首洛陽

子文寬從出帝歿關西

徐紇字武伯樂安博昌人也家世寒微紇少好學有名理頗以文詞見稱察孝廉對策上第高祖拔爲主書世宗初除中書舍人諂附趙修遷通直散騎侍郎及修誅坐黨徙枹罕雖在徒役志氣不撓故事捉逃役流兵五人流者聽免紇以此得還久之復除中書舍人太傅清河王懌又以文翰待之及領軍元乂之害懌也出爲鴈門太守紇稱母老解郡還鄉至家未幾尋入洛飾貌事乂大得乂意及乂父繼西鎮潼關以紇爲從事中郎尋以母憂歸鄉里靈太后反政以紇曾爲懌所顧待復起爲中書舍人紇又曲事鄭儼是以特被信任俄遷給事黃門侍郎仍領舍人總攝中書門下之事軍國詔命莫不由之時有急速令數吏執筆或行或臥人別占之造次俱成不失事理雖無雅才亦可通情時黃門侍郎太原王遵業琅邪王誦並稱文學亦不免爲紇秉筆承其指授尋加鎮南將軍金紫光祿大夫黃門舍人如故紇機辯有智數當公斷決終日不以爲勞

長直禁中略無休息時復與沙門講論或分宵達曙而心力無怠道俗歎服之然性浮動慕權利外似謇正內實諂諛時豪勝己必相陵駕書生貧士矯意禮之其詭態若此有識鄙薄焉紇既處腹心參斷機密勢傾一時遠近填湊與鄭儼李神軌寵任相亞時稱徐鄭焉然無經國大體好行小數說靈太后以鐵券間介朱榮左右榮知深以爲憾啓求誅之榮將入洛既剋河梁紇矯詔夜開殿門取驊騮御馬十匹東走兗州紇弟獻伯爲北海太守獻伯弟季彥先爲青州長史紇使人告之亦將家南走羊侃時爲太山太守紇往投之說侃令舉兵侃從之遂聚兵反共紇圍兗州孝莊初遣侍中于暉爲行臺與齊獻武王督諸軍討之紇慮不免說侃請乞師於蕭衍侃信之遂奔衍文筆駮論數十卷多有遺落時或存於世焉

史臣曰闕

魏書卷九十三

魏書卷九十三考證

王叡傳都督尉勞汾胡〇尉北史作慰

徐紇傳獻伯弟季彥〇季監本訛李今改正

魏書卷九十三考證

珍倣宋版印

西元二〇二〇年六月一日重製一版

魏書（附考證）冊四（北齊 魏收 撰）

平裝六冊基本定價肆仟捌佰元正
（郵運匯費另加）

發行人 張敏君
發行處 中華書局
臺北市內湖區舊宗路二段一八一巷八號五樓（5FL., No. 8, Lane 181, JIOU-TZUNG Rd., Sec 2, NEI HU, TAIPEI, 11494, TAIWAN）
客服電話：886-2-8797-8396
公司傳真：886-2-8797-8909
匯款帳戶：華南商業銀行西湖分行
179100026931
印刷：維中科技有限公司
海瑞印刷品有限公司

No. N1047-4

國家圖書館出版品預行編目(CIP)資料

魏書 / (北齊)魏收撰. -- 重製一版. -- 臺北市 :
中華書局, 2020.06
冊 ;　公分
ISBN 978-986-5512-19-4(全套 : 平裝)

1.北朝史

623.6101　　109007186